Um antropólogo na cidade

Coleção
ANTROPOLOGIA SOCIAL
fundada por Gilberto Velho
dirigida por Karina Kuschnir

- O Riso e o Risível
  Verena Alberti

- Falando da Sociedade
- Outsiders
- Segredos e truques da pesquisa
  Howard S. Becker

- Antropologia Cultural
  Franz Boas

- O Espírito Militar
- Evolucionismo Cultural
- Os Militares e a República
  Celso Castro

- Bruxaria, Oráculos e Magia entre os Azande
  E.E. Evans-Pritchard

- Nova Luz sobre a Antropologia
- Observando o Islã
  Clifford Geertz

- O Cotidiano da Política
  Karina Kuschnir

- Cultura: um Conceito Antropológico
  Roque de Barros Laraia

- Guerra de Orixá
  Yvonne Maggie

- A invenção de Copacabana
- De Olho na Rua
  Julia O'Donnell

- A Teoria Vivida
  Mariza Peirano

- Cultura e Razão Prática
- História e Cultura
- Ilhas de História
- Metáforas Históricas e Realidades Míticas
  Marshall Sahlins

- Antropologia Urbana
- Um Antropólogo na Cidade
- Desvio e Divergência
- Individualismo e Cultura
- Projeto e Metamorfose
- Rio de Janeiro: Cultura, Política e Conflito
- Subjetividade e Sociedade
- A Utopia Urbana
  Gilberto Velho

- Pesquisas Urbanas
  Gilberto Velho e Karina Kuschnir

- O Mistério do Samba
- O Mundo Funk Carioca
  Hermano Vianna

- Sociedade de Esquina
  William Foote Whyte

Gilberto Velho

Um antropólogo na cidade

Ensaios de antropologia urbana

Seleção e apresentação:
Hermano Vianna, Karina Kuschnir e Celso Castro

ZAHAR

Grafia atualizada segundo o Acordo Ortográfico da Língua Portuguesa de 1990, que entrou em vigor no Brasil em 2009.

Capa
Sérgio Campante

Imagem da capa
"Configuração gráfica", desenho de Roberto Magalhães

Revisão
Eduardo Farias
Tamara Sender

CIP-Brasil. Catalogação na fonte
Sindicato Nacional dos Editores de Livros, RJ

Velho, Gilberto, 1945-2012
V545a Um antropólogo na cidade: ensaios de antropologia urbana / Gilberto Velho; [organizadores Hermano Vianna, Karina Kuschnir, Celso Castro]. — 1ª ed. — Rio de Janeiro: Zahar, 2013.
(Antropologia Social)

ISBN 978-85-378-1028-6

1. Antropologia social. 2. Antropologia urbana. I. Vianna, Hermano. II. Kuschnir, Karina, 1967-. III. Castro, Celso, 1963-. IV. Série.

CDD: 307.760
12-9053 CDU: 316.334.56

EDITORA SCHWARCZ S.A.
Praça Floriano, 19, sala 3001 — Cinelândia
20031-050 — Rio de Janeiro — RJ
Telefone: (21) 3993-7510
www.companhiadasletras.com.br
www.blogdacompanhia.com.br
facebook.com/editorazahar
instagram.com/editorazahar
twitter.com/editorazahar

Sumário

Apresentação

por Hermano Vianna, Karina Kuschnir e Celso Castro

> "Entre um *self* fixo e imutável, por detrás das aparências, e uma plasticidade total, procuro captar o jogo da permanência e da mudança."
>
> Gilberto Velho, *Projeto e metamorfose*

Gilberto Velho (1945-2012) teve uma das trajetórias mais férteis das ciências sociais no Brasil e conferiu projeção internacional à antropologia urbana brasileira. Deu início a uma tradição intelectual que trouxe a perspectiva antropológica para o estudo da cidade, e para a própria sociedade do observador, com todas as suas complexidades. Mas não ficou limitado à tradição canônica da antropologia. Buscou incorporar, através de um diálogo respeitoso e frutífero com outras disciplinas, contribuições da sociologia, da história e da psicologia, além de ter seus trabalhos marcados pelo interesse em literatura, filosofia e artes. Com livros e artigos publicados no Brasil e no exterior, foi, além disso, um intelectual público que atuou em diversas associações acadêmicas e instâncias científicas e que sempre procurou se expressar de forma clara através da imprensa, a fim de transmitir, para um público mais amplo e não especializado, a maneira como via os mais variados fenômenos sociais.

Para homenageá-lo reunimos aqui capítulos fundamentais de diversos livros seus, alguns de difícil acesso hoje, e uma entrevista que revelam dimensões importantes da obra que deixou e de sua visão sobre a antropologia, a sociedade brasileira e a produção e divulgação do conhecimento. Escolhemos começar esta coletânea pela introdução e a conclusão do primeiro livro de Gilberto Velho, *A utopia urbana*.[1] Pioneiro e marco fundador da antropologia urbana no Brasil, resultado de sua dissertação de mestrado sobre aquilo que nomeou de *utopia urbana*, nesse título Gilberto já apresenta vários elementos que irá retomar e aperfeiçoar no futuro. Em seu percurso acadêmico, sempre procurou transformar a própria experiência cotidiana em objeto de reflexão. Vida e obra, em seu caso, estão íntima e explicitamente relacionadas, desde a experiência de morar num prédio de conjugados em Copacabana – matéria-prima de *A utopia urbana* – até o último texto que escreveu, publicado postumamente, sobre a experiência com as empregadas domésticas que trabalharam em sua casa.[2] Por isso, achamos importante, nesta Apresentação, começarmos por alguns marcos biográficos. Trata-se, acima de tudo, de pistas que ajudam a compreender como seu *projeto intelectual* se desenvolveu, que caminhos trilhou e algumas das opções que fez.

Gilberto Velho nasceu em 15 de maio de 1945 no Rio de Janeiro e faleceu precocemente no dia 14 de abril de 2012, aos 66 anos, vítima de uma parada cardíaca enquanto dormia, no apartamento em Ipanema onde morou grande parte de sua vida. Em mais de quarenta anos de carreira, publicou mais de vinte livros e centenas de artigos; orientou quase cem teses e dissertações; dirigiu a coleção Antropologia Social, da editora Zahar; ganhou diversos prêmios e ocupou posições de destaque nas instituições mais relevantes nas ciências sociais brasileiras, dentre elas presidente da Associação Brasileira de Antropologia (ABA) e da Associação Nacional dos Programas de Pós-Graduação e Pesquisa em Ciências Sociais (Anpocs) e vice-presidente da Sociedade Brasileira para o Progresso da Ciência (SBPC). Era professor titular e decano do Departamento de Antropologia Social do Museu Nacional da Universidade Federal do Rio de Janeiro (UFRJ), além de membro da Academia Brasileira de Ciências.

Vindo de uma família de militares de alta patente, tanto pelo lado paterno quanto pelo materno, Gilberto cresceu também num ambiente intelectualizado. Desde os tempos do colégio, obteve destaque por seus méritos acadêmicos. Em agosto de 1955, aos dez anos, aluno da quarta série da escola pública Dr. Cócio Barcelos, em Copacabana, onde morava, ganhou um concurso promovido pela *Tribuna da Imprensa* intitulado – Um personagem do meu bairro –, com uma redação sobre seu avô, o marechal Maurício José Cardoso.[3] Orgulhosa, sua mãe declarou, segundo a reportagem, que Gilberto nunca dera trabalho: "Tem noção dos seus deveres, de modo que nunca precisamos mandá-lo estudar."

Ficamos sabendo também pela *Tribuna* que, na época, Gilberto já era redator do jornal do colégio, gostava de mitologia grega, Monteiro Lobato e teatro, a ponto de montar diversas peças no pátio do edifício onde morava – atividade com a qual continuará envolvido durante o ensino secundário. Ao repórter que o entrevistou, declara que, quando crescesse, seria militar, "porque me agrada esta carreira que exige bravura, inteligência e entusiasmo". Esses planos foram abandonados, como sabemos, mas a admiração pelo avô permaneceu: "Ele tinha sido positivista e era um estudioso, um apaixonado pela língua portuguesa", comentou mais tarde. Mas foi sobretudo o pai, Octavio Alves Velho, também militar e promovido a general na reserva, a presença mais marcante e profunda na trajetória de Gilberto: "O meu pai era um intelectual ..., era uma pessoa preocupada em conhecer e que valorizava muito a produção de conhecimento." Militar de destaque, paraquedista e mais tarde professor de português e cultura brasileira na Academia Militar dos Estados Unidos, em West Point, tinha uma biblioteca impressionante, de acordo com Gilberto, que incluía as primeiras e segundas edições, por exemplo, de Gilberto Freyre – "coisas [das quais] nós, durante algum tempo, não nos aproximávamos muito porque éramos sobretudo marxistas".[4]

Esses ideais políticos de juventude estão bem claros nos textos que o jovem Gilberto Velho produz durante o curso secundário no Colégio de Aplicação (CAp) da Faculdade Nacional de Filosofia da Universidade do Brasil, hoje UFRJ, que se destacava por seu pioneirismo, ideias avançadas e ensino de alta qualidade. Em carta de 1963 para uma amiga de colégio que se encontrava nos Estados Unidos, Gilberto denunciava em tom professoral os problemas do capitalismo, do racismo e da exploração do trabalho naquele país: "O homem se aliena (a propósito, vá lendo Marx e olhe em volta). Nós aqui no Brasil, jovens tontos, revolucionários contraditórios, queremos evitar isto." Sobre a democracia grega, escreve: "O período áureo de Atenas foi possível graças à prosperidade econômica. Como conseguirmos isso se o nosso povo é explorado por elites e pelo capital estrangeiro?"

É também nesse tom, porém com palavras mais medidas, em função do contexto pós-golpe militar de 1964, que Gilberto é ovacionado ao proferir o discurso de formatura de sua turma no CAp em dezembro daquele ano, com destaque para o tema da educação e do papel do intelectual na vida pública:

> Os melhores momentos da nossa vida [são] aqueles em que [nos] sentimos responsáveis. ... Ninguém gosta de ser manipulado. Todos querem tomar parte na construção de seu próprio futuro, sem aceitar dogmas e princípios herméticos e

> autoritários. São necessários o debate, o diálogo, a confiança mútua … e uma dose de audácia. … Temos que viver a nossa época, procurando atualizar na prática as conquistas teóricas. Seria retrógrado, anticientífico e antidemocrático pretender educar sem conhecer e respeitar os que estão sendo educados.

O discurso surpreende pela precisão e pelo alcance das ideias de um jovem de dezenove anos. Na ocasião, ele afirmava ainda que "liberdade intelectual e indiferença social" não são sinônimos: "A realidade exige uma permanente atitude crítica, inquisitiva. … É preciso mergulhar nos problemas de nossos dias, de nosso país, para apalpá-los e percebê-los." É preciso, diz Gilberto, ter um "compromisso com o real", para que possamos "conhecer os obstáculos, enfrentá-los, ir ao encontro da vida, dispostos a agir sobre ela, despidos de preconceitos e menosprezando qualquer forma de obscurantismo".[5]

Mais tarde, comentando esse discurso de formatura, Gilberto chama atenção para uma emenda feita a caneta no texto datilografado, explicando que acrescentou a palavra "antidemocrático" por sugestão de seu pai. A admiração pelo General, como era carinhosamente chamado em família, cresce com o passar dos anos. Além de tradutor de mais de cem livros – muitos deles da área psi, e autores importantes das ciências sociais, como Erich Fromm, Karl Mannheim e Raymond Aron –, Octavio Alves Velho teve também alguma militância política, chegando a apoiar o regime militar nos primeiros tempos, mas logo (segundo Gilberto, por influência dos filhos) percebendo que se encaminhava para se tornar uma ditadura. Era uma "personalidade complexa", disse Gilberto certa vez, pois, apesar de militar e ligado a um grupo conservador, era amigo de pessoas de esquerda e participava de uma rede social que incluía referências no mundo intelectual da época, como Ênio Silveira, Paulo Francis e Jorge Zahar – para quem traduziu, entre outros, o *Manual de sociologia*, primeiro livro lançado pela Zahar, em 1957. A amizade de Jorge viria a se estender ao filho, e ainda na graduação Gilberto Velho deu início a uma longa e intensa ligação com a editora Zahar, numa colaboração empenhada em divulgar os textos clássicos e revelar novos autores, que influenciou os rumos do estudo das ciências sociais no Brasil.

Assim, não é estranho que, apesar de ainda não haver entrado na vida profissional, Gilberto já falasse como se participasse dela, escreveu Alzira Abreu em seu livro sobre a importância do CAp. O discurso de formatura, diz ela, é uma peça importante "para o entendimento dos valores e orientações dessa geração", que tomava para si uma função social e política de transformação do país.[6]

Apenas seis anos após a formatura no CAp, portanto em 1970, aos 25 anos, Gilberto Velho já havia concluído o mestrado no recém-criado Programa de Pós-Graduação em Antropologia Social (PPGAS) do Museu Nacional e se tornado professor de antropologia no curso de ciências sociais da UFRJ, no atual Instituto de Filosofia e Ciências Sociais (IFCS). Em entrevista de 2001 para a revista *Estudos Históricos*,[7] ele explica que, ao final da faculdade, foi convidado por seus professores para dar aula nas três grandes áreas das ciências sociais: sociologia, ciência política e antropologia. Optou por esta última, não por considerá-la superior às demais, mas, entre outros fatores, porque descobriu que gostava do trabalho qualitativo, do contato direto com as pessoas, das entrevistas e da observação participante.

O caderno de campo da pesquisa em Copacabana que resultaria em sua dissertação de mestrado, que gerou mais tarde o livro *A utopia urbana*, na difícil caligrafia de Gilberto, revela pelo menos duas dimensões importantes de suas preocupações e de seu processo de trabalho. De um lado, o etnógrafo, que escreve anotações detalhadas sobre os moradores e seus apartamentos, com uma cuidadosa seleção de observações, incluindo sempre que possível palavras entre aspas, seja para indicar precisamente os termos usados por seus interlocutores, seja para anotar algumas impressões diante do que é narrado. Por outro lado, o sociólogo, que elabora listas, contagens e pequenas tabelas que sintetizam o material através de categorias mais amplas, como as distinções entre proprietários e inquilinos, as profissões dos entrevistados, seus laços de parentesco, cidade de nascimento ou bairro de origem, idade, sexo etc. A essa pesquisa Gilberto junta dados do censo demográfico, da prefeitura e de outras fontes, reunidas numa pasta intitulada "Copacabana". Tabelas maiores, em folhas soltas de formato ofício, resumem organizadamente o material esparso pelo caderno.

A pasta contém ainda fichas escritas por pelo menos cinco assistentes de pesquisa – fichas que relatam o perfil dos moradores de Copacabana, com as mesmas orientações dadas por Gilberto em suas próprias anotações: qual o perfil sociológico de tais moradores, seus padrões de sociabilidade, há quanto tempo e como foram morar em Copacabana, que valores atribuem ao bairro e ao prédio onde estão (também em comparação com outras regiões da cidade), quais suas aspirações de vida. Consta também das fichas como as assistentes foram recebidas pelo morador e qual o ambiente em que realizaram a entrevista.

Além desse material, encontramos também o que poderíamos chamar de um diário. Ao contrário do caderno de pesquisa, onde pouco há de pessoal ou íntimo, no caderno-diário encontramos outro Gilberto, etnógrafo de si mesmo, refletindo sobre sua relação afetiva com os apartamentos conjugados em que morou entre 1969 e 1976 com a também antropóloga Yvonne Maggie, então sua mulher. Várias das anotações são como cartas de despedida dessas moradias:

> Últimas horas no nosso apartamento da Bolívar. Amanhã às 14hs assinamos a escritura definitiva de venda. Já recebemos um sinal e o negócio está fechado. Não há volta atrás. Sentimentos extremamente ambíguos. De um lado, satisfação por deixar um apartamento pequeno demais, num edifício grande demais, com gente demais. ... Apesar de tudo, sentimentos ambíguos. A nossa primeira casa, arrumada com gosto, ... [onde] fomos fundamentalmente felizes. Crescemos. Comunicamo-nos. Descobrimos coisas importantes. ... Enfim, uma fase concluída. Saldos imensos. A faculdade, o magistério, o mestrado, a antropologia etc. O nosso amor. Talvez um filho. A nossa vida. (1970)

O interesse de Gilberto Velho pelo estudo do estilo de vida das camadas médias urbanas brasileiras vem dos tempos de estudante secundarista, em especial de uma dura experiência no dia do golpe de 1964: voltava de uma reunião da União Nacional dos Estudantes para a casa de seus pais, em Copacabana, e encontrou na rua manifestações que comemoravam a tomada de poder pelos militares contra "os comunistas". Como afirmou várias vezes em conversas pessoais, teve então a percepção de que, sem entender a visão de mundo dessas camadas médias urbanas – da qual ele mesmo fazia parte –, seria impossível encontrar saídas para os dilemas políticos e sociais brasileiros. Esse interesse se desenvolveu ainda na graduação, sobretudo quando trabalhou como auxiliar de pesquisa no Instituto de Ciências Sociais da UFRJ, dentro do projeto Estrutura e Função dos Grupos Econômicos no Brasil, estudando elites. No mesmo período, organizou para a Zahar quatro volumes sobre *Sociologia da arte*, com seleções de artigos clássicos de Lukács a Benjamin, passando por Robbe-Grillet.[8] Em seu primeiro artigo publicado em revista, em 1967 na *Cadernos Brasileiros*, escrito quando tinha apenas 21 anos e intitulado "Para que sociologia da arte no Brasil?", já nos deparamos com a ideia de que pensar a arte brasileira é pensar as camadas médias brasileiras, caracterizadas principalmente por sua "instabilidade", oscilante entre heresias e conservadorismos.

O projeto pioneiro de uma antropologia que estudasse o "nós" (e não apenas os "outros", como tantas vezes afirmou) revela-se também, desde o início de sua trajetória, uma teoria *vivida*.[9] Um olhar para si mesmo, muitas vezes com análises difíceis e que nem sempre podiam, ou deviam, ser expostas em textos acadêmicos. Ao se despedir do apartamento onde morou na rua Piratininga, na Gávea, Gilberto relembra alguns marcos dos últimos seis anos de vida e termina com um desabafo que não deixa de ter uma dimensão sociológica: "Saio desse apartamento porque ele já não existe, [virou] um museu, museu querido, mas museu. Até a próxima." (1976)

Nesse mesmo caderno-diário estão registradas ainda as buscas por apartamentos, fossem alugados ou próprios. Gilberto deixa-nos pistas para entendermos como *ele* responderia aos mesmos temas sobre os quais abordou os moradores do "Edifício Estrela" – aquele que deu origem à sua dissertação de mestrado. Através de minúsculos anúncios recortados dos classificados, listas de endereços e anotações sobre as características dos imóveis pesquisados, o caderno traça o *mapa simbólico* do espaço urbano do próprio Gilberto, associado ao *campo de possibilidades* em que se movia – expressando e ao mesmo tempo construindo suas experiências de vida, visões de mundo e os seus projetos. Ipanema, Leblon, Gávea e Jardim Botânico são os bairros visados. Ao lado dos recortes, observações como "escuro", "mau estado", "péssimo", "ver segunda-feira", "pirambeira", "cômodos pequenos", "sol quente", "melhor", "rua ótima", "apertadinho". Algumas notas sobre os vizinhos ("antipático", "metida", "velha comuna") conferem um humor bem "gilbertiano" às notas e reforçam a ideia de que a moradia era para ele a escolha de um *mundo social*.[10]

Nesses anos de formação, Gilberto acrescentaria ao seu projeto científico – em grande parte já esboçado no discurso de formatura de 1964 – o interesse pelo estudo dos "problemas de antropologia no contexto de grandes cidades". Conscientemente, numa carta de 1971, evita o termo "antropologia urbana", pois *não* está interessado em definir uma subdisciplina; está interessado, sim, em questões de metodologia de investigação no meio urbano e, mais que isso, nas "possibilidades de o antropólogo estudar o seu meio, sendo ao mesmo tempo 'nativo' e 'investigador'". Queria propor a si mesmo e aos seus alunos explorar a "concretude da cidade em que vivem", tomando como relevantes, *desde essa época*, temas tais como os das empregadas domésticas, gangues de jovens, apostadores, universos suburbanos, além do sempre fortíssimo interesse pelas manifestações culturais: teatro, imprensa, televisão, rádio, literatura e música.

Para além das questões teóricas mais gerais, Gilberto também se preocupou desde o início em refletir sobre os *métodos de pesquisa* mais apropriados para a empreitada intelectual a que se propunha, bem como sobre a situação do pesquisador que observa aquilo que lhe é familiar – porém não necessariamente *conhecido*, como ele desenvolverá anos mais tarde, com notável concisão, em "Observando o familiar".[11] Se hoje esse texto pode parecer até óbvio de tão "familiar" que se tornou – é, talvez, um dos mais lidos de Gilberto em cursos de antropologia na graduação –, é importante lembrar o quanto essa era, na época, uma perspectiva inovadora.

Na introdução de *A utopia urbana*, Gilberto Velho menciona que a sua primeira experiência de pesquisa num prédio de conjugados foi feita para um trabalho final de curso do professor Anthony Leeds, no Museu Nacional, em 1969. Ele e Yvonne Maggie, datilografaram dezesseis páginas com os resultados da pesquisa no "Barata Ribeiro, 200", notório edifício onde moravam cerca de duas mil pessoas. Veem-se ali já com bastante ênfase temas que perduram na obra de Gilberto: os projetos das camadas médias, as tensões na sociedade de consumo, a mobilidade subúrbio-centro, a heterogeneidade da vida urbana, o universo de atitudes e acusações morais envolvendo uso de drogas, prostituição e homossexualismo.

No então nascente mestrado em antropologia social do Museu Nacional, Gilberto encontrou ambiente acolhedor para seus projetos mais ousados. Fez os cursos de Antropologia Urbana, com Anthony Leeds, e Antropologia das Sociedades Complexas, com Richard Adams, dois professores da Universidade do Texas que estavam lecionando um período no Rio de Janeiro. Leeds estudava moradias nas favelas, e soube entender a proposta da pesquisa em Copacabana, apesar do seu ineditismo. Shelton Davis, outro antropólogo americano que ensinava no Museu e morava em Copacabana, foi o orientador de Gilberto no mestrado.

Em 1971, a convite de Richard Adams, foi estudar na Universidade do Texas em Austin, usufruindo de uma bolsa da Fundação Ford como *special student*.

Encontrou um grupo de professores que lhe apresentou autores e modos de pensar as ciências sociais que seriam fundamentais para seu trabalho futuro. De lá, Gilberto escreve que voltará ao Brasil animado com a ideia de propor um curso no Programa de Pós-Graduação em antropologia social do Museu Nacional sobre os "problemas da antropologia em grandes cidades".

Essa experiência americana terá grande impacto na obra de Gilberto Velho. No curso Etnografia dos Hospitais Psiquiátricos e Prisões, por exemplo, lecionado por Ira Buchler, ele teve oportunidade de aprofundar seu estudo da obra de Erving Goffman e outros nomes da geração mais nova da Escola de Chicago. Foi lá que fez contato pela primeira vez com o pensamento do sociólogo Howard S. Becker (sempre "Howie" para o amigo), que viria a ser um de seus interlocutores fundamentais. Os dois conheceram-se inicialmente através de uma troca de livros, depois se encontraram quando Gilberto voltou aos Estados Unidos em 1976. No mesmo ano, Becker, a seu convite, veio ao Brasil. A relação estreitou-se: publicaram traduções de textos um do outro e trocaram uma farta correspondência durante os quarenta anos de amizade.

A PRODUÇÃO INTELECTUAL de Gilberto Velho deve muito à sua coragem de juntar, combinar, fazer dialogarem autores e ideias que estavam em mundos separados por fronteiras, a seu ver, desnecessariamente limitadoras. Sua "audácia", para retomar uma palavra de seu discurso de 1964, foi a de não temer criar a *sua* antropologia, o *seu* plano de trabalho, a partir de múltiplas fontes – a já mencionada biblioteca paterna, onde encontrava os livros mais importantes das ciências sociais e da literatura; a leitura apaixonada dos clássicos, de Homero aos autores do teatro grego; o fascínio pelas obras de Marx, Engels e Lukács, mas também Florestan Fernandes, Caio Prado, Raimundo Faoro, lidos ainda no colégio; e, não menos importante, sua formação de pós-graduação, que passou por três instituições: o PPGAS do Museu Nacional, onde fez o mestrado; o Departamento de Antropologia da Universidade do Texas, em Austin, onde esteve por um ano; e, mais tarde, o Departamento de Ciências Sociais da Universidade de São Paulo, por onde se doutorou, sob a orientação de Ruth Cardoso.

Foi com liberdade intelectual que ele se moveu em direção a novas sínteses e novas combinações. Nada mais saudável, afirmou, do que *não* ceder à sedução de "dogmas e princípios herméticos". Ele próprio deixou bem documentada sua relação com autores e obras das ciências sociais, da literatura, filosofia e várias áreas que muito o influenciaram, refletindo sobre sua própria trajetória em diversos artigos, entrevistas publicadas e depoimentos em formato audiovisual.[12]

A seguir, destacamos alguns elementos que, a nosso ver, são fundamentais para se compreender a obra de Gilberto Velho. Isso implica salientar o grau de inovação e mesmo *heresia* que ela assumiu, no contexto em que se desenvolveu. Na abertura de seu artigo "O antropólogo pesquisando em sua cidade: sobre conhecimento e heresia", Gilberto afirma que a história da antropologia, "como a de qualquer área do conhecimento", também "pode ser interpretada como um processo contínuo de confrontação entre *ortodoxos* e *heréticos*."[13] Como era seu costume, logo em seguida cuida para que suas palavras não sejam tomadas como simplificação de uma realidade bem mais complexa. Sempre condenou afirmações que tentam enquadrar o mundo em esquemas rígidos formados por poucas categorias. Sabia que não é fácil estabelecer os limites entre a ortodoxia e a heresia: "As posições individuais mudam continuamente em função das trajetórias, das etapas de carreira e de diversas transformações existenciais", diz no mesmo artigo.[14] As pessoas podem combinar atitudes ortodoxas e heréticas numa mesma situação social ou etapa profissional. Além disso, uma mesma atitude pode ser classificada como ortodoxa ou herética dependendo do ponto de vista do indivíduo ou grupo que faz o julgamento.

Mesmo com tantos cuidados, nesse texto Gilberto parece se colocar, com alguma alegria, do lado dos heréticos. Isso pode surpreender pessoas que pouco o conheciam. Com seu estilo de vida marcado por aparentes ambiguidades, gostava de atordoar, como dizia, alunos, colegas e mesmo amigos íntimos. Quem se deixava espantar por seus modos performáticos de "velho professor" (com gestos e vocabulário – "Esplêndido!" – dignos de personagem aristocrático de romance de Machado de Assis) poderia ficar em dúvida: estaria diante de uma personalidade conservadora? Seu respeito a normas e rituais acadêmicos combinava iguais doses de ironia e seriedade (talvez mais de seriedade, acreditamos). Sendo assim, sua aparência austera não refletia claramente – ou ao menos não de imediato – seu pensamento e seus escritos, sempre muito abertos para, ou incentivadores de, transgressões.

A antropologia de Gilberto Velho é herética em múltiplos e complexos sentidos. As heresias começam nos temas pouco ortodoxos eleitos para serem estudados, e realizam-se plenamente no modo escolhido para efetuar esse estudo. Tais características ganham tons mais dramáticos e desbravadores ao constatarmos o pioneirismo de tudo isso.

Com relação às temáticas de pesquisa, ainda hoje causa surpresa a existência (no Brasil e no mundo) de uma antropologia que volta seu olhar para as cidades, para as sociedades complexas ou para a cultura do antropólogo. Nas conferências que fez no Japão em 1986, Lévi-Strauss disse – e talvez tenha razão em termos estatísticos – que as sociedades estudadas "por predileção" pelos antropólogos são aquelas que "estamos habituados, por uma longa tradição, a qualificar de 'primitivas'".[15] Mesmo quando admite que a antropologia também demonstra interesse pelo estudo das sociedades modernas, Lévi-Strauss afirma que isso ocorre a partir de um recorte específico: nelas, o antropólogo "se empenha em detectar e isolar *níveis de autenticidade*", terrenos "onde todos se conhecem", isto é, o mais parecido possível com a simplicidade "primitiva". Se isso é regra, o trabalho de Gilberto, que desde seu mais remoto início sempre lidou com o "inautêntico" e o que não pode ser isolado (as redes sociais complexas nas quais nem todo mundo precisa se conhecer para interagir), não deveria ser classificado como antropologia. Grande desafio e temerosa heresia: Gilberto nunca teve nenhuma dúvida de identidade; sempre se pensou como antropólogo, mesmo quando estudou camadas médias urbanas em edifícios de Copacabana.

O tema da *heresia* leva-nos facilmente ao do *desvio* e da *divergência*. De volta ao Brasil após passar o ano de 1971 nos Estados Unidos, Gilberto Velho organizou cursos sobre essas questões. Alguns trabalhos de um desses cursos foram reunidos na coletânea *Desvio e divergência* (1974), um de seus livros mais inovadores e instigantes, que contém o texto "O estudo do comportamento desviante: a contribuição da antropologia social",[16] pedra fundamental para o pensamento de Gilberto, lançando de certa maneira o programa de estudos que desenvolveria nas décadas seguintes. Esse é um texto muito ambicioso, que até hoje pode ser considerado herético e inovador (até mesmo por suas notas de rodapé, que mixavam antipsiquiatria, Foucault, Castañeda, Geertz, Radcliffe-Brown, Roberto DaMatta e Lévi-Strauss). Ali está contida, sem muito alarde, uma teoria geral da vida em sociedade, propondo alternativa corajosa para uma "visão rígida do que seja uma sociedade e cultura" ou "uma visão estática e pouco complexa da vida sociocultural", que não se restringe ao momento contemporâneo, abarcando até reflexões sobre a Idade do Gelo ou o Australoptecíneo proto-humano.[17] Na busca do "menos rígido", Gilberto afirma com radicalidade "o caráter multifacetado, dinâmico e, muitas vezes, ambíguo da vida cultural".[18] No trecho a seguir, temos um resumo da teoria social gilbertiana:

> A Cultura não é, em nenhum momento, uma entidade acabada, mas sim uma linguagem permanentemente acionada e modificada por pessoas que não só desempenham "papéis" específicos mas que têm experiências existenciais particulares. A *estrutura social*, por sua vez, não é homogênea em si mesma mas deve ser uma forma de representar a ação social de atores *diferentemente* e *desigualmente* situados no processo social. *Estrutura social, tout court*, pouco pode valer se não for utilizada com a preocupação de perceber não só a continuidade da vida social mas a sua permanente e ininterrupta transformação."[19]

Reparem a ênfase na transformação, no processo, na diferença, na heterogeneidade, no inacabado, na teatralidade: papéis, representação – que posteriormente, no pensamento de Gilberto, darão lugar à noção de *metamorfose*, influência de Ovídio, com retoques de Ítalo Calvino. Prestem atenção, sobretudo, na abrangência do que é afirmado: "em nenhum momento"; "permanente e ininterrupta". Ou seja: não há sociedade que escape da sina da complexidade.

A onipresença dessas características fica mais explícita em outro escrito inaugural para a teoria social proposta por Gilberto, "Acusações: projeto familiar e comportamento desviante" (seu primeiro artigo publicado em revista internacional, a *Social Problems*, em 1976).[20] O tom é de alguém convicto do que afirma, sem medo de expor-se a polêmicas. Trata-se de algo que deveria ser óbvio para todos os cientistas sociais: "Nenhuma sociedade, por mais simples tecnologicamente, apresenta consenso absoluto. Já não faz mais sentido, em termos de antropologia, estimular as fantasias a respeito de paradisíacas sociedades tribais onde as pessoas jamais entrariam em conflito." E mais: "Em qualquer grupo social, por menor ou mais monolítico que seja, existe margem para mais de uma interpretação de como as coisas devem ser feitas e de como as pessoas devem se comportar. Assim, qualquer consenso é sempre relativo e não absoluto."[21] Gilberto coloca portanto, no centro da vida social e cultural, o conflito e "a permanente existência de contradições". De certa forma, e por isso mesmo, toda sociedade é – e sempre foi – complexa, tendo uma cultura essencialmente heterogênea.

O desafio, então, não é só da cidade, mas de qualquer sociedade. A vida urbana e metropolitana não seriam casos extremos, ou pervertidos, da vida social em geral. A simplicidade, sim, é que seria como uma ilusão promovida por etnografias preguiçosas, que ignoram conflitos sempre existentes e constitutivos do grupo estudado. De certa forma, a cidade poderia ser encarada como o modelo para a análise das sociedades ditas "primitivas", libertando-as dessa "primitividade", pois deixam evidentes ou atualizam possibilidades e impasses que toda vida social engendra. Os casos limite são os outros, os não urbanos, que escamoteiam sua complexidade essencial.

Voltemos ao texto "O estudo do comportamento desviante". A visão complexa, ou a própria complexidade, como que fractaliza todo o território social: "Não só camponeses comportam-se de forma diferente de burgueses mas 'há aristocratas e aristocratas'." Para Gilberto, devemos escapar de esquematismos em qualquer campo de análise: por exemplo, ao falar de "classe média", temos que "problematizar sua composição e as particularidades de subgrupos". Pois nenhum grupo é totalmente fechado ou internamente homogêneo. Cada grupo, por menor que seja, é aberto, poroso, assim como as grandes sociedades: "É fundamental perceber que sociedade, em termos humanos, implica sempre a existência de uma linguagem de signos e símbolos mais elaborada. Esta linguagem não é 'fechada', mas 'aberta', daí a própria possibilidade de evolução cultural da espécie."[22]

Em textos posteriores, Gilberto Velho tentará entender como os indivíduos conseguem "navegar" na complexidade, produzindo sentidos provisórios – mesmo sobre "áreas de significado 'aberto'" – para orientar, sempre precária ou provisoriamente, suas vidas. O indivíduo pode ser até o antropólogo pesquisando em sua própria sociedade. Ele pode observar o familiar, pois mesmo naquilo que é mais próximo há o heterogêneo, o outro, o desconhecido. Nesse sentido, todo indivíduo atua, em muitos momentos de sua vida, como antropólogo, mapeando os diferentes mundos sociais, as alteridades que inevitavelmente encontra em seu cotidiano, ou, ao contrário, abrindo o aparentemente fechado, ou estranhando o que lhe é apresentado como conhecido ou óbvio.

O texto balizador para essa etapa da evolução do pensamento de Gilberto é "Projeto, emoção e orientação em sociedades complexas", de 1979.[23] Se "O estudo do comportamento desviante" era fruto de suas preocupações iniciais (as múltiplas visões de mundo das camadas médias urbanas, a sociologia da arte e da vanguarda artística etc.) acrescidas do encontro com o pensamento de Howard S. Becker, "Projeto, emoção e orientação..." reflete o aprofundamento do estudo das obras de Georg Simmel e Alfred Schutz, empreendido por Gilberto, com cada vez mais rigor, durante toda a década de 70.

A obra de Simmel já era sua conhecida desde os tempos em que trabalhou como auxiliar de pesquisa no Instituto de Ciências Sociais com Evaristo de Morais Filho (que viria a organizar a primeira coletânea de artigos de Simmel no Brasil). Devemos destacar também a coletânea *O fenômeno urbano*,[24] publicada em 1967 sob organização do antropólogo Otávio Guilherme Velho, irmão de Gilberto, e que contém o clássico texto de Simmel sobre "A metrópole e a vida mental".

A influência de Simmel sobre o pensamento de Gilberto aumentou a partir da relação com o interacionismo da Escola de Chicago, caminho que também levaria ao contato com a sociologia fenomenológica de Alfred Schutz, combinando-se com a influência menos explícita em sua obra, porém de forma alguma desprezível, da filosofia existencialista, que vinha desde sua adolescência. Em várias de suas aulas e palestras vimos Gilberto filiar-se a uma linhagem intelectual que se iniciava justamente em Simmel, passando em seguida por Robert Park, Everett Hughes e Howard S. Becker.

"Projeto, emoção e orientação..." se origina retomando a militância do "Estudo do comportamento desviante" contra o estabelecimento de fronteiras rígidas entre sociedades complexas e simples (fronteiras que "são sempre arbitrárias e problemáticas") e desemboca numa lista de perguntas que a obra posterior de Gilberto Velho tentará responder de múltiplas maneiras: "O que pode ser comunicado? Como as experiências podem ser partilhadas? Como a realidade pode ser negociada e quais são os limites para a manipulação dos símbolos? ... Qual a eficácia potencial da universalização de códigos particulares?"[25] Muitos códigos diferentes disputam espaços culturais, em luta constante por visibilidade, durabilidade, dominância. Tudo é fragmentado. Em sociedades onde a possibilidade de individuação é mais valorizada, as pessoas, com seus "papéis multiplex", inventam projetos (um conceito tomado de Schutz) que são tentativas sempre conscientes de "dar um sentido ou uma coerência a essa experiência fragmentadora".[26]

Claro, a criação desses projetos – que precisam nascer e ser comunicados em ambientes essencialmente fragmentários – não acontece num vácuo, nem é algo totalmente subjetivo: eles são elaborados "dentro de um campo de possibilidades, circunscrito histórica e culturalmente, tanto em termos da própria noção de indivíduo como dos temas, prioridades e paradigmas culturais existentes".[27] Em artigo posterior, "Trajetória individual e campo de possibilidades", de 1994,[28] Gilberto deixa claro que os projetos são eles mesmos complexos e que "os indivíduos, em princípio, podem ser portadores de projetos diferentes, até contraditórios".[29] A fragmentação externa reflete a interna, e vice-versa, num jogo de espelhos que aumenta a complexidade da teoria antropológica proposta por Gilberto Velho.

Nesses artigos – aos quais vêm juntar-se, completando esta seleção, "Memória, identidade e projeto" (1978), "Unidade e fragmentação em sociedades complexas" (1992) e "Biografia, trajetória e mediação" (2001)[30] há também algo que torna possível sua leitura como uma espécie de manual de sobrevivência na "selva" da complexidade (ou uma espécie de pedagogia para a vida na complexidade). Sociedades complexas e fragmentadas não foram feitas para individualidades fracas. Gilberto formula sua "hipótese", claramente inspirada em Simmel: "Quanto mais exposto estiver o ator a experiências diversificadas, quanto mais tiver de dar conta de *ethos* e visões de mundo contrastantes, quanto menos fechada for sua rede de relação ao nível do seu cotidiano, mais marcada será sua autopercepção de *individualidade singular*."[31] Nesse sentido, "mais elaborado" será o seu projeto. Ou, talvez (interpretando Gilberto, que não disse isso explicitamente), mais herético será o seu projeto.

Talvez as pessoas que Gilberto mais admirasse fossem as que tinham essa autopercepção de individualidades singulares, e que eram percebidas por ele como individualidades singulares, capazes de marcar suas culturas com surpresas e heresias resultantes de sua maneira peculiar de combinar contrastes e diversidades. Provavelmente, Gilberto tinha essa autopercepção sobre sua própria pessoa e obra, sempre capaz de nos surpreender com estranhamentos (sutis ou não) do familiar, inclusive do familiar dentro da antropologia. Daí seu gosto por heresias sempre mutantes, nada óbvias. Daí também seu interesse pelo tipo social do *mediador*, estabelecendo pontes entre diferentes mundos sociais. Daí, finalmente, seu pioneirismo, abrindo brechas em mundos até então fechados, através das quais tantos de nós conseguimos passar e construir nossas carreiras, pesquisas e visões de mundo.

É DIFÍCIL PARA NÓS, seus orientandos e amigos, concluir uma apresentação de leituras que foram tão importantes em nossa formação. Para além dos ensaios, é impossível não termos sempre presente a imagem do professor e do orientador. É com ela que gostaríamos de encerrar, tentando sobretudo compartilhá-la com os leitores que não conheceram Gilberto pessoalmente.

Como conferencista e professor, era um orador fascinante. Raras vezes lia um texto. Falava olhando para a plateia e era capaz de citar, sem hesitação, conceitos, argumentos, obras, datas e autores das mais variadas áreas do conhecimento. Nos cursos que deu, aliava uma visão de conjunto do tema de cada aula, inserindo-o num contexto mais amplo de autores e teorias, antes de dialogar respeitosamente com a leitura feita por seus alunos. Porém, ao escrever o seu entusiasmo pelo tema desenvolvido produzia um texto corrido, como um ensaio, onde a teoria está incorporada na própria concepção dos argumentos. Em geral, ele preferia apenas recomendar ao leitor que consultasse a obra ou o autor a que fazia referência, evitando a citação de trechos como mero artifício retórico para fortalecer seus argumentos. A opção por não sobrecarregar seus textos com longas citações bibliográficas era uma característica de Gilberto Velho.

Sua obra não pode ser compreendida apenas através daquilo que ele escreveu: estende-se para muito além, numa ampla rede de orientandos e muitos outros influenciados por suas ideias, que, em múltiplos sentidos, desenvolveram seu projeto intelectual.

Gilberto apreciava e cultivava o mundo das ideias, mas também os detalhes e prazeres do cotidiano. Era um professor e orientador, mas também um eterno aluno. Interessava-se genuinamente pelo trabalho de seus alunos e orientandos. Incentivava-os a fazerem suas próprias explorações e descobertas, e mostrava-se generoso em termos de sugestões para os trabalhos e de apoio nas trajetórias profissionais e acadêmicas. Incentivava-os sempre a não se fecharem em estreitos grupinhos acadêmicos, intolerantes com quem não compartilha das mesmas crenças. Gilberto Velho amava a antropologia, mas não fazia dela um altar, nem lugar de culto. A antropologia para ele não era o centro do universo: fazia parte de uma busca pelo conhecimento muito mais ampla, que incluía história, arte, literatura e a admiração por áreas como matemática e filosofia. Não se tratava de mera retórica, mas de uma prática que tinha sempre em vista comparar e colocar os dados em perspectiva.

Ele ocupou posições de poder, mas nunca quis ser líder de grupos fechados, nem erguer laboratórios em seu nome. A ausência de molduras, no entanto, não impediu que sucessivas gerações de orientandos formassem sólidos grupos de amizade e colaboração intelectual. Ao contrário, a liberdade sempre favoreceu o fortalecimento de tais vínculos.

Gilberto Velho influenciou-nos também como intelectual público. Nessa condição, seguiu os ideais do jovem formando de 1964: tinha um profundo compromisso com os problemas de seu tempo. Procurou dar sua contribuição tanto no plano das ideias e do ensino, como também através de uma intensa participação em associações científicas e em políticas públicas que afetaram profundamente as concepções de complexidade cultural no nosso país. Lembramos, entre outras, sua decisiva atuação como relator do tombamento do terreiro de candomblé Casa Branca, em Salvador, Bahia, em 1984 – primeira vez em que a tradição afro-brasileira obteve o reconhecimento oficial do Estado – e sua participação, como presidente da Associação Brasileira de Antropologia, entre 1982 e 1984, nas lutas pelos direitos das minorias, nas questões indígenas, na descriminalização das drogas e contra a violência aos homossexuais. Cabe ainda mencionar, entre tantos exemplos possíveis, sua participação como um dos primeiros cientistas sociais a ingressar na Academia Brasileira de Ciências, antes fechada às ciências humanas.

Gilberto nos divertia sempre com seu humor peculiar. Quando falava de sua juventude, ou dos primórdios da carreira, acrescentava, sempre seriíssimo: "Mas isso foi no século XIII " Aos jovens alunos do PPGAS, cobrava: "Já aprenderam a cantar o hino da antropologia?" E entoava, operisticamente: "Estranhar, relativizar..." Gostava de nos deixar atônitos com o horário de reuniões e encontros: depois de consultar sua agenda, dizia "Ok, terça-feira, às 8h47". Animava-nos, em seu gabinete, com os carimbos da Venerável Ordem dos Amigos da Capivara, fundada com Howard Becker,[32] ou então caçando insetos com uma espada de madeira "tapirapé", falando de seus tempos de "campeão de esgrima", citando batalhas do Império Bizantino ou contando histórias misteriosas sobre como o cérebro de Euclides da Cunha foi parar nas aulas do Museu Nacional.

Sem dúvida, a própria obra era motivo de vaidade e orgulho para ele, mas paradoxalmente era discreto e não gostava de se expor em excesso. Cultivava suas relações afetivas ao extremo. Homenageava, convidava, publicava, recomendava, investia, telefonava... e sentia profundamente as perdas. Tinha preferências e paixões, "pisava na bola", como ele próprio dizia, mas era suficientemente lúcido para fazer autocríticas e não se levar tão a sério – exceto quando o assunto eram os prazos!

Tudo isso vinha junto com uma obsessiva disciplina para orientar, que incluía ler capítulos de tese na mesma tarde em que lhe eram entregues, ligar às 7h30 da manhã para saber se estávamos trabalhando e marcar bancas com quatro meses de antecedência. Cobrava, reclamava e brigava. Mas tentava compensar essa rigidez com um genuíno afeto, grande generosidade e uma inegável vontade de nos ver crescer. Gilberto nos acolhia nas dificuldades e vibrava com nossos sucessos. É verdade que podia resistir a mudanças, às vezes com ferocidade. Mas voltava atrás, aceitando e até se divertindo com propostas as mais inusitadas, desde alterar radicalmente o tema de uma pesquisa até decidir a data de uma defesa de tese com a ajuda de um mapa astrológico. Nunca nos deixava esquecer que ele próprio era complexo: o jovem que defendeu o diálogo e a audácia, mas também o "Velho cético", como ele se chamava, rindo de si mesmo.

Dentre os muitos que tiveram o privilégio de conviver com ele, é difícil separar orientandos, alunos, colegas ou amigos. Na sua vida, essas categorias estavam todas misturadas. "As pessoas são complexas", ele gostava de dizer, "não devemos congelar as identidades." Para estar com todos, adorava marcar reuniões, festas, aulas, palestras, almoços e jantares. Nestes, invariavelmente deveríamos aguardar a chegada de uma "ilustre antropóloga húngara" – mais uma de suas brincadeiras, que, mesmo depois de conhecida, nos divertia pelo desafio de adivinhar quem faria o papel de convidado-surpresa. Por meio desses encontros, surgiam incontáveis relações: amizades, trocas profissionais, viagens, orientações, pesquisas, publicações, livros e até namoros e casamentos.

Foram muitos os alunos, orientandos, pesquisadores, funcionários e amigos que tiveram suas vidas afetadas, transformadas e "atordoadas" por ele. Embora nada possa reverter sua perda, ajuda muito saber que somos tantos que a sentimos, como marcam as muitas homenagens, incluindo a organização deste livro.[33]

Mesmo correndo risco de repetir um clichê, é necessário afirmar: Gilberto Velho é uma presença insubstituível nas ciências brasileiras e na vida de todos que foram por ele afetados. Como um clássico, sua obra ainda tem muito a nos dizer. Várias fontes citadas nesta introdução são oriundas do seu arquivo pessoal, que inclui uma vasta coleção de documentos, correspondências e textos produzidos ao longo de mais de quarenta anos de atividade como pesquisador.[34]

Um antropólogo na cidade, título escolhido para esta coletânea, era o primeiro numa lista de opções elaborada por Gilberto Velho quando da redação de um de seus livros. Esperamos, com esta seleção, contribuir para que a obra de Gilberto Velho continue viva, influenciando novas gerações.

1. INTRODUÇÃO À 1ª EDIÇÃO DE *A UTOPIA URBANA*

O MEU OBJETIVO NESTE LIVRO é realizar uma introdução a um estudo sistemático do bairro de Copacabana. Não pretendo esgotar esta temática num trabalho de proporções modestas. Pelo contrário, acredito que é indispensável prosseguir minhas pesquisas e publicar trabalhos que venham a dar continuidade ou completar as óbvias lacunas aqui existentes. É claro que esta é uma tarefa aberta a qualquer investigador que venha a se interessar pelo tema.

Morei dezoito anos em Copacabana – dos seis aos 24 anos de idade, de 1952 a 1970. Isto coloca o primeiro problema. A antropologia, tradicionalmente, tem estudado os "outros" e eu me propus estudar "nós". É evidente que outros autores já o fizeram, mas a antropologia urbana ainda engatinha e enfrenta sérios problemas de metodologia. Desta forma, entro num terreno bastante movediço. O estudo de sociedades tribais ou camponesas já apresenta uma vasta soma de resultados e dados que fornece ao investigador, pelo menos, um razoável suporte para o seu trabalho. Há um relativo consenso por onde começar os estudos dessas sociedades, os seus aspectos cruciais – a importância do sistema de parentesco, por exemplo. Na antropologia urbana ainda se está muito na fase das intuições, das primeiras tentativas. Há uma razoável polêmica e, relativamente, poucos resultados.

No meu entender, uma das razões para este estado de coisas é uma certa preocupação bizantina em traçar limites rígidos entre o que seja uma investigação "sociológica" e uma "antropológica". Se um sociólogo realiza um estudo de caso mais intensivo, vivendo com seu objeto de pesquisa, seu trabalho pode vir a ser classificado como mais "antropológico", e se, por outro lado, um antropólogo preocupa-se com universos quantitativamente maiores que possam requerer a complementação de um pouco de estatística, será rotulada a sua investigação de "sociológica". Essa preocupação em marcar áreas exclusivas ou compartimentos estanques pode dificultar muito o estudo da sociedade urbana, que, pela sua complexidade, exigirá o concurso de diferentes *tradições de trabalho*.

De certa forma foi isto o que tentei fazer. Fiz um estudo mais intensivo de um prédio em que vivi um ano e meio, com cerca de 450 moradores. Não podia, no entanto, isolá-lo do bairro, da cidade e da sociedade nacional, arbitrariamente. Por outro lado, Copacabana tem uma história, embora pequena. Tudo isso compõe, condiciona, atua e é o mundo de meus entrevistados, de meu objeto de pesquisa. Devido a tudo isso, acho que há desequilíbrios no meu trabalho. Pelo fato de querer situar ou, pelo menos, definir uma série de variáveis, algumas delas são pouco mais do que mencionadas ou sugeridas. Acho, no entanto, minha obrigação pelo menos fazer isto, em vez de ignorá-las totalmente. A partir desta opção de trabalho abrem-se, evidentemente, várias possibilidades de aprofundamento de alguns temas – por exemplo: o copacabanense e a cultura de massas, a indústria de construção civil e o mito de Copacabana, a importância das relações de parentesco no bairro, padrões de comportamento sexual em Copacabana etc. Isto apenas sugere a infinidade de aspectos a serem estudados e as imensas possibilidades de pesquisas não só para antropólogos, como sociólogos, economistas, psicólogos etc.

Como já disse, morei em Copacabana de 1952 a 1970. Quando cheguei ainda havia muitas casas, alguns terrenos baldios. As ruas eram bem mais vazias, menos automóveis, ônibus e havia bondes. Havia mais "conhecidos". Mas comparando com o Grajaú, de onde tinha vindo, era um "outro mundo" – praia, muitos cinemas, muitas lojas, muito mais gente. A maioria de meus parentes morava por ali. Passei a vê-los com mais frequência. Já tinham vindo antes, na maioria originários da Tijuca. Morava em casa no Grajaú, moraria agora em apartamento, num quinto andar. Lembro-me nitidamente de que quando estava para sair do Grajaú anunciava orgulhosamente para a professora e os colegas de escola primária que ia morar em Copacabana. Havia no ar uma certa admiração e, achava eu, inveja. Havia um certo ar "aristocrático" em torno do bairro que me privilegiava.

Não pretendo desfiar recordações sentimentais sobre a minha vida em Copacabana, mas situar-me, enquanto investigador, diante do objeto de pesquisa. Minha família foi para o bairro "para melhorar de vida" e eu não gostaria de voltar a morar na Zona Norte do Rio de Janeiro. Quando saí de Copacabana, permaneci na Zona Sul, nunca admitindo a possibilidade de viver fora dela. É claro que muitas dessas coisas estão claras para mim agora, depois de anos de procura de um certo distanciamento. Quero deixar claro que quando comecei a preocupar-me com o assunto, tinha a minha "imagem" de Copacabana e que era, evidentemente, uma situação bastante diferente de um antropólogo europeu que chega a uma tribo do Leste africano, por exemplo. Faço questão de deixar isto claro, pois este é, talvez, o problema fundamental que o antropólogo enfrenta ao estudar sua própria sociedade. É óbvio que não acredito que esse problema impeça a investigação, mas sem dúvida introduz uma dimensão nova para o trabalho antropológico. Não conheço fórmula ou receita que resolva este tipo de dificuldade, mas acredito piamente na necessidade de um esforço de autodefinição do investigador não só no começo, mas no decorrer de todo o seu trabalho, ou seja, não se trata apenas de manipular com maior ou menor habilidade técnicas de distanciamento, mas de ter condições de estar permanentemente num processo de autodimensionamento paralelo e complementar ao seu trabalho com o objeto de pesquisa de que, afinal, ele faz parte.

Ao lado, evidentemente, de ter sido morador de Copacabana, há uma série de outras motivações para este trabalho. Comecei o meu trabalho em ciências sociais com sociologia da arte.[1] Estava preocupado com visões de mundo, na melhor tradição de Lukács e Goldmann,[2] expressas pela obra de arte. Voltava-me para o caráter ideológico da produção artística, expressão de grupos, estratos ou classes sociais. Enfim, estava preocupado, no caso brasileiro, com as tão famosas camadas médias – como pensavam, como definiam o mundo e a si mesmas, quais eram seus valores etc. Sem abandonar esse tipo de preocupação, redimensionei-a. Embora possa continuar acreditando numa certa representatividade de certos setores artísticos brasileiros enquanto camada média, acho possível e desejável buscar outros métodos para se tentar delinear uma ideologia ou ideologias desse grupo ou grupos sociais. Restava saber por onde começar.

Tinha diante de mim o enorme crescimento de Copacabana. O bairro, superpopulado, apresentava uma série de problemas de circulação, higiene, transporte. As pessoas, no entanto, continuavam chegando em grande número. Vinham de outros bairros ou subúrbios, às vezes de outras cidades. Proliferavam os enormes edifícios de conjugados para onde iam pessoas que deixavam, em certos casos, casas com quintal, terreno, no seu lugar de origem.

Antes de casar havia vivido com minha família num apartamento espaçoso de três quartos, dependências de empregada etc. Quando casei ainda era estudante. Meu pai tinha um conjugado, para renda, num desses grandes edifícios e deu-me como presente de casamento. Portanto, não fui morar lá por cuidadoso planejamento científico, mas pelas limitações orçamentárias de dois estudantes de ciências sociais. Descreverei o edifício mais adiante, mas basta dizer que foi a motivação final para o meu estudo de Copacabana. Morei no Edifício Estrela, de julho de 1968 a março de 1970. No segundo semestre de 1969 realizei com Yvonne Alves Velho um trabalho sobre o famoso Barata Ribeiro 200,[3] estudo que foi muito útil para melhor conhecimento do bairro. Depois que saímos do Estrela, um grupo de minhas alunas do Instituto de Filosofia e Ciências Sociais passou a frequentá-lo, fazendo entrevistas com seus moradores. Era, afinal de contas, mais uma tentativa de "controlar" minha situação de ex-morador. Nesse período, também eu e as mesmas alunas aplicamos questionários a copacabanenses não residentes no Estrela. O objetivo era não apenas o edifício, mas procurar ver, através dele, o bairro. Logo preocupei-me com que a amostragem copacabanense fosse baseada num critério espacial. Havia a preocupação de incluir pessoas residentes em diferentes subáreas de Copacabana – do Leme ao Posto 6. Mais adiante explicitarei esta aplicação de questionários e o problema da amostragem.

A pergunta básica, tanto nas entrevistas como nos questionários, era "Por que veio morar em Copacabana?". O problema que estava diante dos olhos era o imenso crescimento do bairro e, num primeiro nível, queria entender isso. Evidentemente queria saber *quem eram os moradores do bairro*, o que faziam, qual era sua ocupação.

Há neste livro, portanto, três variáveis fundamentais: estratificação social, residência e ideologia. O objetivo é estabelecer relações entre as três. Volto a insistir que não pretendo que este seja o trabalho definitivo sobre Copacabana, e que eu tenha esgotado o exame dessas variáveis. Considero este trabalho apenas o início de uma tarefa bem mais complexa.

2. Conclusões de *A utopia urbana*

> "Quem conhece Copacabana não quer morar em outro lugar."
>
> Um morador do bairro

Até que ponto a antropologia social pode ser útil para a investigação do meio urbano, especificamente das grandes metrópoles? Há evidentemente uma série de problemas que pode ser levantada, mas, em princípio, parece-me essencial dizer que esta maior ou menor eficácia dependerá de sua flexibilidade metodológica, ou seja, não é possível em nome de uma "tradição" antropológica estudar os 450 habitantes do Estrela como se constituíssem uma tribo indígena isolada. Este é um dos motivos que me levam a considerar o problema de *ideologia e estratificação social*. A caracterização do comportamento e do sistema de representações do universo investigado só pode ser feita de uma maneira mais consequente, à medida que fique claro o fato de inserir-se em uma sociedade complexa, fazendo parte e relacionando-se com outros grupos, setores etc. da sociedade. O conceito *white-collar* parece-me adequado para situar o objeto de investigação, partindo de uma caracterização ocupacional. Assim sendo, fazem parte de um estrato social específico as pessoas entrevistadas. Elas não esgotam esse estrato, que inclui, na cidade do Rio de Janeiro e na sociedade brasileira, centenas de milhares ou milhões de indivíduos, obviamente nem todos moradores de Copacabana ou da Zona Sul. Esse estrato relaciona-se, de uma maneira ou de outra, com outros estratos sociais, em situação de superioridade, igualdade, inferioridade, subordinação, em diversos níveis e domínios da vida social – econômico, político, cultural, ideológico etc. Logo, é óbvio que a experiência existencial dos entrevistados não pode ser reduzida, sob o risco de simplismo metodológico, ao fato de morarem no Edifício Estrela em Copacabana. Foram vistos e examinados não só o tipo de participação em outros grupos ou domínios, mas as experiências anteriores à sua condição de moradores do Estrela ou de copacabanenses.

Estava preocupado com as representações dos entrevistados. Como eles se viam, como se situavam no mundo, como organizavam e classificavam a sociedade. Mais uma vez é preciso ressaltar a sua não autonomia como grupo. Eles não são, necessariamente, os geradores exclusivos dos símbolos e aspirações que norteiam suas estratégias de vida e decisões existenciais. Segundo Mills, os *white-collars*

> coletivamente são mais lastimáveis do que trágicos, lutando contra uma inflação anônima, sustentando até mesmo na miséria a esperança de uma rápida ascensão à americana. São impelidos por forças que não podem controlar, arrastados para movimentos que não compreendem; metem-se em situações nas quais a sua posição é a mais desamparada. O homem de colarinho-branco é o herói-vítima, a criatura modesta que sofre a ação, mas não age, que trabalha despercebida num escritório ou numa loja, que jamais levanta a voz, jamais retruca, jamais toma uma posição.[1]

Se se concordar com esta descrição de Mills, verifica-se que os entrevistados, com poucas exceções, não se viam desta maneira. Acham que ascenderam ou que estão ascendendo, consideram-se atores de sua vida e centram estas posições em torno do fato de terem chegado a Copacabana. Em uma ou outra frase pode surgir algum indício de alguma consciência desse tipo de situação: "Vim por uma questão de status" (militar da reserva), "Era a moda, o 'quente'" (professor secundário), "Se não viesse ficava complexado" (bancário) etc.

Podem se dizer algumas coisas a respeito do caso específico de Copacabana. Realmente morar no bairro, a partir de uma determinada época, passou a ser definido como *símbolo* de prestígio social. Foi citada a campanha publicitária em torno do bairro, a propósito dos lançamentos imobiliários. Essa campanha é feita através dos órgãos de divulgação, da imprensa, rádio, televisão. Muitas vezes é coordenada por agências de propaganda contratadas pelas grandes empresas de construção civil. Há uma atuação sobre as *aspirações* dos grupos sociais, alterando-as ou enfatizando-as. Parece-me conveniente examinar algumas coisas ditas a esse respeito por Chombart de Lawe:

> A gênese das aspirações relaciona-se com um sistema econômico e uma cultura específicos a uma sociedade. Depende de uma evolução histórica marcada pelas transformações técnicas e econômicas. Está, igualmente, ligada a imagens e representações do homem, das estruturas sociais, da cultura e das próprias

> transformações... Na atividade de consumir das sociedades industriais, quaisquer que elas sejam, onde a informação, a publicidade e a propaganda desempenham um papel cada vez mais importante, as aspirações não são nunca satisfeitas porque novas aspirações são suscitadas antes que seja atingido o nível de aspirações anterior. Este processo tornou-se evidente em diferentes pesquisas com famílias de trabalhadores, especialmente aquelas em situação de mobilidade social. Esta insatisfação manifesta-se de maneiras diferentes, de acordo com os sistemas econômicos e os graus de industrialização, mas tende a se estender a todo o planeta. Resta saber quais são os efeitos, bons ou maus, para as populações interessadas.[2]

No caso investigado havia a problemática de uma aspiração residencial, definida como básica para os entrevistados. Uma vez estando, praticamente, terminado o processo de ocupação de Copacabana, até que ponto a aspiração de viver em outro lugar como Ipanema ou Barra da Tijuca não passará a ser essencial? As pessoas de camadas médias superiores que saíram de Copacabana, que entrevistamos, revelaram que viver em Copacabana tinha sido aspiração sua e que, agora, havia mudado. Mas novas aspirações haviam sido geradas, fazendo com que sempre houvesse um *locus* melhor onde valesse a pena comprar ou alugar uma residência. Quanto tempo levará para que Copacabana deixe de ser o paraíso, ou o ponto de chegada da maior parte do universo entrevistado? O fato é que a visão hierarquizada dos bairros e da sociedade permanece como um fator de estímulo ao deslocamento espacial, a novas despesas e investimentos.

Falei que não defendia uma teoria "conspiratória" para explicar o crescimento de Copacabana e quero insistir nisso. A criação do mito Copacabana, assim como Ipanema ou Barra, só é possível em um tipo de sociedade em que exista uma identificação entre local de residência e prestígio social de tal forma acentuada que a simples mudança de bairro possa ser interpretada como ascensão social, mesmo não havendo alterações na ocupação ou na renda das pessoas em pauta. Não discuto que isso não seja encontrado em outras sociedades além da brasileira, contextualizada num universo *white-collar* no Rio de Janeiro. Trata-se de saber como essas aspirações residenciais ganham maior ou menor peso e como se determinam em casos concretos. Parece claro que a ênfase dada a este problema de mobilidade residencial-social expressa a visão de uma sociedade, pelo menos relativamente "aberta", onde as pessoas podem mudar de estrato se "não tiverem medo de trabalhar", "se se esforçarem bastante" etc.

Embora aceite a importância do conceito "alienação", não me parece muito operacional como ponto de partida ou hipótese de estudo antropológico, mesmo existindo ênfase no estudo de ideologia. O meu objetivo, no caso, é muito mais dimensionar e relacionar sistema de classificação e representações com estratificação sem fazer outros tipos de julgamento. Isto não impede que outros cientistas sociais com o mesmo material possam trilhar outros caminhos. Mas parece-me etapa fundamental procurar a lógica e a coerência internas do discurso do universo pesquisado. Sem isto poder-se-á estar correndo o risco de dar ênfase a conteúdos, possivelmente circunstanciais, relegando a segundo plano princípios classificatórios. Daí a importância do trabalho de campo, com observação participante e entrevistas que devem, em princípio, permitir ao investigador ir além das "aparências" e identificar "códigos" nem sempre explicitados.

O fato de não insistir em "alienação" não impede que verifique, como cruciais, as relações do universo investigado com outros setores da sociedade. Em torno do problema do prestígio residencial, construído em cima de uma imagem de sociedade hierarquizada com um certo grau de fluidez, existe o problema de situar a maior ou menor igualdade no acesso à manipulação de símbolos entre os diferentes grupos, estratos, classes sociais. Não preciso criar uma história de meia dúzia de empresários corruptos e malignos para deixar claro, no exemplo examinado, o caráter relativamente "passivo" dos *white-collars* estudados. Ou seja, o fato de se tratar de uma sociedade capitalista, onde o lucro é elemento indispensável do sistema, sublinha a divulgação dos "padrões materiais e não materiais" que acompanha a urbanização. Existe, obviamente, uma manipulação da "cultura de massas", criando ou enfatizando determinados padrões de consumo. O universo investigado transforma esses padrões no critério fundamental para a avaliação da posição social e grau de poder dos indivíduos. Há uma ênfase no local de moradia, mas é claro que vestuário, automóvel, aparelhos eletrodomésticos também fazem parte de uma escala de prestígio.

Friso que não defendo uma teoria de estratificação social de base residencial, nem igualo prestígio social a poder real. Mas isso é o que surge, claramente, no discurso estudado. Há uma série de implicações em diversos níveis. Por exemplo, verifica-se um nítido conformismo político. Há uma crença na excelência do sistema e em que as pessoas dependem de suas virtudes pessoais para "subir". É claro que há ambiguidade no discurso. Em várias entrevistas há fortes traços de misticismo e fatalismo. Várias pessoas explicam seus sucessos e insucessos recorrendo a Deus, à sorte, ao azar, à pombagira, a mau-olhado etc. Dificilmente alguém critica o sistema, embora, frequentemente, surjam restrições a indivíduos: fulano era mais competente que sicrano. Beltrano é corrupto etc. Às vezes surgem observações sobre qualidades e características inatas de pessoas ou do "povo" brasileiro em geral: "O povo brasileiro é assim mesmo. Não gosta muito de trabalhar", "Brasileiro gosta mesmo é de futebol", "O paulista é mais trabalhador e o carioca é mais alegre" etc. Assim, há uma aceitação quase que unânime das regras do sistema. Os entrevistados sabem que existem decisões que são tomadas sobre o seu destino a que não têm acesso, mas aceitam isto como um fato da natureza: "Essas coisas eu não sei. O governo é que vai resolver isso", "Não me interesso por política. Quero é trabalhar em paz", "Temos é que cumprir com nossas obrigações. Tem pessoas mais preparadas para resolver os problemas do Rio" etc. Parece haver uma divisão em "dois mundos": de um lado, o cotidiano, onde as pessoas trabalham, cumprem suas obrigações, sobem na vida, vão para Copacabana, compram televisão, vão à missa ou ao cinema, adquirem mais prestígio, tornam-se "melhores"; de outro lado há uma esfera onde acontecem coisas que são importantes, mas distantes e inacessíveis por sua própria natureza – a "política". Há duas qualidades de poder: uma que se traduz na possibilidade de mudar-se para Copacabana, Ipanema etc., consumir mais e mais roupas, "divertimentos", bens, de um modo geral; a outra não faz parte da experiência existencial do universo investigado e é remetida para as categorias "política" e "governo". Estaria, de certa maneira, fora da sociedade "real", conhecida. As unidades mínimas ideológicas examinadas compõem essa ideologia que vai marcar as opções e representações do universo investigado, dando os limites e conteúdos de suas aspirações e apresentando essa visão da distribuição de poder dentro da sociedade.

Meu problema era escapar de uma análise reificante da vida de diferentes grupos situados especialmente em uma grande metrópole. Tentar fragmentar a existência dos indivíduos componentes destes grupos em, por exemplo, traços "urbanos" ou "rurais" pura e simplesmente levaria, talvez, a definir ou explicitar melhor o que seja urbano ou o que seja rural, mas impediria perceber a *totalidade* da experiência destes indivíduos e destes grupos. É possível que, num primeiro momento, possa-se perder alguma coisa na capacidade de *generalização* dos comportamentos estudados, mas ganha-se algo na apresentação da complexidade das relações sociais e de sua ideologia.

A resolução de partir do *discurso* dos indivíduos implica "aceitar" a sua experiência existencial expressa em suas próprias palavras. Não se trata, inclusive, de ter que cotejar, imediatamente, as respostas dos entrevistados com uma "realidade objetiva" definida *a priori*. A complexificação das ciências sociais conduz, necessariamente, à aceitação de diferentes "realidades" ou "níveis de realidades" correspondentes a diferentes apreensões individuais ou grupais de uma série de dados "brutos". A descrição etnográfica, no caso de um prédio e de um bairro de uma grande cidade, constitui o pano de fundo para as respostas e entrevistas do universo pesquisado. Essas respostas são tão "reais" quanto a rua onde se situa o Edifício Estrela.

Como já foi dito, o conceito de alienação é extremamente ambíguo e controvertido para ser o ponto de partida desse tipo de pesquisa. Implica a aceitação de que determinada atitude ideológica corresponda às necessidades "reais" de um determinado grupo social. Outras atitudes ideológicas corresponderiam, em maior ou menor grau, a distorções ou alienações. A definição de "real" seria, portanto, extremamente limitada, na medida em que estabelece uma dicotomia entre "realidade objetiva" e ideologia, levando, por conseguinte, a que esta tenha um caráter reflexo e fantasmagórico. Não se trata, evidentemente, de ignorar as relações entre diferentes "realidades" ou "níveis de realidades". Há, no entanto, a preocupação em evitar o privilegiamento, a escolha apriorística, de determinados fenômenos como *mais* cruciais do que outros. Poder-se-á chegar a conclusões sobre isto depois que se atravessar uma série de numerosas etapas de investigação científica. Isto, obviamente, não significa a rejeição de *hipóteses* de trabalho. O importante é que sejam realmente *hipóteses* e não dogmas.

No caso, havia um fato objetivo – o imenso crescimento demográfico de Copacabana e todos os problemas decorrentes definidos pelos técnicos – habitação, circulação, transporte, higiene etc. Perguntou-se, pura e simplesmente, ao universo: "Por que veio morar em Copacabana?" A única coisa que se podia dizer, desde o início das entrevistas, era que morar no bairro, de modo geral, era muito importante para os copacabanenses. Eles responderam *como, quando* e *por quê*. Procurou-se classificar os tipos de respostas e descobrir sua *lógica*. Esta apresentou-se através de certos *princípios comuns* no nível das *respostas*, ou seja, não foi preciso sair da "realidade" das respostas para encontrar uma lógica. De saída não era necessário ir a outros níveis. Estou enfatizando isto para mostrar que se pode distinguir etapas de trabalho, *relativamente independentes*, na análise do discurso dessas pessoas. Não estou defendendo, especificamente, a *autonomia* das representações e da ideologia, mas apenas sugerindo a importância de encará-las como *objeto de estudo específico.*

Finalmente, espero que este livro possa ter sugerido também a importância de um trabalho interdisciplinar. A quantidade e a complexidade dos problemas que surgem nas entrevistas colocam, claramente, que apenas um especialista ou um tipo de abordagem não poderá de forma alguma aproveitar, consequentemente, todos os dados. No caso, parece-me que, em particular, psicólogos teriam um material sugestivo. Os problemas que foram tocados, alguns bem mais superficialmente do que outros, trazem a possibilidade de sociólogos, cientistas políticos etc. virem a levar também em consideração este tipo de pesquisa que não é propriedade de antropólogos.

O Anexo que vem a seguir[3] inclui parte das entrevistas realizadas durante a pesquisa. Todo o material não poderia ser incluído por razões de espaço. É possível que outros investigadores possam encontrar alguma utilidade nessas entrevistas. Não acrescento nenhum comentário aos que já fiz propriamente no texto.

3. O estudo do comportamento desviante: a contribuição da antropologia social

O PROBLEMA DE DESVIANTES é, no nível do senso comum, remetido a uma perspectiva de patologia. Os órgãos de comunicação de massa encarregam-se de divulgar e enfatizar esta perspectiva quer em termos estritamente psicologizantes, quer em termos de uma visão que pretende ser "culturalista" ou "sociológica". A formulação deste tipo de orientação é feita a partir de trabalhos, muitas vezes de orientação acadêmica, que não são capazes de superar a camisa de força de preconceitos e intolerância. É meu objetivo, neste artigo, relativizar esta abordagem e lançar proposições que possam permitir um conhecimento menos comprometido do fenômeno em pauta.

TRADICIONALMENTE, o indivíduo desviante tem sido encarado a partir de uma perspectiva médica preocupada em distinguir o "são" do "não são" ou do "insano". Assim, certas pessoas apresentariam características de comportamento "anormais", sintomas ou expressão de desequilíbrios e doença. Tratar-se-ia, então, de diagnosticar o mal e tratá-lo. Evidentemente existiriam males mais controláveis do que outros, havendo, portanto, desviantes "incuráveis" e outros passíveis de recuperação mais ou menos rápida. Enfim, o mal estaria localizado no *indivíduo*, geralmente definido como fenômeno endógeno ou mesmo hereditário. No terreno da doença mental as obras de Foucault, Szasz, Laing, Esterson, Cooper[1] etc. têm apontado os mecanismos socioculturais mobilizados na identificação deste tipo de desvio. Não pretendo entrar em discussões internas à psiquiatria, mas apenas chamar a atenção de que a importância desses autores reside no fato de terem uma percepção não estática da vida sociocultural, facilitando o diálogo com os antropólogos.

NO ENTANTO, desviar o foco do problema para a sociedade ou a cultura não resolve magicamente as dificuldades. É preciso verificar como a vida sociocultural é representada e percebida.

Uma das abordagens mais influentes e significativas do comportamento desviante está na obra de Merton com o conceito de *anomie*. Diz o autor:

> A análise funcional concebe a estrutura social como ativa, como produtora de novas motivações que não podem ser preditas sobre a base de conhecimento dos impulsos nativos do homem. Se a estrutura social restringe algumas disposições para agir, cria outras. O enfoque funcional, portanto, abandona a posição mantida por várias teorias individualistas, de que as diferentes proporções de comportamento divergente, nos diversos grupos e estratos sociais, são o resultado acidental de proporções variáveis de personalidades patológicas encontradas em tais grupos e estratos. Ao invés, tenta determinar como a estrutura social e cultural gera a pressão favorável ao comportamento socialmente desviado, sobre pessoas localizadas em várias situações naquela estrutura.[2]

Temos, então, um importante passo. Merton enfatiza a especificidade do social, na tradição durkheimiana, procurando demonstrar a importância da estrutura social e cultural para o desenvolvimento de um "comportamento socialmente desviado". Resta saber como o autor vê a estrutura social e cultural:

> Entre os diversos elementos das estruturas sociais e culturais, dois são de imediata importância. São analiticamente separáveis embora se misturem em situações concretas. O primeiro consiste em objetivos culturalmente definidos, de propósitos e interesses, *mantidos como objetivos legítimos para todos, ou para membros diversamente localizados da sociedade. Os objetivos são mais ou menos integrados – o grau de integração é uma questão de fato empírico* e aproximadamente ordenados em alguma hierarquia de valores. Um segundo elemento da estrutura cultural define, regula e controla os modos aceitáveis de alcançar estes objetivos. Cada grupo social invariavelmente liga seus objetivos culturais a regulamentos, enraizados nos costumes ou nas instituições, de procedimentos permissíveis para a procura de tais objetivos.[3]

Ou seja, como já foi salientado por vários críticos de Merton, há uma óbvia ênfase na *integração* da sociedade. Todas as sociedades apresentam, segundo esta perspectiva, objetivos e meios de realizá-los que são legítimos para todos os seus membros e, ainda mais, mesmo para indivíduos "diversamente localizados". Mas nem todas as sociedades *funcionam* bem. Podem existir sociedades "mal-integradas". Estas seriam as que apresentariam desequilíbrios entre os objetivos e os meios:

> Outrossim, dizer que os objetivos culturais e normas institucionalizados funcionam ao mesmo tempo para modelar práticas em vigor não significa que elas exercem uma relação constante umas sobre as outras. A ênfase cultural, dada a certos objetivos, varia independentemente do grau de ênfase sobre os meios institucionalizados. Pode-se desenvolver uma tensão muito pesada, por vezes virtualmente exclusiva, sobre o valor de objetivos particulares, envolvendo, em comparação, pouca preocupação com os meios institucionalmente recomendados de esforçar-se para a consecução de tais objetivos. O caso-limite deste tipo é alcançado quando a amplitude de procedimentos alternativos é governada apenas pelas normas técnicas em vez das normas institucionais. Neste caso *extremo e hipotético* seriam permitidos todos e quaisquer procedimentos que permitissem atingir esse objetivo tão importante. Isto constitui um tipo de cultura mal-integrada.[4]

Ter-se-ia então uma sociedade "doente", "instável" e "mal-integrada", em situação de *anomie*. Representaria um desvio "extremo e hipotético" de um ritmo e funcionamento "normais". É óbvia a analogia organicista. Saiu-se, portanto, de uma *patologia do indivíduo* para uma *patologia do social*.

O CONCEITO DE *anomie* serviu de ponto de partida para muitos trabalhos que vieram a ter repercussão em toda a área de estudo de comportamento desviante. Embora não fosse encampado integralmente por vários cientistas sociais que dele se valeram, *anomie*[5] passou a ser o foco central das discussões. O próprio Merton reviu seu conceito, acrescentando novas dimensões. Um dos acréscimos fundamentais foi a distinção entre *anomie*, "condição do ambiente social, não de indivíduos particulares", "propriedade de um sistema social, não o estado de espírito deste ou daquele indivíduo dentro do sistema",[6] e *anomia*, referida ao indivíduo. Assim, uma pessoa concreta poderia estar em um processo de *anomia* sem que o sistema social estivesse em *anomie*. Mas, por outro lado, a desorganização de normas e valores vai fazer com que o ambiente social seja favorável ao aparecimento de indivíduos "anômicos". Mais uma vez, confirma-se a observação de que se trata então de verificar as condições patológicas de um sistema social que vão gerar os comportamentos individuais desviantes: "Em resumo, o grau de *anomie* de um sistema social é indicado pelo grau de falta de acordo a respeito das normas que se julgam legítimas, com sua concomitante incerteza e insegurança nas relações sociais."[7] A falta de consenso geraria crise nas expectativas de comportamento, impedindo o funcionamento "normal" da sociedade.

NEM TODOS OS AUTORES que trabalham com o conceito de *anomie* veem, no comportamento desviante, apenas o sintoma de doença na sociedade. Ou seja, o comportamento desviante não é somente algo que ameaça a existência da sociedade, mas pode ser até a sua "redenção". Para o próprio Merton, certos comportamentos desviantes de caráter inovador podem trazer as respostas adequadas para a permanência de determinado sistema. É a ideia de que "o desviante de hoje pode ser o herói civilizador de amanhã".

No entanto, não reside aí o problema crucial do esquema mertoniano. O seu caráter "conservador" não se deve ao fato de enfatizar a harmonia e o equilíbrio na vida social. Pode ser até capaz de perceber as funções de conflitos, distúrbios, desequilíbrios etc. A questão concentra-se no fato de esta análise ter como premissa uma *estrutura social* não problematizada. Ou seja, a unidade de análise é um *sistema social* já dado, "funcionando". A harmonia e o equilíbrio, a partir daí, surgem automaticamente. Existe uma fase hipotética, inicial, quando o sistema está "funcionando normalmente". O processo de mudança social pode ocasionar desequilíbrios e conflitos, mas a tendência "natural" será o retorno a um estado de equilíbrio e harmonia. Mesmo que surjam modificações na estrutura social, haverá um momento em que as coisas se encaixarão nos respectivos lugares e os níveis social e cultural voltarão a se ajustar. Uma nova ordem poderá até ter sido instaurada. Logo não se trata de rotular esta abordagem de "imobilista", pois ela é capaz de prever a mudança. A questão é que se esta não é necessariamente catastrófica sempre tem um caráter de *excepcionalidade*. É um tempo "perigoso", "imprevisível", propício a desordens e à *anomie*.

Na realidade, há uma outra premissa a ser examinada. Consiste em uma oposição entre o sistema social e o indivíduo. Vai-se verificar que o comportamento desviante será, de acordo com este esquema, o "individualizante", por excelência. A ausência ou conflito de normas faria com que as pessoas procurassem estratégias e soluções *individuais*, não sancionadas por uma escala de valores consensual. Durkheim enfatizou a exterioridade do fato social. Disse ele:

> O sistema de signos de que me sirvo para exprimir meu pensamento, o sistema monetário que utilizo para saldar minhas dívidas, os instrumentos de crédito que uso nas minhas relações comerciais, as práticas seguidas na minha profissão etc. etc. funcionam independentemente da minha utilização particular. Isto valeria para qualquer membro da sociedade. Assim, as formas de agir, pensar e sentir apresentam esta extraordinária propriedade – existir fora das consciências individuais.[8]

Convém lembrar que foi a partir do conceito de *disnomia* de Durkheim que se desenvolveu toda a problemática de *anomie*. Desta forma existe uma descontinuidade entre a consciência individual e o fato social que pode até traduzir-se em termos de oposição. O fato social exerce uma "ação coercitiva", havendo, consequentemente, uma *tensão* entre o indivíduo e o social. É claro que a contribuição durkheimiana é inestimável na procura de caracterizar o objeto de estudo da sociologia e na tentativa de esvaziá-la de seus aspectos psicologizantes. Parece-me, no entanto, que esta tradição corre o grave risco de reificar o conceito de *social*. O que de fato acontece é que, a partir de uma preocupação lúcida em não confundir fenômenos logicamente distinguíveis, passou-se a fracionar a realidade de forma arbitrária. Não há dúvida de que a distinção dos níveis biológico, psicológico, social e/ou cultural permite a construção de um conhecimento analítico sistematizado, mas parece crucial não ignorar que uma "ação social" tem estes três níveis subjacentes. A preocupação em delimitar o social pode levar ao descuido em relação aos seus vínculos com outros níveis que, na realidade, são apenas distinguíveis em termos de uma lógica formal e não em termos fenomenológicos. Assim, a *estrutura social* ou o *sistema social* passam a ser encarados não como conceitos analíticos mas como *entidades* não só distintas mas mesmo opostas a indivíduos "biológicos" e "psicológicos". Dentro da antropologia social inglesa a noção radcliffe-browniana da rede de status e papéis independente dos indivíduos biológicos,[9] que momentaneamente possam estar ocupando essas posições, também reforça esta tradição que, obviamente, tem como modelo uma ciência experimental e como objetivo a procura de leis. É a partir desta perspectiva, que dissocia de forma tão radical a realidade individual da realidade sociocultural, que se vai desenvolver uma das mais influentes e, com certeza, a mais difundida teoria sociológica sobre comportamento desviante. A confusão, "a incerteza e insegurança nas relações sociais", faz com que os indivíduos fiquem "perdidos", "soltos", "desenraizados", tornando-se *anômicos*.

A PRÓPRIA NOÇÃO DE DESVIANTE vem tão carregada de conotações problemáticas que é necessário utilizá-la com muito cuidado. A ideia de desvio, de um modo ou de outro, implica a existência de um comportamento "médio" ou "ideal", que expressaria uma harmonia com as exigências do funcionamento do sistema social. Mesmo quando se encontram posições mais "relativistas", permanece o problema. Em antropologia, Margaret Mead, Ruth Benedict e seus discípulos enfatizaram a ideia de que cada cultura geraria personalidades características e o que é desviante na sociedade A poderá ser o padrão na sociedade B. Basta lembrar o tão divulgado *Sexo e temperamento*,[10] bastante conhecido através dos órgãos de comunicação de massa. Mais uma vez, não quero negar a importância da contribuição de um grupo à história da ciência. A possibilidade de relativizar os valores ocidentais correspondeu a um progresso evidente. No entanto, permaneceu a preocupação de delimitar, um tanto rigidamente, comportamentos "normais", embora numa perspectiva menos etnocêntrica. A ideia de que uma sociedade ou cultura estabelece um modelo rígido (em certos casos mesmo único) para os seus membros e de que tal fenômeno é essencial para a *continuidade da vida social* permaneceu vigorosa. A pluralidade de comportamentos dentro de uma cultura é vista dentro de limites bem-marcados. No caso de Margaret Mead, ela tem a preocupação de mostrar que certas sociedades estabelecem correlação rígida entre o *sexo* e a possibilidade de desenvolver dotes individuais. Nestes casos, o "inadaptado" pode passar para um "desajustamento da pior ordem". Diz ela:

> Onde não existe tal dicotomia [sexo/temperamento], um homem pode fitar tristemente seu mundo e achá-lo *essencialmente sem significado*, mas mesmo assim casar-se e criar filhos, encontrando talvez um alívio definitivo de sua infelicidade nessa participação total numa forma social reconhecida. Uma mulher pode devanear a vida inteira com um mundo onde haja dignidade e orgulho em vez da medíocre moralidade mercenária que ela encontra à sua volta e, ainda assim, cumprimentar o marido com um sorriso franco e cuidar dos filhos num ataque de crupe. O desadaptado pode transferir seu senso de estranheza à pintura, à música, ou a uma atividade revolucionária e, apesar disto, permanecer essencialmente lúcido em sua vida pessoal, em suas relações com os membros de seu próprio sexo e os do sexo oposto.[11]

Sem discutir os óbvios julgamentos de valor e preferências pessoais que transparecem no trecho citado, é necessário ressaltar a visão rígida do que seja uma sociedade ou uma cultura. Como explicar o aparecimento desses indivíduos em tais situações, sem cair, novamente, num psicologismo? Os temperamentos podem aparecer em qualquer cultura, logo, sempre existirá a possibilidade de encontrar indivíduos *inadaptados*, na medida em que certas características de personalidade serão mais valorizadas do que outras. O temperamento existiria a despeito da cultura. Não existirá ainda uma contradição? Sendo a cultura ou o sistema social tão poderosos, tão coercitivos a ponto de determinar os padrões de personalidade, como explicar que certos temperamentos contrariem tão radicalmente tais padrões? Ao mesmo tempo, como é possível imaginar, a não ser em linguagem literária, "um homem fitar tristemente seu mundo e achá-lo essencialmente sem significado"? Isto só parece ser possível na medida em que se mantenha uma forte ruptura entre indivíduo (no caso, temperamento) e cultura ou sociedade. Seriam duas forças antagônicas e o "inadaptado" é o sujeito cuja individualidade é tão exacerbada que contraria as normas vigentes. Mais uma vez encontra-se a ideia de indivíduos contidos em um sistema sociocultural que tem uma existência própria, distinguível das biografias de seus membros.

Desta forma, é possível perceber como os estudos sobre comportamento desviante oscilam entre um *psicologismo* e um *sociologismo*. A dificuldade consiste numa visão estanque e fracionada do comportamento humano que transforma a realidade individual em algo, em princípio, *independente* da sociedade e da cultura. Assim, uma divisão do trabalho acadêmico acaba levando, de uma forma ou de outra, a uma visão deformada e incompleta da atividade humana. Ou se cria uma individualidade "pura", uma "essência" defrontando-se com o meio ambiente exterior, de outra qualidade, ou então um fato social "puro", também todo-poderoso, que paira sobre as pessoas. O que se confirma é que posições aparentemente divergentes apresentam premissas comuns que vão dirigir todo o encadeamento dos raciocínios posteriores. Basicamente, insisto, a dicotomia indivíduo × sociedade e/ou cultura é que determina esses caminhos. Não se trata de negar a especificidade de fenômenos psicológicos, sociais, biológicos ou culturais, mas sim de reafirmar a importância de não perder de vista o seu caráter de inter-relacionamento complexo e permanente. Cumpre lembrar o raciocínio de Lévi-Strauss, que estabelece que a humanização só é possível por meio da cultura e da vida social.[12] Assim, quando se fala em "homens", ter-se-á sempre a noção do sociocultural. O "homem" só existe através da vida sociocultural e isolá-lo desta, mesmo em termos puramente analíticos, pode deformar qualquer processo de conhecimento. Clifford Geertz, ao discutir os conceitos de *cultura* e *homem*, observa que

> segundo a perspectiva atual, a evolução do *Homo Sapiens* – o homem moderno – a partir de seu antecedente pré-*sapiens* imediato, tomou impulso definitivamente há cerca de quatro milhões de anos com o aparecimento do famoso *Australopitecíneo* – o chamado homem-macaco do Sul e do Leste africano – e culminou com a emergência do próprio *sapiens* há apenas cem a duzentos mil anos. Assim, pelo menos, formas de atividade cultural ou, se preferir, protocultural (fabricação de ferramentas simples, caça etc.) parecem ter estado presentes entre alguns dos *Australopitecíneos*. Houve, portanto, um período de cerca de um milhão de anos entre o início da cultura e o aparecimento do homem como hoje o conhecemos. As datas precisas que podem ser alteradas em uma ou outra direção, de acordo com novas pesquisas, não são fundamentais. O que importa é que houve um intervalo e que este intervalo foi bastante demorado. As fases finais (finais até agora, pelo menos) da história filogenética do homem se passavam na mesma grande era geológica – a chamada Idade do Gelo – que as fases iniciais de sua história cultural. Homens fazem aniversário, mas não o *Homem*.

> Isto significa que a cultura, em vez de ser adicionada a um animal acabado ou virtualmente acabado, foi fundamental para a própria produção desse animal. O crescimento lento, contínuo, quase glacial da cultura através da Idade do Gelo alterou o equilíbrio das pressões seletivas para o *Homo* emergente, de forma a desempenhar um papel diretivo básico na sua evolução. O aperfeiçoamento das ferramentas, a adoção da caça organizada e hábitos de coleta, os inícios de uma verdadeira organização familiar e, mais importante, embora seja muito difícil reconstituir em detalhes, a crescente dependência de sistemas de símbolos significantes (linguagem, arte, mito, ritual) para a orientação, comunicação e autocontrole, tudo isto criou um novo ambiente para o homem, ao qual era, então, obrigado a adaptar-se. À medida que a cultura, passo infinitesimal a passo infinitesimal, acumulou-se e desenvolveu-se, uma vantagem seletiva foi dada àqueles indivíduos na população mais capazes de extrair vantagens disso – o caçador eficiente, o coletor persistente, o hábil artesão de ferramentas, o líder imaginoso – até que o que tinha sido um *Australopitecíneo* proto-humano, de cérebro pequeno, tornou-se um *Homo sapiens* de cérebro grande, plenamente humano. Criou-se um sistema de feedback positivo entre o padrão cultural, o corpo e o cérebro, em que a interação entre a crescente utilização da ferramenta, a anatomia da mão em transformação e a crescente representação do polegar no córtex é apenas um dos exemplos mais claros. Submetendo-se a programas simbolicamente mediatizados para produzir artefatos, organizar a vida social ou expressar emoções, o homem determinou, mesmo sem querer, as fases mais elevadas de seu destino biológico. Literalmente, embora inadvertidamente, *criou-se*.[13]

Com este trecho fica ainda mais clara a necessidade de entender o comportamento humano de forma mais integrada, na medida em que, na sua própria origem, não é possível estabelecer compartimentos estanques em termos de evolução biológica e evolução cultural.

COM UM CONCEITO de *cultura* menos rígido, pode-se verificar que não é que o "inadaptado" veja o mundo "essencialmente sem significado", mas sim que veja nele um significado *diferente* do que é captado pelos indivíduos "ajustados". O indivíduo, então, não é, necessariamente, em termos psicológicos, um "deslocado" e a cultura não é tão "esmagadora" como possa parecer para certos estudiosos. Assim a leitura diferente de um código sociocultural não indica apenas a existência de "desvios" mas, sobretudo, o caráter multifacetado, dinâmico e, muitas vezes, ambíguo da vida cultural. O pressuposto de um monolitismo de um meio sociocultural leva, inevitavelmente, ao conceito de "inadaptado", de "desviante" etc. A cultura não é, em nenhum momento, uma entidade acabada, mas sim uma linguagem permanentemente acionada e modificada por pessoas que não só desempenham "papéis" específicos mas que têm experiências existenciais particulares. A *estrutura social*, por sua vez, não é homogênea em si mesma, mas deve ser uma forma de representar a ação social de atores *diferentemente* e *desigualmente* situados no processo social. Estrutura social *tout court* pouco pode valer se não for utilizada com a preocupação de perceber não só a continuidade da vida social mas a sua permanente e ininterrupta transformação. Os conceitos de "inadaptado" e de "desviante" estão amarrados a uma visão estática e pouco complexa da vida sociocultural. Por isso mesmo devem ser utilizados com cuidado.

É fundamental perceber que sociedade, em termos humanos, implica sempre a existência de uma linguagem de signos e símbolos mais elaborada. Esta linguagem não é "fechada" mas "aberta", daí a própria possibilidade de evolução cultural da espécie. Posso aceitar a sugestão de Clifford Geertz de que a "cultura" programe os seus membros,[14] se for entendido como programar algumas indicações básicas de comportamento e não um determinismo do tipo que a biologia impõe à vida das abelhas ou das formigas, por exemplo. Assim, em qualquer sociedade ou cultura, existe uma permanente margem de manobra ou áreas de significado "aberto", onde possam surgir comportamentos divergentes e contraditórios. Isto não é necessariamente "funcional", pelo contrário, é a permanente possibilidade de destruição de um "estilo de vida", de uma "ordem social", ou de um "equilíbrio cultural". Esta margem pode estreitar-se, ampliar-se muito rapidamente ou permanecer estável por gerações. As "áreas de significado aberto" podem ter sido umas na década de 1920 e serem outras contemporaneamente. O fato é que essas tensões, divergências ou contradições são próprias da natureza da cultura e do caráter altamente individualizado da espécie. A famosa limitada especialização biológica dos homens está indissoluvelmente associada ao fenômeno cultural e este, por definição, é sujeito a leituras ambíguas e divergentes. Não só camponeses comportam-se de forma diferente de burgueses mas "há aristocratas e aristocratas". Ou seja, não só é preciso atentar para as diferentes visões de mundo dos grandes grupos sociais como também é preciso tomar cuidado com a tendência de homogeneizar, arbitrariamente, comportamentos dentro desses grupos. Uma das grandes contribuições que a antropologia social pode dar é a perspectiva de procura de generalizações sem entrar em esquemas deterministas ou reducionistas. O *Admirável mundo novo* parece um tratado de sociologia justamente porque a maioria dos cientistas sociais lida com grupos, estratos ou classes como se eles fossem tão uniformes como os alfas, betas etc. de Huxley, quimicamente programados. Alguns dos piores pesadelos de ficção científica são aqueles que descrevem mundos dominados por androides, robôs etc. Certos livros de ciências sociais parecem antecipar esses terrores ao falarem esquematicamente, por exemplo, de "classe média", sem problematizar sua composição e as particularidades de subgrupos. Pode parecer que estou pregando contra qualquer tentativa de generalização em ciências sociais, mas não é este o caso. Procuro chamar a atenção para um grande hiato existente entre estudos "individuais", "psicologizantes" e grandes teorias sobre a natureza da sociedade, ou seja, o abismo entre a psicologia, psiquiatria etc. e as ciências sociais como um todo. Quero frisar que não assumo com Merton a defesa, pura e simples, de uma teoria de porte médio, mas preocupo-me com uma abordagem que não encare "psicológico" e "social" ou "cultural" como entidades intraduzíveis e antagônicas.

Felizmente, no estudo do comportamento desviante (mantenho a denominação porque é de uso generalizado, lembrando ser sempre necessário contextualizar) há autores que já caminharam um pouco mais, indo além da teoria da *o*. O grupo dos chamados *interacionistas* tem importante contribuição nesta área. A noção básica é que não existem desviantes em si mesmos, mas sim uma relação entre atores (indivíduos, grupos) que acusam outros atores de estarem consciente ou inconscientemente quebrando, com seu comportamento, limites e valores de determinada situação sociocultural.[15] Trata-se, portanto, de um confronto entre acusadores e acusados. Diz Howard Becker em seu livro *Outsiders*:

> Tal premissa parece ignorar o fato essencial sobre o comportamento desviante: é criado pela sociedade. Não quero dizer isto no sentido normalmente compreendido, em que as causas do desvio são localizadas na situação social do desviante ou em "fatores sociais" que condicionam seu comportamento. Quero dizer que os *grupos sociais criam o desvio ao estabelecer as regras cuja infração constitui desvio* e ao aplicá-las a pessoas particulares, marcando-as como *outsiders*. Sob tal ponto de vista, o desvio *não* é uma qualidade do ato que a pessoa faz, mas sim a consequência da aplicação por outrem de regras e sanções ao "transgressor". O desviante é aquele a quem tal marca foi aplicada com sucesso, o comportamento desviante é o comportamento assim definido por pessoas concretas.[16]

Em outros termos, certos grupos sociais realizam determinada "leitura" do sistema sociocultural. Fazem parte dele e, em função de sua própria situação, posição, experiências, interesses etc., estabelecem regras cuja infração cria o comportamento desviante. Uma das principais contribuições de Becker, assim como de Kai Erikson e de John Kitsuse,[17] foi perceber que o comportamento desviante não é uma questão de "inadaptação cultural", mas um problema político, obviamente vinculado a uma problemática de identidade. Diz Erikson:[18]

> O comportamento humano pode variar amplamente, mas cada comunidade estabelece parênteses simbólicos em volta de um certo segmento dessa amplitude e limita suas próprias atividades dentro dessa zona demarcada. Esses parênteses são, de certa forma, as fronteiras da comunidade. ... Formas de comportamento desviante, marcando os limites externos da vida do grupo, dão à estrutura interna seu caráter especial e assim fornecem o arcabouço dentro do qual as pessoas desenvolvem um sentido ordenado de sua própria identidade.

Mas como perceber esta comunidade, grupo social ou sociedade, sem cair, novamente, em um monolitismo? Becker comenta:

> Mas é mais difícil na prática do que na teoria especificar o que é funcional ou disfuncional para uma sociedade ou grupo social. A questão sobre os objetivos ou finalidades (função) de um grupo e o que vai ajudar ou prejudicar a realização desses objetivos é, geralmente, um problema político. As facções dentro do grupo

> discordam entre si e manobram para ver a sua própria definição da função do grupo aceita. A função do grupo ou da organização, então, é decidida através do conflito político, que não é dado na natureza da organização. Se isto é verdade, então também é verdade que as questões sobre que regras devem ser implementadas, que comportamentos considerados como desviantes e que pessoas marcadas como *outsiders* devem ser também consideradas políticas. A visão funcional do desvio, ignorando o aspecto político do fenômeno, limita nossa compreensão.

Com esta perspectiva, supera-se a visão de uma estrutura social monolítica e acabada, tendo por base um consenso com ocasionais "inadaptados". Existem facções dos mais diferentes tipos em qualquer sociedade humana, fazendo com que, mesmo em grupos tecnologicamente menos sofisticados, se encontre o fenômeno da política. Há uma permanente possibilidade de confrontos a partir de divergências, pelo menos potenciais. É claro que é preciso constatar concretamente que sociedades apresentam que tipos de conflitos. Na medida em que se aceite a existência do *Poder* em qualquer grupo social, constata-se uma tensão permanente entre os seus atores. Tal tensão pode explicitar-se através de conflito entre linhagens, luta de classes etc., no nível mais amplo do sistema social. No entanto, manifesta-se também em situações mais "microscópicas", como no caso da família, onde os conflitos não têm apenas um caráter "psicológico", mas apresentam uma integração do psíquico com o sociocultural. A família só existe através de um código, de uma linguagem de papéis, *status* etc., culturalmente elaborados. Isto fica bem claro nas obras já mencionadas de Laing, Esterson, Cooper e outros, onde o problema da doença mental é percebido como relacionado a uma crise de linguagem e a um confronto entre indivíduos que ocupam posições estruturalmente desiguais.[19] A percepção do sociocultural neste nível não implica um reducionismo sociologizante, obrigatoriamente. Trata-se de perceber que a vida sociocultural não pode ser estudada apenas a partir de fenômenos de "certo tamanho", mas que ela está presente em todo e qualquer comportamento humano. É neste nível que podemos falar em uma análise da *política do cotidiano* que, sem dúvida, tem de desenvolver métodos próprios. O estudo do comportamento desviante tem aí uma alternativa.

A ANTROPOLOGIA SOCIAL pode ter, nesta direção, uma contribuição importante. Com a sua tradição de estudar sociedades de pequena escala, fazer estudos de caso, trabalhar com comunidades, grupos de vizinhança etc., tem trabalhado num nível estratégico em que, mesmo partindo de categorias sociológicas mais amplas, está permanentemente em contato com indivíduos concretos, carregados de densidade existencial, que não podem ser transformados com facilidade em alfas e betas (embora haja quem o consiga). São verdadeiros personagens que marcam o trabalho do antropólogo. É só pensar em um Don Juan, em um Pa Fenuatara, um Quesalid etc.[20] Esse contato pessoal, direto, faz com que os padrões de objetividade científica tradicionais tenham de ser encarados com certa reserva. Por isso mesmo, o trabalho do antropólogo tende a assumir cada vez mais a dimensão da intersubjetividade. Não se trataria, então, de procurar abstrair os aspectos individuais, idiossincrasias pessoais etc., mas sim de procurar encará-los como parte da situação de pesquisa.[21] Em vez de apagar esta dimensão "psicológica", tarefa realmente impossível, resta aprender a explicitá-la e integrá-la a toda a investigação. Assim, mais uma vez, a procura de padrões sociais e culturais não implicaria um "pôr entre parênteses" a dimensão individual. Isto significa, de um lado, o antropólogo aprender a lidar com a sua subjetividade e, de outro, a considerar mais relevantes para o seu trabalho características "estritamente individuais" das pessoas com quem está convivendo. Nem todos os feiticeiros Azande são iguais, assim como as mulheres Tchambuli ou os anciãos Gouro. É interessante lembrar que dois dos conceitos que mais vêm sendo utilizados pelos antropólogos são os de *carisma* e *drama social*,[22] que são dos poucos a quebrar esta descontinuidade arbitrária entre o "psicológico" e o "social". É evidente que a psicologia social tem produzido alguns resultados relevantes. Mas cumpre enfatizar que o próprio nome da ciência revela sua limitação. Tenho procurado mostrar que *toda psicologia é social* e que esta compartimentação é fonte das distorções apontadas.

O antropólogo no campo, ao lidar com pessoas, é mais capaz de perceber como são elaboradas as estratégias de vida particulares. Mesmo ao procurar padrões e regularidades, a sua experiência pode mostrar, se não estiver numa postura excessivamente rígida, que os indivíduos e subgrupos fazem leituras particulares de sua cultura em função de suas características próprias. Há, portanto, uma gama de variação que não impossibilita a procura de padrões. O que acontece, muito frequentemente, é que o investigador não quer ver tais variações como possibilidades dadas pela própria situação sociocultural em que as pessoas estão interagindo. Neste caso, rotulará os exemplos mais visíveis de "desvio", "inadaptação" etc. Ao fazê-lo, poderá estar tomando como verdade científica as representações de alguns indivíduos ou de uma facção dentro da sociedade estudada. Ou seja, estará trabalhando com um modelo estático e parcial que pouco o ajudará. Em vez de apreender possíveis conflitos e problemas estruturais estará simplificando a realidade, assumindo a ideologia de um grupo de indivíduos, geralmente o que tem mais poder.

O "DESVIANTE", dentro da minha perspectiva, é um indivíduo que não está fora de sua cultura mas que faz uma "leitura" divergente. Ele poderá estar sozinho (um desviante secreto?) ou fazer parte de uma minoria organizada. Ele não será sempre desviante. Existem áreas de comportamento em que agirá como qualquer cidadão "normal". Mas em outras áreas divergirá, com seu comportamento, dos valores dominantes. Estes podem ser vistos como aceitos pela maioria das pessoas ou como implementados e mantidos por grupos particulares que têm condições de tornar dominantes seus pontos de vista. O fato é que não é o ocasional *gap* entre a estrutura social e a cultural, mas sim o próprio caráter *desigual, contraditório* e *político* de todo o sistema sociocultural, que permite entender esses comportamentos. Assim, pode-se perceber não só o sociocultural em geral mas, particularmente, o político nas mais "microscópicas" instâncias do sistema sociocultural. É neste nível microssocial que talvez possa estabelecer-se um ponto de encontro entre as tradições "psicológicas" e "socioculturais". Nada era mais "individual" do que a *doença mental.* No entanto, toda uma outra perspectiva se abre quando Cooper diz:

> Esquizofrenia é uma situação de crise microssocial, na qual os atos e experiências de determinadas pessoas são invalidados por outras, em virtude de certas razões inteligíveis, culturais e microculturais (geralmente familiares), a tal ponto que essa pessoa é eleita e identificada como sendo "mentalmente doente" de certa maneira, e, a seguir, é confirmada (por processos específicos, mas altamente arbitrários de rotulação) na identidade de "paciente esquizofrênico" pelos agentes médicos ou quase médicos.[23]

Insisto em não querer entrar em polêmicas psiquiátricas mas, sem dúvida, para o antropólogo, o trecho acima atende a esta necessidade de acabar com a ruptura indivíduo/social ou cultural. Trata-se de reconhecer nos atos aparentemente "sem significado", "doentes", "marginais", "inadaptados" etc. a marca do sociocultural. O estudo do "comportamento desviante" poderá ser um campo fértil para a antropologia social, na medida em que for capaz de perceber através dele aspectos insuspeitados da lógica do sistema sociocultural. Com isso, estar-se-á restabelecendo um aspecto crucial do comportamento humano – a integração de suas diferentes dimensões.

4. Acusações: projeto familiar e comportamento desviante[1]

Um dos problemas que mais interessa à antropologia social, quando se defronta com o tema do comportamento desviante, é o da *acusação*.

Antropólogos interessados em descobrir a lógica das situações e interações sociais não tentam compreender os indivíduos como entes isolados. A pessoa definida como doente, delinquente ou desviante é vista como alguém que desempenha apenas um dos possíveis papéis, numa rede (*network*) que inclui vários outros papéis que também precisam ser estudados.[2]

Dentro dessa linha de trabalho, cumpre fugir de uma abordagem que coloque, de um lado, um indivíduo particular estigmatizado e seu comportamento problemático, e, do outro, um mundo que é aceito como normal, não problemático ou são, e portanto, prescindindo de estudo. A ideia de que uma pessoa não está bem porque "não está bem por ela mesma" pode ser extremamente falaciosa. É nesse momento que se torna fundamental a compreensão da situação sociocultural da pessoa em pauta. Toda e qualquer percepção ou definição a respeito de anomalias no comportamento é feita a partir de padrões e modelos vigentes em um determinado grupo social, que podem estar mais ou menos sustentados por uma linguagem científica. Dessa perspectiva, dir-se-á que um indivíduo que tem um comportamento que viole as expectativas de seu grupo já apresentaria um sintoma de uma perturbação ou desajuste internos.

Este raciocínio, aparentemente tão límpido, encobre, na realidade, uma série de complexos problemas sociológicos e antropológicos. O modelo de um indivíduo normal que está subjacente a esta percepção de vida social é o de um indivíduo bem-comportado, ajustado, não contestador, conformista, integrado ao sistema ou, quando muito, uma pessoa "equilibrada", que sabe manifestar suas divergências de uma forma "madura". Esse modelo contém uma série de premissas que precisam ser examinadas com atenção. Nenhuma sociedade, por mais simples tecnologicamente, apresenta um consenso absoluto.[3] Já não faz sentido, em termos de antropologia, estimular fantasias a respeito de paradisíacas sociedades tribais onde as pessoas jamais entrariam em conflito. É evidente que todas as sociedades apresentam formas de controlar os seus conflitos, variando os meios e a eficácia relativa. Mas em toda vida social existe a permanente possibilidade do dissenso. Assim, em vez de se partir de uma hipotética "normalidade harmoniosa", tem-se que admitir a permanente existência de contradições. Estas podem manifestar-se, em nível mais amplo, em termos de conflito entre os principais grupos constituintes da sociedade: clãs, linhagens, classes, categorias, estratos etc. Manifestam-se também no nível microssocial em termos de conflito entre papéis, como os de pai e filho, marido e mulher, irmão e irmã etc.

Uma das questões que quero levantar neste artigo é a da relação entre esses níveis – o macro e o microssocial. As sociedades são diferenciadas de muitas formas, e nem todas as diferenças são consideradas por seus membros como "ameaças" à sua harmonia e bem-estar. Então, trata-se de uma questão importante distinguir entre as diferenças que ameaçam e aquelas que não ameaçam, de modo a identificar quais os tipos de situação que produzem a "ameaça".

É evidente que, para a continuidade da sociedade ou de uma situação social, há necessidade de se estabelecer mecanismos que acomodem ou conciliem algumas dessas diferenças. Assim é que através de rituais, por exemplo, a sociedade ou seus setores dominantes encontram fórmulas de enfatizar os seus valores básicos relacionados aos seus problemas de autopreservação.[4] Uma festa de família, por exemplo, demonstra, em termos ideológicos, que, a despeito de possíveis diferenças entre os seus membros, estes estão unidos diante do exterior. "Você pode contar mesmo é com sua família." A importância social de ocasiões como aniversários, batizados, bodas etc., em parte, deve-se a isto.

Em termos da sociedade como um todo, pode-se pensar em rituais como o Dia da Pátria, o Dia da Raça etc., em que essencialmente está-se reforçando a mesma coisa. Apesar das diferenças regionais, locais, tribais, as pessoas "comungam" em torno de seus valores comuns, o que permite ao grupo existir e se distinguir de outros grupos similares. No entanto, a própria necessidade de repetir regularmente estes rituais, de cumprir um calendário familiar ou nacional, deve-se à permanente possibilidade de dissenso, de ruptura. Isso se dá, essencialmente, devido à distribuição desigual de poder na sociedade.[5] Porque os indivíduos e os grupos sociais não participam, em princípio, do jogo social com as mesmas possibilidades de influenciá-lo, é que sempre existe a possibilidade de alguém ou algum grupo desviar-se das regras vigentes e passar a infringi-las sistematicamente. Uma das formas mais comuns de isto se manifestar é a própria recusa em participar dos rituais (familiares, nacionais etc.), boicotando-os ou ridicularizando-os. Nesse momento, comportar-se fora dos padrões pode passar a ser um desvio assumido e consciente. Fica patente que a lealdade em relação ao grupo está ameaçada; ou pode ter se transferido para outro grupo; ou está, pelo menos, sendo revista. Isso ocorre, em diferentes gradações, quando um filho se recusa a ir à festa de aniversário do pai, ou um sindicato boicota uma celebração nacional. Embora sejam conflitos de características diferentes, ambos expressam uma posição de repúdio a determinadas regras dominantes e estão abrindo a possibilidade de sua transformação ou a sua substituição por outras regras. A possibilidade de isto ocorrer dependerá do poder de negociação do indivíduo ou grupo desviante.

Não pretendo igualar a relação de um filho com sua família à de um sindicato com o Estado ou com o governo. No entanto, é importante fazer a analogia mostrando que, embora atuando em dimensões diferentes, ambas as situações têm um significado político, isto é, referem-se a decisões relativas à distribuição de poder social. Nos dois casos há uma *atividade desviante*, embora, no primeiro, possa ser um ato que se esgota em si mesmo e, no segundo, seja provavelmente uma *divergência ideológica*, conscientemente assumida e elaborada. Nada impede que o desvio do filho também possa vir a implicar uma contestação consciente de sua situação familiar. No momento em que a regra ou a tradição estiver sendo infringida, haverá uma reação por parte dos indivíduos ou grupos que se sentirem ameaçados. Essa reação concretiza-se através de acusações.

A pessoa ou o grupo que transgrediu a expectativa dominante será rotulada e sofrerá sanções por parte dos grupos dominantes ou de seus agentes. O desviante poderá ser "reconvertido" sem o uso da força ou poderá simplesmente submeter-se. Neste momento, há a possibilidade de uma ruptura, com conflito declarado, com forças sendo medidas, com disputa aberta pelo poder.

Em qualquer estágio do processo, podem ocorrer acusações. Em certos casos, a regra quebrada é bastante clara para os membros do grupo. Não comparecer ao aniversário do pai ou boicotar uma data nacional são atos, nos seus contextos, aberta e declaradamente "errados". As normas dominantes deixam bem claro o que é "certo" e o que é "errado" nesses casos. Ou seja, as acusações de "filho ingrato", "traidor", "desleal" etc. podem ser acionadas sem maiores esforços. Mas as acusações não surgem necessariamente apenas nestas situações inequívocas. Toda uma gama de comportamentos, por sua ambiguidade, pode ser interpretada como sinal de desvio. Claramente, atos de transgressão como os que citei são resultado de uma série de desentendimentos e diferenças. Quando um comportamento se define abertamente como desviante, é provável que uma série de transgressões e acusações veladas já tenha ocorrido. Isso acontece, basicamente, porque em qualquer grupo social, por menor e mais monolítico que seja, existe uma margem para mais de uma interpretação de como as coisas devem ser feitas e de como as pessoas devem se comportar. Qualquer consenso é sempre relativo e não absoluto. O próprio dinamismo da vida sociocultural, gerando novas situações, cria novas opções e a possibilidade de rever decisões anteriores.[6]

Estas diferenças vão ser mais ou menos toleradas em diferentes sistemas sociais. A capacidade de tolerar interpretações desviantes ou divergentes varia de sociedade para sociedade, de acordo com seu momento sócio-histórico e seu tipo de estrutura e organização social. A ideia de pluralismo está inseparavelmente associada a uma perspectiva ideológica que define como necessária e saudável a convivência das diferenças. Por outro lado, sistemas de valores autoritários, em princípio, rejeitam a possibilidade de legitimar tal convivência. É claro que o conteúdo destas diferenças pode ser bastante variável e amplo: problemas políticos propriamente ditos, estilos de vida, trabalho, lazer ou moral. O quadro social de referência pode ser uma sociedade nacional, uma organização burocrática, um hospital, uma escola ou uma família. O fundamental é perceber que, de uma forma ou de outra, estas situações sociais estão sempre permeadas por relações de dominação e subordinação, com um papel ou um grupo de papéis sendo definidos como dominantes em relação a papéis subordinados. Esta dominação pode concretizar-se em termos econômicos, simbólicos ou políticos. A legitimação da dominação, embora sempre se dê com base em uma ordem moral, ética e de uma visão de mundo, em última análise, mantém-se através da possibilidade de uso da coerção física, nos termos de Weber, como quando o governo usa a força policial para reprimir uma greve, um pai bate em um filho desobediente ou um psiquiatra enclausura um paciente.

Portanto, as relações de poder estão presentes, explicita ou implicitamente, em todos os níveis da vida social. Psiquiatras sabem que relacionamentos neuróticos ou exploratórios e comportamentos sádicos ocorrem em contextos familiares, mas se disfarçam em uma linguagem que escamoteia esses aspectos: "amor materno", "dedicação filial", por exemplo. Mas, mesmo não considerando casos extremos e situações mais óbvias, importa verificar que também no contexto familiar estão presentes relações de poder. Isto não é bom nem mau em si mesmo. É simplesmente um fato a ser constatado, importante para compreendermos a vida social.

Sabemos, é claro, que as famílias variam de sociedade para sociedade, e dentro da mesma sociedade. Mas há certos elementos constitutivos que se manifestam universalmente, como a dependência dos mais novos em relação aos mais velhos, em termos de subsistência e socialização. No entanto a possibilidade de os mais novos tornarem-se mais autossuficientes e autônomos, participando mais ativamente nas decisões que afetam suas vidas, varia enormemente. Em famílias de camadas médias urbanas brasileiras, o sistema de escolarização e de educação determina o tempo de dependência econômica e de permanência dos filhos na casa dos pais. O filho de camada média, em princípio, demorará mais para ingressar no mercado de trabalho do que o jovem morador de favelas. Este, desde cedo, é compelido a lutar por sua subsistência e a de sua família, desenvolvendo uma relação bastante diferente com seus familiares. Seu tempo de permanência na escola é limitado, fazendo com que sua carreira de estudante contraste com as das camadas mais altas. Assim, pais de camadas médias vão dispor durante mais tempo de poder real sobre a vida de seus filhos, na medida em que estes se afigurem como seus dependentes.

Só se pode compreender a lógica das acusações a partir destas constatações sobre a natureza da distribuição de poder social. Em função disso é que se torna possível perguntar: quem acusa quem? Quando uma pessoa é acusada? Qual a eficácia das acusações?

Certos papéis sociais permitem a quem os desempenha fazer acusações mais facilmente. O professor, por exemplo, dispõe de condições privilegiadas para acusar e estigmatizar seus alunos. Os alunos, é claro, podem acusar o professor de incompetente ou tirânico, mas é menos provável que consigam afastá-lo do cargo do que é para o professor reprová-los, suspendê-los ou expulsá-los. A desigualdade inicial marca os limites e possibilidades das acusações e o seu sucesso. Isso leva a um problema crucial: do que as pessoas podem ser acusadas?

Pessoas que, por seu comportamento, confundem as expectativas dominantes sobre os desempenhos de papéis (por exemplo, masculino e feminino) são consideradas perigosas e estão sujeitas a acusações.[7] Em certas sociedades, o indivíduo que perturba um determinado contexto pode ser acusado de feitiçaria.[8] Em sociedades urbanas complexas, como a em que vivemos, dependendo do grupo social e das circunstâncias, vários tipos de acusação podem ser acionados. Uma das mais estigmatizantes e violentas é aquela relacionada ao equilíbrio emocional do indivíduo, que pode vir a defini-lo como "louco", "doente mental" ou "maluco". Embora uma série de situações mereça ser examinada, vou deter-me em uma especificamente. Trata-se do caso de jovens de camadas médias brasileiras que são encaminhados por suas famílias a psiquiatras e clínicas em função de anomalias de comportamento que são interpretadas como indícios de doença ou perturbação mental.*

As situações que tive oportunidade de observar apresentavam características marcantes. Os jovens em pauta, de uma forma ou de outra, haviam rompido com expectativas consideradas essenciais por seus familiares. O abandono ou pouco caso pelos estudos aparecia quase sempre como um sintoma alarmante. A recusa em um engajamento numa preparação voltada para um futuro profissional produtivo apareceu como uma constante. A não participação ou o desinteresse por rituais familiares como aniversários, almoços dominicais, visitas a parentes, surgiu também como indício de um comportamento perturbador.

Finalmente, a utilização de tóxicos viria reforçar o quadro, aparecendo quase sempre como sintoma definitivo. Em alguns casos, surgiam acusações de desvio sexual. Homossexualismo ou lesbianismo eram explicados como consequências de um estado de perturbação mental. Essas pessoas estavam infringindo expectativas e se desviando de um padrão considerado normal ou desejável por seus familiares. A partir desta percepção e da dificuldade de "reconverter" o jovem, tudo que ele ou ela fazia poderia ser interpretado como sintoma, reforçando a imagem de doença. Um adolescente que passa parte do dia trancado no quarto, ouvindo música pop, evitando contato com os seus familiares, pode estar dando mais elementos para seu processo de acusação. A adoção de roupas consideradas extravagantes e a irregularidade de horários, segundo os padrões da família, reforçam a ideia de que o filho não está bem.

---

* Obtive esses dados entrevistando tanto pais quanto filhos (entre 15 e 20 anos) e através de observação em clínicas psiquiátricas. A pesquisa fez parte de um estudo mais amplo sobre famílias de camadas médias no Rio de Janeiro, realizada no período de 1972 a 1974. [Nota à edição em inglês.]

Na maioria dos casos, a tentativa de "reconversão", pelos métodos os mais variados, desde pressões sutis até interpelações enérgicas, levava inevitavelmente a desentendimentos e brigas.

A "rebeldia" é então sinal definitivo de que algo não está bem porque "fulano nunca foi assim". No decorrer desse processo, o jovem poderá ir interiorizando uma autoimagem de anormalidade. Isto talvez não aconteça se, fora de casa, estiver apoiado emocionalmente por um "grupo de pares" (*peer group*) que defina o seu comportamento como aceitável e normal. Poderá haver um verdadeiro embate entre as duas visões, colocando a identidade do indivíduo em questão.[9]

Não se pode menosprezar a capacidade de uma estrutura familiar de pressionar os seus membros. Em casos de indivíduos com laços externos menos fortes, não havendo "reconversão", poderá haver uma interiorização da pecha de "maluco", "doente". Um outro mecanismo que aparece nesta situação é identificar os amigos do filho como "más companhias" que o estão desencaminhando, que podem levá-lo à loucura. É a visão epidêmica do comportamento desviante. O isolamento do acusado passa a ser essencial para permitir a sua manipulação. Assim, em vários casos, onde não há um grupo de pares oferecendo apoio, o indivíduo pode assumir a acusação desempenhando plenamente o papel de doente.

Antes de ser levado ao psiquiatra ou à clínica, o acusado já terá passado por uma série de etapas do processo de acusação. Na maioria dos casos, será transformado num bode expiatório. O jovem acusado passa a ser o portador do mal que concentra todos os problemas da família – problemas que a própria família não percebe ou não tem consciência. O jovem passa a ser o depósito de lixo familiar, onde são lançadas todas as ansiedades e dificuldades dos seus membros.

Laing, Cooper e outros autores já levantaram uma série de questões em relação a essa problemática, identificando situações familiares geradoras de doença mental, acusando e apontando a falência dessa instituição. O que estou procurando demonstrar é que, embora existam casos-limite de famílias especialmente problemáticas, a estrutura de todas as famílias estabelece limites e fronteiras para o comportamento de seus membros. Os diferentes papéis desempenhados pelos membros da família implicam tensão latente e a possibilidade de dissenso. Isto, no entanto, é próprio da organização social. A constituição de grupos estáveis implica a alocação de responsabilidades e uma distribuição social do poder. Precisam ser desenvolvidos mecanismos que permitam conciliar as diferenças e divergências. Existem, no entanto, situações em que esta conciliação torna-se difícil e desenvolvem-se outros mecanismos que visam isolar ou extirpar comportamentos "excessivamente" desviantes.

Nos casos a que me refiro, parece-me surgir uma problemática sociológica que não deveria ser ignorada pelos estudiosos do comportamento individual. As famílias de camada média que observei apresentavam uma característica básica comum. Viviam intensamente o seu projeto de ascensão e mobilidade social. Na maioria dos casos, faziam parte de uma camada média ascendente, com fortes aspirações de status.[10] Todos moravam na Zona Sul da cidade do Rio de Janeiro e quase todos os pais definiam-se como pessoas que tinham "progredido na vida". Alimentavam vigorosas expectativas em torno dos filhos. Haviam investido na educação, procurando colocá-los nas melhores escolas. Diziam "não ter poupado esforços" para que os filhos tivessem as melhores oportunidades. Agora, estavam muito decepcionados. A família faz então uma forte e violenta pressão para que os jovens se tornem "pessoas de sucesso" e "subam na vida".

Nem todos os filhos de camadas médias ascendentes brasileiras são internados em hospitais psiquiátricos ou acusados de doentes mentais. Não há dúvida de que existem particularizações nas configurações familiares que acentuam o problema. Da mesma forma, não pretendo negar a existência de problemáticas individuais específicas, mais sujeitas ao desencadeamento deste tipo de crise. Mas os casos de famílias que internam seus jovens têm características que iluminam o processo mais geral e nos permitem levantar problemas em relação a questões de natureza socioantropológica que extrapolam situações individuais, por estarem imbricados a escala de valores e expectativas culturais. Neste caso, pode-se verificar que existe um projeto de ascensão social que preside a dinâmica das relações familiares. Seria um projeto cultural dominante, assumido pelas pessoas que desempenham os papéis familiares com maior parcela de poder.

O fato de que um membro da família, especialmente mais jovem, não partilhe o mesmo projeto pode levar a uma séria crise. Falhando outros mecanismos, o "rebelde" pode ser isolado através do processo de acusação. É preciso perceber que este jovem de camada média não está apenas rejeitando os valores de sua família mas, com maior ou menor consciência, está tentando adotar um estilo de vida diferente. Esta escala de valores nova não é uma invenção individual, de uma "mente doente", mas sim uma alternativa do seu ambiente sociocultural. A cultura não é monolítica. Dentro de uma sociedade existem visões de mundo e ideologias concorrentes. Estas diferenças não se dão apenas entre as classes sociais, mas podem efetuar cortes transversais na estrutura de classes e na estratificação social.

Jovens de camadas médias brasileiras, especialmente nas grandes cidades, têm começado a desvalorizar trabalho, sucesso e produtividade. Isso ocorre a despeito de – ou talvez por causa de – uma forte pressão familiar em prol da mobilidade social. Essa rejeição é uma tomada de posição em relação às famílias, à sociedade brasileira e à vida social em geral. Não é coincidência isto aparecer com maior vigor nas famílias de camadas médias ascendentes, onde a expectativa em relação ao comportamento dos filhos é muito orientada para metas de sucesso individual. Justamente porque a família enfatiza o rápido sucesso, relacionado à eficácia, ao trabalho e ao enriquecimento econômico, é que seus filhos adotam um modelo oposto, que sublinha um outro tipo de experiência social.

Esse modelo alternativo enfatiza uma visão hedonista do mundo, onde o importante seria experimentar intensamente as experiências sensoriais, "curtir", viver para o prazer, a gratificação sexual, no momento presente, sem maiores compromissos com projetos e objetivos a longo prazo.* Em oposição à tônica individualista do modelo dominante de suas famílias, valorizaram a vida grupal, comunitária. Seria a procura de *comunitas* e a rejeição ideológica da "estrutura", segundo os termos de Victor Turner.[11] O conflito de gerações não seria, portanto, apenas uma repetição cíclica inevitável de diferenças etárias, mas poderia tornar-se um confronto entre visões de mundo que já não se limitariam, necessariamente, a marcar fronteiras etárias. No confronto das gerações e nas crises familiares parece ficar mais clara essa divergência. Mas é ingênuo limitar o problema a esses níveis. Estamos lidando com percepções divergentes da vida social e não com meros desequilíbrios individuais.

Estas diferenças podem se traduzir em projetos que impliquem uma conduta organizada com objetivos específicos.[12] Para a realização de seus projetos,

* Quando um indivíduo não apenas discorda da ideologia modernizante capitalista, mas também começa a contestá-la em termos políticos, torna-se vulnerável à acusação de "subversivo", talvez o mais perigoso de todos os rótulos que podem ser aplicados hoje no Brasil. [Nota à edição em inglês.]

os atores (indivíduos ou grupos) mobilizam recursos materiais e simbólicos. O acesso e possibilidade de manipulação desses recursos é que dará os limites e âmbito do poder envolvido. Não estou dizendo com isto que todo o comportamento relacionado com a execução ou encaminhamento de projetos seja consciente, mas sim que, de algum modo, envolve decisões quanto aos modelos culturais existentes em uma sociedade específica. Cabe ao antropólogo e aos estudiosos do comportamento individual relativizar as rotulações e acusações de doença mental que surjam nesse contexto.

Precisamos estar atentos à complexidade da vida social e aos seus processos de mudança para que os nossos modelos de equilíbrio e maturidade individual não sejam apenas a confirmação de um modelo de comportamento que expressa uma certa distribuição de poder dentro de uma opção cultural-ideológica ligada a certos interesses. Tornar-se mentalmente doente no Brasil, especialmente entre camadas médias urbanas, pode significar que o indivíduo está se desviando de um estilo de vida específico, onde trabalho, produtividade e sucesso financeiro são valores-chave. Claro que essas são opções culturais disponíveis apenas a certos setores da sociedade brasileira.

Este caso mostra que problemas e crises aparentemente individuais podem ter implicações sociológicas mais amplas e profundas. O pano de fundo dessas acusações de doença mental revela motivações e possibilidades de mobilidade de uma categoria social específica, as camadas médias urbanas brasileiras. Por outro lado, essa mobilidade é definida em relação a outros grupos e categorias sociais, e especialmente no contexto político brasileiro, com suas políticas, prioridades e interesses. Estamos, portanto, claramente, lidando com um problema político, no sentido mais amplo. Estamos lidando com relações de poder em diferentes níveis da vida social. Isso sugere que, em toda situação de doença mental (ou de acusações de desvio), temos que olhar para o quadro mais amplo: o universo social e os diferentes grupos envolvidos, com seus níveis de poder, interesses, objetivos e projetos, dos menores e mais íntimos às dimensões organizacionais mais amplas, como a das classes sociais, das sociedades nacionais e dos regimes políticos. Sem isso, será muito difícil falar em imparcialidade científica, quer em termos antropológicos, quer em psiquiátricos.

5. Memória, identidade e projeto[1]

É vasta a literatura em antropologia sobre identidade em seus mais diferentes aspectos. As dimensões étnica, de gênero, etária estão entre aquelas que se somam às problemáticas tradicionais de classe e estratificação social.

Na realidade, é a preocupação científica e política com a *diferença* que, em parte, explica a riqueza e o desenvolvimento dessa área de reflexão nas últimas décadas.

A complexidade e a heterogeneidade da sociedade moderno-contemporânea tem como uma de suas características principais, justamente, a existência e a percepção de diferentes visões de mundo e estilos de vida. Uma das questões mais interessantes e polêmicas é verificar até que ponto a participação em um estilo de vida e em uma visão de mundo, com algum grau de especificidade, implica uma *adesão* que seja significativa para a demarcação de fronteiras e elaboração de identidades sociais. É evidente que existe uma básica diferença entre uma identidade socialmente já dada, seja étnica, familiar etc., e uma adquirida em função de uma trajetória com opções e escolhas mais ou menos dramáticas. A multiplicidade de referências, seja em termos de grupos ou de atitudes, às vezes aparentemente contraditórias, leva à problemática da fragmentação, para alguns autores um dos indícios da modernidade. Se, por um lado, as ideologias individualistas marcam o advento do indivíduo-sujeito, por outro lado expressam a fragmentação de domínios que sucede a uma ordem tradicional hipoteticamente mais integrada. Na realidade, são as duas faces da mesma moeda.[2] As possíveis unidades englobantes, "encompassadoras" – nação, linhagem, família, partido, igreja – variam no seu maior ou menor vínculo com os dois modelos polares – o da tradição e o da modernidade. De qualquer forma, à medida que o indivíduo se destaca e é cada vez mais sujeito, muda o caráter de sua relação com as instituições preexistentes, que não desaparecem necessariamente mas mudam de caráter, embora de forma conflituosa, como a história da Igreja demonstra de maneira clara. Novas formas de sociabilidade vão se desenvolver, acompanhando os paradigmas emergentes. Mas não se estabelece uma dominância absoluta – holismo, tradição permanecem presentes em amplas áreas da vida social e do sistema de representações. Assim é que a família conjugal moderna não se torna exclusiva, convivendo com maior ou menor nitidez com a família extensa e o universo de parentesco tradicional.

Essa coexistência, mais ou menos tensa, entre diferentes configurações de valores é uma das marcas de vida na sociedade moderna. Existem várias maneiras de lidar com essa ambiguidade. A adesão vigorosa e militante a uma ordem de valores, religiosa ou não, é uma alternativa possível, dentro de uma trajetória de vida, podendo ser provisória ou definitiva. A circulação entre vários estilos de vida e uma participação limitada ou, mesmo, um certo grau de sincretismo podem ser outro caminho, bastante comum. A atitude *blasé*, analisada por Simmel em contexto metropolitano, com uma certa indiferença e distanciamento em relação à multiplicidade de estímulos e situações é outra possibilidade. O ceticismo radical, em parte expresso no *Homem sem qualidades* de Musil, onde nada tem significado relevante, é também uma resposta possível às descontinuidades e fragmentação da sociedade moderna. Enfim, existe um *campo de possibilidades* que, se não é exclusivo, é bastante típico desta sociedade, aparecendo fortemente solidário com o desenvolvimento de ideologias individualistas.[3]

É A PARTIR DESTE QUADRO INICIAL que passo a estabelecer relações entre *memória* e *projeto* e sua importância para a constituição de identidade(s).

Em uma sociedade tradicional, holista, em que o indivíduo é englobado pelo clã, linhagem, tribo etc., a memória socialmente relevante é a da unidade "encompassadora". Thomas Mann, no seu *José no Egito*, percebe isso com muita perspicácia ao identificar personagens bíblicos que podem ser um conjunto de indivíduos biológicos, de diferentes gerações, com uma identidade comum dada pelo nome e pela linhagem.

Vários antropólogos defrontaram-se com situações semelhantes em vários contextos culturais. Ou seja, a biografia do indivíduo biológico não é enfatizada, em proveito da ênfase na continuidade de uma categoria social abrangente, a ponto de não ficar claro se um fato narrado ocorreu com o indivíduo biológico A ou B, pertencentes à mesma linhagem, categoria etc. Obviamente isso não significa que não haja consciência ou percepção do ciclo vital dos indivíduos A e B, que nascem, vivem e morrem. Mas a persistência da unidade englobante é permanentemente fixada através de mitos, narrativas que reforçam o pertencimento dos indivíduos biológicos àquelas unidades. Assim a memória socialmente significativa é a da unidade englobante, havendo pouca ênfase ou reconhecimento da noção de biografia no sentido moderno. Ou seja, em qualquer sociedade há processo de *individuação*, através de inserção do lugar do indivíduo na sociedade e do desempenho de seus papéis sociais. Mas a *individualização* seria própria das sociedades ou segmentos sociais onde florescem ideologias individualistas que fixam o indivíduo socialmente significativo, como valor básico da cultura.

Nas sociedades onde predominam as ideologias individualistas, a noção de biografia, por conseguinte, é fundamental. A trajetória do indivíduo passa a ter um significado crucial como elemento não mais contido mas constituidor da sociedade. É a progressiva ascensão do indivíduo psicológico que passa a ser a medida de todas as coisas. Nesse sentido a memória desse indivíduo é que se torna socialmente mais relevante. Suas experiências pessoais, seus amores, desejos, sofrimentos, decepções, frustrações, traumas, triunfos etc. são os marcos que indicam o sentido de sua singularidade enquanto indivíduo, que é constantemente enfatizada. Carreira, biografia e trajetória constituem noções que fazem sentido a partir da eleição lenta e progressiva que transforma o indivíduo biológico em valor básico da sociedade ocidental moderna. A psicologização da sociedade é etapa decisiva nesse processo. O psiquismo individual é, nesta vertente, o foco privilegiado de significados. Não se trata apenas da criação e expansão de terapias de diferentes tipos mas, sobretudo, da difusão de um discurso que possa permear, inclusive, o senso comum de boa parte da sociedade. A memória tem um significado fundamental nesse processo. O inconsciente freudiano, a repressão, as associações, assim como as escolhas e opções ao nível individual, constituem a matéria-prima de toda uma vertente mais do que expressiva da produção e do consumo intelectuais contemporâneos. Cumpre lembrar que, em termos antropológicos, como foi mencionado antes, esse processo não é natural. Outras sociedades e culturas privilegiam outras unidades como fundamentais e significativas. Mesmo dentro da chamada sociedade ocidental moderna, há descontinuidades e diferenças em termos sociológicos e culturais em relação à maior ou menor valorização do indivíduo. Há segmentos e situações sociais em que fica evidente a subordinação do indivíduo a unidades englobantes e hierarquizantes. As instituições e grupos religiosos já foram objeto de consideração a esse respeito. O mundo militar, mesmo certas organizações empresariais, a continuidade ou mesmo revalorização de universos de parentesco, de vizinhança, demonstram a presença de um holismo, obviamente diferente do hindu ou daquele do Ocidente medieval, matizando ou contrabalançando a predominância das ideologias individualistas.

Alfred Schutz desenvolveu a noção de *projeto* como "conduta organizada para atingir finalidades específicas".[4] Embora o ator, em princípio, não seja necessariamente um indivíduo, podendo ser um grupo social, um partido, ou outra categoria, creio que toda a noção de projeto está indissoluvelmente imbricada à ideia de indivíduo-sujeito. Ou invertendo a colocação – é indivíduo-sujeito aquele que faz projetos. A consciência e valorização de uma individualidade singular, baseada em uma memória que dá consistência à biografia, é o que possibilita a formulação e condução de projetos. Portanto, se a memória permite uma visão retrospectiva mais ou menos organizada de uma trajetória e biografia, o projeto é a antecipação no futuro dessas trajetória e biografia, na medida em que busca, através do estabelecimento de objetivos e fins, a organização dos meios através dos quais esses poderão ser atingidos. A consistência do projeto depende, fundamentalmente, da memória que fornece os indicadores básicos de um passado que produziu as circunstâncias do presente, sem a consciência das quais seria impossível ter ou elaborar projetos. Não pretendo, nem Schutz pretendia, trabalhar com a ideia de um indivíduo-sujeito cognitivo racional, capaz de armar estratégias e fazer cálculos, organizando seus dados e atuando cerebralmente. As circunstâncias de um presente do indivíduo envolvem, necessariamente, valores, preconceitos, emoções. O projeto e a memória associam-se e articulam-se ao dar *significado* à vida e às ações dos indivíduos, em outros termos, à própria identidade. Ou seja, na constituição da identidade social dos indivíduos, com particular ênfase nas sociedades e segmentos individualistas, a memória e o projeto individuais são amarras fundamentais. São visões retrospectivas e prospectivas que situam o indivíduo, suas motivações e o significado de suas ações dentro de uma conjuntura de vida, na sucessão das etapas de sua trajetória.

Na sociedade moderno-contemporânea o indivíduo, como já foi observado, está exposto a múltiplas experiências, contraditórias e eventualmente fragmentadoras. A memória e o projeto, de alguma maneira, não só ordenam como dão significado a essa trajetória. Embora a coerência linear não seja um valor universal em nossa sociedade, algum tipo de consistência, dentro de valores e modelos particulares e variados, parece ser importante para a continuidade de trajetórias individuais e sociais. Algumas das correntes e autores que enfatizam o nonsense, o absurdo, a falta de sentido etc. da vida na sociedade moderna demonstram uma certa nostalgia de um passado em que o mundo faria mais sentido.[5] É claro que céticos ou niilistas radicais negam qualquer significado ou sentido à vida em qualquer momento da história da humanidade. Mas não pretendo me deter, aqui, na análise desta linha de pensamento. Por ora, quero enfatizar o sentimento e a necessidade, sociologicamente identificáveis em vastos segmentos da sociedade moderna, de dar um sentido às experiências individuais. O individualismo aparece qualificado, com conotações e ênfases variadas. Simmel fez a distinção, hoje clássica, entre individualismo quantitativo, da igualdade, e qualitativo, da singularidade.[6]

Outras qualificações são acionadas, como, por exemplo, individualismo produtivista, narcísico, hedonístico, agonístico.[7]

Essas ênfases estão mais ou menos coladas a fenômenos de natureza sociológica como estratificação social, grupo de status, orientação religiosa, ocupação, grupo etário etc. Mas é importante frisar o caráter constitutivo das ideologias individualistas, quando se valoriza a instauração de significados, características do fenômeno cultural propriamente dito. Na realidade, esse movimento valoriza, de um modo geral, a força constitutiva de modelos, paradigmas e configurações culturais que atuam sobre a sociedade, produzindo efeitos a nível sociológico, político e econômico.

Nos termos de Helmut Wagner, interpretando Schutz,

> a memória, voltada retrospectivamente de forma reflexiva, é suplementada pela antecipação, voltada para a frente, prospectivamente. A ação deliberada resulta de planejamento, do estabelecimento de um objeto e de imaginá-lo sendo realizado, e ainda da intenção de realizá-lo, independente de o plano ser vago ou existir como projeto detalhado passo a passo.[8]

A memória é fragmentada. O sentido de identidade depende em grande parte da organização desses pedaços, fragmentos de fatos e episódios separados. O passado, assim, é descontínuo. A consistência e o significado desse passado e da memória articulam-se à elaboração de projetos que dão sentido e estabelecem continuidade entre esses diferentes momentos e situações.[9]

Por outro lado, o projeto existe no mundo da intersubjetividade. Por mais velado ou secreto que possa ser, ele é expresso em conceitos, palavras, categorias que pressupõem a existência do *outro*. Mas, sobretudo, o projeto é o instrumento básico de *negociação da realidade* com outros atores, indivíduos ou coletivos. Assim ele existe, fundamentalmente, como meio de comunicação, como maneira de expressar, articular interesses, objetivos, sentimentos, aspirações *para o mundo*.

O projeto não é abstratamente racional, como já mencionei, mas é resultado de uma deliberação consciente a partir das circunstâncias, do campo de possibilidades em que está inserido o sujeito. Isso implica reconhecer limitações, constrangimentos de todos os tipos, mas a própria existência de um projeto é a afirmação de uma crença no indivíduo-sujeito. A identidade, por conseguinte, depende dessa relação do projeto e do seu sujeito com a sociedade, em um permanente processo interativo. Sem dúvida, um sujeito pode ter mais de um projeto, mas, em princípio, existe um principal ao qual estão subordinados os outros que o têm como referência. De forma aparentemente paradoxal em uma sociedade complexa e heterogênea, a multiplicidade de motivações e a própria fragmentação sociocultural ao mesmo tempo em que produzem quase que uma necessidade de projetos, trazem a possibilidade de contradição e de conflito. Por isso mesmo, o projeto é dinâmico e é permanentemente reelaborado, reorganizando a memória do ator, dando novos sentidos e significados, provocando com isso repercussões na sua identidade. Assim a biografia, valorizada ao extremo em um mundo individualista, está sujeita a periódicas revisões e reinterpretações.[10] A ideia, já do senso comum, de que a memória é seletiva em parte se explica por essa dinâmica dos projetos e da construção de identidade, que leva as referências do passado a um processo permanente de *des* e *re*construção. É claro que estou tangenciando as questões psicanalíticas, que estão fora de minha alçada. Mas ao valorizar os processos conscientes de escolha, de opção, não pretendo negar a importância dos mecanismos inconscientes, estudados pela psicanálise. Obviamente há pontes e vínculos entre esses dois mundos. Quero, no entanto, enfatizar, na linha de Schutz, a dimensão da ação social, o que não significa desconhecer que as circunstâncias e o campo de possibilidade de onde brotam projetos estão profundamente afetados por uma dimensão irracional e não consciente.

Para finalizar, resta assinalar que é complexa a discussão sobre até que ponto o projeto referido a um indivíduo-sujeito é exclusivo de sociedades ou segmentos onde as ideologias individualistas predominaram. Schutz, até certo ponto, está discutindo questões que pretende universais. De modo mais cauteloso, prefiro limitar o alcance de minhas afirmações mais enfáticas aos mundos individualistas. No entanto, insisto que mesmo nos sistemas hierarquizantes, holistas, tradicionais, mais fechados, podem ocorrer fenômenos usualmente alocados à sociedade moderna.[11] Creio que a tensão permanente entre hierarquia e processos de individuação, que podem estar associados a ideologias individualistas, surge nos mais diferentes segmentos sociais e culturais. Até certo ponto, sem rejeitar a objetividade científica, vejo a possibilidade de diferentes leituras, a partir de preocupações e perspectivas teóricas distintas.

6. Observando o familiar[1]

Uma das mais tradicionais premissas das ciências sociais é a necessidade de uma *distância* mínima que garanta ao investigador condições de *objetividade* em seu trabalho. Afirma-se ser preciso que o pesquisador veja com olhos *imparciais* a realidade, evitando *envolvimentos* que possam obscurecer ou deformar seus julgamentos e conclusões. Uma das possíveis decorrências deste raciocínio seria a valorização de métodos quantitativos que seriam "por natureza" mais neutros e científicos.

Sem dúvida essas premissas ou dogmas não são partilhados por toda a comunidade acadêmica. A noção de que existe um envolvimento inevitável com o objeto de estudo e de que isso não constitui um defeito ou imperfeição já foi clara e precisamente enunciada.[2] Não vou deter-me, especificamente, na discussão mais geral sobre *neutralidade* e *imparcialidade*. Creio ser mais proveitoso discutir algumas experiências pessoais que me levaram a refletir de forma mais sistemática sobre esses problemas.

A antropologia, embora sem exclusividade, tradicionalmente identificou-se com os métodos de pesquisa ditos qualitativos. A observação participante, a entrevista aberta, o contato direto, pessoal, com o universo investigado constituem sua marca registrada. Insiste-se na ideia de que para conhecer certas áreas ou dimensões de uma sociedade é necessário um contato, uma vivência durante um período de tempo razoavelmente longo, pois existem aspectos de uma cultura e de uma sociedade que não são explicitados, que não aparecem à superfície e que exigem um esforço maior, mais detalhado e aprofundado de observação e empatia. No entanto, a ideia de tentar "pôr-se no lugar do outro" e de captar vivências e experiências particulares exige um mergulho em profundidade difícil de ser precisado e delimitado em termos de tempo. Trata-se de problema complexo, pois envolve as questões de *distância social* e *distância psicológica*. Sobre isso Da Matta já situou com propriedade a trajetória antropológica de transformar o "exótico em familiar e o familiar em exótico".[3]

Evidentemente, em algum nível, está-se falando em *distância*. É preciso, no entanto, refletir mais sobre o que se entende por isso.

Sem dúvida existe uma *distância física* clara entre a sociedade inglesa da década de 1930 e uma tribo do Sudão. Há que haver um deslocamento no espaço que requer a utilização de um determinado *tempo*, maior em princípio do que ir de Londres a Oxford ou de Cartum ao Cairo. É possível que um ou outro indivíduo na tribo fale inglês, mas a grande maioria comunica-se exclusivamente através dos dialetos locais, o que evidentemente representa, em princípio, uma descontinuidade maior em termos de comunicação do que entre um *scholar* inglês e um operário seu conterrâneo, apesar de Bernard Shaw. Trata-se, no entanto, de um tipo de comunicação, a verbal, que não esgota todo o potencial simbólico humano. Pode-se imaginar que o inglês desenvolva um interesse e cultive uma empatia por chefes tribais, atribuindo a estes, real ou fantasiosamente, problemas semelhantes aos seus na área da manipulação do conhecimento e no exercício de certas prerrogativas, podendo estabelecer pontos de contato e de aproximação, em determinados níveis, maiores do que os existentes entre o mesmo *scholar* e seus *fellow-countrymen* de origem proletária.

Simmel, ao analisar a nobreza europeia, mostra o seu caráter cosmopolita e internacional, passando sobre as fronteiras dos Estados, enfatizando seus laços comuns de *grupo de status*, marcando vigorosamente a *distância em relação* aos conterrâneos camponeses, proletários ou mesmo burgueses.[4] Sem dúvida o patrimônio ou a cultura comum de uma nobreza europeia são muito mais óbvios do que experiências particulares de chefes tribais africanos e de um *scholar* inglês que possam apresentar algumas semelhanças. Num caso está-se falando em uma *categoria social* e no outro em interação entre *indivíduos* que não chegamos a perceber ou definir como uma categoria. Mas já surge com nitidez a questão da relação entre distância social e psicológica.

O fato de dois indivíduos pertencerem à mesma sociedade não significa que estejam mais próximos do que se fossem de sociedades diferentes, porém aproximados por preferência, gostos, idiossincrasias. Até que ponto pode-se, nesses casos, distinguir o *sociocultural* do *psicológico*? No mundo acadêmico ou intelectual em geral essa experiência é bem conhecida. Quantas vezes em encontros, seminários, conferências etc. de caráter internacional não nos encontramos interagindo à vontade, de maneira fácil e descontraída, com colegas vindos de sociedades e culturas as mais díspares?

Lembro-me bem de uma vez, chegando a uma universidade americana na hora do almoço, ter tido oportunidade de sentar à mesma mesa com colegas norte-americanos, um francês, um argentino e um holandês. Quase todos estávamos nos conhecendo. No entanto, a conversação correu fácil, não só quanto ao *tom*, mas também com pequenas ironias e piadas implícitas, meias-palavras, referências etc. Tínhamos lido Alexandre Dumas e Walter Scott na adolescência e gostávamos de Beethoven e Rosselini. Comentou-se um filme italiano que seria exibido na universidade durante a semana e discutiu-se a Sétima Sinfonia, programada para aquela noite. Esnobismo intelectual? Cultura ornamental cultivada pela intelectualidade acadêmica? É possível, mas constituem-se em temas de conversa assim como discutir um jogo de futebol ou a última atuação de Rivelino ou Paulo César com o chofer de táxi ou com o porteiro do edifício. Que tipo de conversa é mais real, verdadeira? O fato é que se está discutindo o problema de experiências mais ou menos comuns, partilháveis, que permitem um nível de interação específico.

Falar a mesma língua não só não exclui que existam grandes diferenças no vocabulário mas que significados e interpretações diferentes podem ser dados a palavras, categorias ou expressões aparentemente idênticas. Voltamos a Bernard Shaw e a *Pigmalião*. Por outro lado, toda a tradição marxista valoriza a experiência comum de classe e acentua, em certas interpretações, o caráter extra e supranacional da luta política, desenfatiza os laços comuns, patrimônio cultural de que poderiam participar classes sociais distintas, para enfatizar, por exemplo, a experiência básica comum de exploração a que estaria submetido o proletariado. Expressões ou termos como "burguesia internacional", "unidade internacional proletária" tendem a sublinhar a importância de experiências e interesses sociológicos e históricos comuns em detrimento das noções de identidade e cultura nacional. A unidade, no caso, não seria dada pela língua, por tradições nacionais de caráter mais geral, mas por experiências e vivências de *classe*, definidas em termos sociológicos, econômicos e históricos, que originam inclusive a noção de *cultura de classe*, que pode ultrapassar as fronteiras dos Estados Nacionais.

Sem dúvida a noção de Estado Nacional e a valorização de um patrimônio comum dentro de suas fronteiras em oposição a patrimônios de outros Estados estão ligadas a uma conjuntura sócio-histórica precisa. Normalmente o aparecimento do Estado moderno é associado ao desenvolvimento da burguesia, ao fortalecimento do nacionalismo. Enquanto movimento intelectual, surge o Romantismo, preocupado em pesquisar (ou até criar) raízes, fundamentos essenciais de um povo, nacionalidade. É conhecida a manipulação de ideologias nacionalistas, de oposição simbólica e material ao que vem de fora, como estranho, intruso, fora de contexto, alienado.

Pode parecer estranho que um antropólogo esteja chamando atenção para o "artificialismo" de certas separações e limites entre sociedades e culturas. Mas creio que, contemporaneamente, cabe justamente aos antropólogos relativizar essas noções, não negando-as ou invalidando-as ideologicamente, mas apontando a sua dimensão de algo *fabricado*, *produzido* cultural e historicamente. Não se trata de ser nacionalista ou internacionalista, mas sim de chamar atenção para a complexidade da categoria "distância" e disso extrair consequências para o nosso trabalho científico.

Assim, volto ao problema de Da Matta, para sugerir certas complicações. O que sempre *vemos* e *encontramos* pode ser familiar mas não é necessariamente *conhecido*, e o que não *vemos* e *encontramos* pode ser exótico mas, até certo ponto, *conhecido*. No entanto, estamos sempre pressupondo familiaridades e exotismos como fontes de conhecimento ou desconhecimento, respectivamente.

Da janela de meu apartamento vejo na rua um grupo de nordestinos, trabalhadores de construção civil, enquanto alguns metros adiante conversam alguns surfistas. Na padaria há uma fila de empregadas domésticas, três senhoras de classe média conversam na porta do prédio em frente; dois militares atravessam a rua. Não há dúvida de que todos esses indivíduos e grupos fazem parte da paisagem, do cenário da rua, de modo geral estou habituado com sua presença, há uma familiaridade. Mas, por outro lado, o meu conhecimento a respeito de suas vidas, hábitos, crenças, valores é altamente diferenciado.

Não só o meu grau de familiaridade, nos termos de Da Matta, está longe de ser homogêneo, como o de conhecimento é muito desigual. No entanto, todos não só fazem parte de minha sociedade, mas são meus contemporâneos e vizinhos. Encontramo-nos na rua, falo com alguns, cumprimento outros, há os que só reconheço e, evidentemente, há desconhecidos também. Trata-se de situação diferente de uma sociedade de pequena escala, com divisão social do trabalho menos complexa, com maior concentração ou menor número de papéis etc. Já discuti, em outra ocasião, o problema do anonimato relativo na grande metrópole, chamando atenção para a existência de áreas e domínios até certo ponto autônomos que permitem um jogo de papéis e de construção de identidade bastante rico e complexo.[5]

O fato é que dentro da grande metrópole, seja Nova York, Paris ou Rio de Janeiro, há descontinuidades vigorosas entre o "mundo" do pesquisador e outros mundos, fazendo com que ele, mesmo sendo nova-iorquino, parisiense ou carioca, possa ter experiência de estranheza, não reconhecimento ou até choque cultural comparável à de viagens a sociedades e regiões "exóticas". Na opinião de Da Matta[6] isso não acontece com a maioria das pessoas dentro da sociedade complexa na medida em que a realidade e as categorias sociais à sua volta estão hierarquizadas. A hierarquia mapeia o mundo social, e, portanto, cada categoria tem o seu lugar através de estereótipos. Por exemplo: o trabalhador nordestino, "paraíba", é ignorante, infantil, subnutrido; o surfista é maconheiro, alienado etc. Eu acrescentaria que a dimensão do poder e da dominação é fundamental para a construção dessa hierarquia e desse mapa. A etiqueta, a maneira de dirigir-se às pessoas, as expectativas de respostas, a noção de adequação etc. relacionam-se à distribuição social de poder que é essencialmente desigual em uma sociedade de classes. Assim, em princípio, dispomos de um mapa que nos *familiariza* com os cenários e situações sociais de nosso cotidiano, dando nome, lugar e posição aos indivíduos.

Isso, no entanto, não significa que conhecemos o ponto de vista e a visão de mundo dos diferentes atores em uma situação social nem as regras que estão por detrás dessas interações, dando continuidade ao sistema. Logo, sendo o pesquisador membro da sociedade, coloca-se, inevitavelmente, a questão de seu lugar e de suas possibilidades de relativizá-lo ou transcendê-lo e poder "pôr-se no lugar do outro". É preciso chamar atenção para o fato de que mesmo nas sociedades mais hierarquizadas há momentos, situações ou papéis sociais que permitem a crítica, a relativização ou até o rompimento com a hierarquia.[7] Na sociedade complexa contemporânea existem tendências, áreas e domínios onde se evidencia a procura de contestar e redefinir hierarquias e a distribuição de poder. Ao contrário de sociedades tradicionais mais estáveis ou integradas, está longe de haver um consenso em torno dos lugares e posições ocupados e de seu valor relativo. Existe o dissenso em vários níveis, a possibilidade do conflito é permanente e a realidade está sempre sendo negociada entre atores que apresentam interesses divergentes. Embora existam os mecanismos de acomodação ou de apaziguamento, sua eficácia é muito variável e, até certo ponto, imprevisível. Há diferentes tipos de desvio e contestação que põem em xeque a escala de valores dominante.

A ciência social surge e se desenvolve nessa conjuntura, tendo toda uma dimensão iconoclasta voltada para o exame crítico e dessacralizador da sociedade. Os cientistas sociais, antropólogos, sociólogos, cientistas políticos etc. estão constantemente entrando em áreas antes invioláveis, levantando dúvidas, revendo premissas, questionando. É claro que isso varia em função de *n* possibilidades – origem social, tipo de formação, orientação teórica, posição ideológica, entre outras. Mas, mesmo em se tratando de indivíduos e correntes mais ligados ou identificados com tendências conservadoras, ou até reacionárias, o próprio trabalho de investigação e reflexão sobre a sociedade e a cultura possibilita uma dimensão nova da investigação científica, de consequências radicais – o questionamento e exame sistemático de seu próprio ambiente. As analogias com a psicanálise, embora um tanto perigosas, são óbvias. Trata-se, afinal de contas, de uma tentativa de identificar mecanismos conscientes e inconscientes que sustentam – e dão continuidade a – determinadas relações e situações.

Assim, volta-se a um ponto crítico. Não só o grau de familiaridade varia, não é igual a conhecimento, mas pode constituir-se em impedimento se não for relativizado e objeto de reflexão sistemática. Posso estar acostumado, como já disse, com uma certa paisagem social onde a disposição dos atores me é familiar; a hierarquia e a distribuição de poder permitem-me fixar, *grosso modo,* os indivíduos em categorias mais amplas. No entanto, isso não significa que eu compreenda a lógica de suas relações. O meu conhecimento pode estar seriamente comprometido pela rotina, hábitos, estereótipos. Logo, posso ter um mapa mas não compreendo necessariamente os princípios e mecanismos que o organizam. O processo de descoberta e análise do que é familiar pode, sem dúvida, envolver dificuldades diferentes do que em relação ao que é exótico. Em princípio dispomos de mapas mais complexos e cristalizados para nossa vida cotidiana do que em relação a grupos ou sociedades distantes ou afastados. Isso não significa que, mesmo ao nos defrontarmos, como indivíduos e pesquisadores, com grupos e situações aparentemente mais exóticos ou distantes, não estejamos sempre classificando e rotulando de acordo com princípios básicos através dos quais fomos e somos socializados. É provável que exista maior número de dúvidas e hesitações como as de um turista em um país desconhecido, mas os mecanismos classificadores estão sempre operando.

Dentro ou fora de nossa sociedade, nós, pesquisadores ocidentais, estamos sempre trabalhando e nos referindo à categoria *indivíduo* como unidade básica de mapeamento. No entanto, através da obra de Louis Dumont, sabemos que existem sociedades em que essa categoria não é dominante.[8] Mesmo dentro da sociedade brasileira há grupos e áreas que apresentam fortes diferenças e descontinuidades em relação à noção dominante de indivíduo.[9]

Levando mais longe o exame das categorias *familiar* e *exótico*, sem querer entrar em discussões de natureza filosófica, não há como deixar de mencionar os impasses sugeridos pelo existencialismo em relação ao conhecimento do outro. Não vejo isso como um impedimento ao trabalho científico mas como uma lembrança de humildade e controle da onipotência tão comum em nosso meio. O conhecimento de situações ou indivíduos é construído a partir de um sistema de interações cultural e historicamente definido. Embora aceite a ideia de que os repertórios humanos são limitados, suas combinações são suficientemente variadas para criar surpresas e abrir abismos, por mais familiares que indivíduos e situações possam parecer. Nesse sentido, um certo ceticismo pode ser saudável.

Parece-me que Clifford Geertz ao enfatizar a natureza de *interpretação* do trabalho antropológico chama atenção de que o processo de conhecimento da vida social sempre implica um grau de subjetividade e que, portanto, tem um caráter aproximativo e não definitivo.[10] O que significa a velha estorinha de que antropólogos sofisticados escolhem sociedades sofisticadas para estudar, os mais ansiosos trabalham com culturas onde a ansiedade é dominante? Isso mostra não a feliz coincidência ou a mágica do encontro entre pesquisador e objeto com que tenha afinidade, mas sim o caráter de interpretação e a dimensão de subjetividade envolvidos nesse tipo de trabalho.

A "realidade" (familiar ou exótica) sempre é filtrada por determinado ponto de vista do observador, ela é percebida de maneira diferenciada. Mais uma vez não estou proclamando a falência do rigor científico no estudo da sociedade, mas a necessidade de percebê-lo enquanto objetividade relativa, mais ou menos ideológica e sempre interpretativa. Esse movimento de relativizar as noções de distância e objetividade, se de um lado nos torna mais modestos quanto à construção do nosso conhecimento em geral, por outro lado permite-nos observar o familiar e estudá-lo sem paranoias sobre a impossibilidade de resultados imparciais, neutros.

Tive oportunidade de pesquisar um universo de pequena classe média *white-collar* que me era familiar através do mapa hierárquico e político de minha sociedade e de meu bairro.[11] Através de estereótipos localizava os moradores de grandes prédios de conjugados. Ao passar por um desses edifícios "sabia" que era um "balança", que havia desconforto, falta de higiene e que seus moradores eram de condição social inferior, sujeitavam-se a condições de vida mais ou menos degradantes por estarem alienados, sugestionáveis. Certamente tinha dúvidas, questionava alguns desses estereótipos. Já conhecera pessoas que moravam em "balanças" e que não se *ajustavam* a essas pré-noções. De qualquer forma, se um desses prédios, particularmente, tornou-se mais familiar ainda, quando para lá me mudei, o meu conhecimento de sua população era precário. O esforço de entender e registrar o discurso do universo, seu sistema de classificação e de captar sua visão de mundo nem sempre foi bem-sucedido. Percebia como a minha inserção no sistema hierárquico da sociedade brasileira levava-me constantemente a julgamentos apressados e preconceituosos, às vezes até por querer drasticamente repelir as noções anteriores, caindo em armadilhas inversas.

Depois de ano e meio de residência no prédio, creio que consegui perceber alguns mecanismos que sustentavam a lógica das relações sociais internas e externas e também captar algo do estilo de vida e visão do mundo locais. Estou consciente de que se trata, no entanto, de uma *interpretação* e que, por mais que tenha procurado reunir dados "verdadeiros" e "objetivos" sobre a vida daquele universo, a minha subjetividade está presente em todo o trabalho. Isso está claro para mim na medida em que volto constantemente a reexaminar a pesquisa e mesmo a revisar o local da investigação. Por outro lado, sendo um grupo que *vive* na minha cidade, conheço outras pessoas, inclusive cientistas sociais, que o encontram, que também têm alguma familiaridade ou até fizeram pesquisas em contextos semelhantes. Dessa forma a minha interpretação está sendo constantemente testada, revista e confrontada. O mesmo não se dá com muitos estudos de sociedades exóticas e distantes, pesquisadas por apenas um investigador, em que não houve oportunidade de maiores discussões ou polêmicas. Assim, a interpretação de um investigador fica sendo a versão existente sobre determinada cultura, não sendo exposta a certos questionamentos. Ao contrário, na sociedade brasileira há muitas opiniões e interpretações sobre Copacabana, carnaval, futebol etc., colocando os pesquisadores no centro de acirradas polêmicas.

Embora familiaridade não seja igual a conhecimento científico, é fora de dúvida que representa também um certo tipo de apreensão da realidade, fazendo com que as opiniões, vivências, percepções de pessoas sem formação acadêmica ou sem pretensões científicas possam dar valiosas contribuições para o conhecimento da vida social, de uma época, de um grupo. Além disso, há indivíduos ou grupos que talvez por um movimento de estranhamento, como certos artistas, captam e descrevem significativamente aspectos de uma sociedade de maneira mais rica e reveladora do que trabalhos mais orientados (real ou pretensamente) de acordo com os padrões científicos. Os exemplos na literatura são óbvios: Balzac, Proust, Thomas Mann e, no Brasil, Machado de Assis, Graciliano Ramos, Oswald de Andrade etc. Também no teatro, cinema, música, artes plásticas poderiam ser citados exemplos. Isso sem falar em gêneros menos "nobres" como o jornalismo em suas várias manifestações, a história em quadrinhos e a literatura de cordel, entre outros.

Ou seja, numa sociedade complexa contemporânea como a brasileira, o antropólogo apresenta sua interpretação, que, por mais que possa ter certa respeitabilidade acadêmica, é mais uma versão que concorrerá com outras – artísticas, políticas, em termos de aceitação perante um público relativamente heterogêneo. Há outras pessoas, profissionais de ciências sociais ou não, observando e refletindo sobre o familiar – a nossa sociedade em seus múltiplos aspectos, com esquemas e preocupações diferentes. Se o interesse por grupos tribais, por exemplo, é relativamente restrito, o mesmo não se pode dizer sobre umbanda, escola de samba, uso de tóxicos, homossexualismo e outros temas que têm sido pesquisados por antropólogos.

Assim, ao estudar o que está próximo, a sua própria sociedade, o antropólogo expõe-se, com maior ou menor intensidade, a um confronto com outros especialistas, com leigos e até, em certos casos, com representantes dos universos de que foram investigadores, que podem discordar das interpretações do investigador. Vivi essa experiência em minha pesquisa sobre uso de tóxicos em camadas médias altas,[12] quando pelo menos duas pessoas que eu tinha entrevistado não concordaram com algumas das minhas conclusões, apresentando críticas que me levaram a rever pontos importantes. Embora isso possa acontecer no estudo de outras sociedades, é menos provável porque, normalmente, feita a pesquisa, o investigador volta para o seu país ou cidade e tem menos oportunidades de confrontar-se com as opiniões daqueles a quem estudou. Parece-me que, nesse nível, o estudo do *familiar* oferece vantagens em termos de possibilidades de rever e enriquecer os resultados das pesquisas. Acredito que seja possível transcender, em determinados momentos, as limitações de origem do antropólogo e chegar a ver o familiar não necessariamente como exótico mas como uma realidade bem mais complexa do que aquela representada pelos mapas e códigos básicos nacionais e de classe através dos quais fomos socializados. O processo de estranhar o familiar torna-se possível quando somos capazes de confrontar intelectualmente, e mesmo emocionalmente, diferentes versões e interpretações existentes a respeito de fatos, situações. O estudo de conflitos, disputas, acusações, momentos de descontinuidade em geral é particularmente útil, pois, ao se focalizarem situações de drama social, podem-se registrar os contornos de diferentes grupos, ideologias, interesses, subculturas etc., permitindo remapeamentos da sociedade. O estudo do rompimento e rejeição do cotidiano por parte de grupos ou indivíduos desviantes ajuda-nos a iluminar, como casos limites, a rotina e os mecanismos de conservação e dominação existentes.

Vale a pena insistir no caráter relativo da noção de familiar e exótico, especialmente na nossa sociedade. A comunicação de massa – jornal, revista, rádio, televisão – traz fatos, notícias de regiões e grupos espacialmente distantes mas que podem se tornar familiares pela frequência e intensidade com que aparecem. Basta pensar, por exemplo, no *jet-set* internacional e nos artistas de Hollywood como grupos com que um gigantesco número de indivíduos desenvolve uma certa familiaridade, sabendo detalhes mais ou menos verdadeiros a respeito de suas vidas, famílias, roupas, preferências etc. Por outro lado, recebemos com maior ou menor frequência notícias e imagens de lugares tradicionalmente definidos como exóticos – Índia, África etc. Há, sem dúvida, cenários e grupos dentro do próprio país ou até dentro da própria cidade de que muitas vezes nem ouvimos falar, que não são temas dos órgãos de comunicação de massa, às vezes por censura, muitas vezes por simples desconhecimento. Dessa forma, há indivíduos, situações, grupos de outras sociedades e culturas que nos são mais familiares do que muitas facetas e aspectos de nosso próprio meio, sociedade. Evidentemente coloca-se o problema de criticar essas noções e imagens mais ou menos estereotipadas que nos chegam através desses veículos e perceber como e quanto podemos conhecer sobre essas realidades espacialmente distantes.

De qualquer forma o familiar, com todas essas necessárias relativizações, é cada vez mais objeto relevante de investigação para uma antropologia preocupada em perceber a mudança social não apenas ao nível das grandes transformações históricas mas como resultado acumulado e progressivo de decisões e interações cotidianas.

7. O ANTROPÓLOGO PESQUISANDO EM SUA CIDADE: SOBRE CONHECIMENTO E HERESIA

A HISTÓRIA DA ANTROPOLOGIA, como a de qualquer área de conhecimento, pode ser interpretada como um processo contínuo de confrontação entre *ortodoxos* e *heréticos*. As posições individuais mudam continuamente em função das trajetórias, das etapas de carreira e de diversas transformações existenciais. Nem todos os jovens antropólogos são heréticos e nem os mais velhos são necessariamente defensores da ortodoxia. Em certas situações, aliás, a tendência pode ser exatamente a inversa.

Há algo de peculiar à antropologia ou, talvez, às ciências sociais em geral. No Brasil, sem dúvida, o seu processo de legitimidade é bem recente e está longe de se ter completado. Um físico é um cientista, um biólogo também, mas até que ponto se reconhece o antropólogo, não só em termos de senso comum mas mesmo no nível da comunidade científica propriamente dita? Por outro lado, cabe também perguntar se interessa ao antropólogo vestir o uniforme de *cientista* com todos os estereótipos a ele associados – o laboratório asséptico, o guarda-pó branco e, mais recentemente, computadores e parafernálias eletrônicas. Esta, afinal de contas, é apenas uma das imagens possíveis. Existe também a do *sábio* solitário mergulhado em bibliotecas, cercado de manuscritos, obras raras, velhos livros e jornais. É a imagem do *humanista* e do *pesquisador de gabinete*. Temos, ainda, a representação heroica do *antropólogo-sertanista*, desbravando territórios inóspitos, enfrentando toda série de desconfortos em nome do conhecimento e, em vários casos, em defesa dos grupos nativos. Outra imagem, menos gratificante, é a do antropólogo a serviço conscientemente, ou então como um boboca despolitizado, de poderosos interesses voltados para a pilhagem dos pobres e oprimidos. É representado como ponta de lança do colonialismo, imperialismo, agente do Estado opressor ou das multinacionais.

Sem dúvida, é um quadro confuso, contraditório e capaz de provocar bastante ansiedade em qualquer profissional – jovem, maduro ou venerável. Portanto, volto à questão das peculiaridades da antropologia. Até que ponto é possível ser *ortodoxo* em uma área de conhecimento que nunca, na realidade, criou princípios realmente compartilhados por seus praticantes? Temos, por exemplo, a valorização do longo e meticuloso trabalho de campo *à la* Malinowski. Muitas vezes, quando perguntados sobre a especifidade de nosso trabalho dentro das ciências sociais, acionamos o tema da observação participante, do convívio prolongado com os grupos estudados, a paciente e perseverante estadia junto aos nativos. Sabemos, no entanto, que Lévi-Strauss passou semanas com os Nambiquara, Evans-Pritchard não mais de alguns meses com os Nuer e que Marcel Mauss só realizou uma rápida viagem de estudos a Marrocos, o que não impediu que construíssem obras ricas e definitivas. Seriam exceções, figuras ímpares, impossíveis de servirem de modelo devido a sua excepcionalidade? Ou seriam uma demonstração clara de que não há cânones nem regras rígidas em um trabalho que depende muito de sensibilidade e intuição? É claro que, por detrás destas rápidas estadias (segundo padrões malinowskianos), existia um sólido conhecimento provindo de anos de estudo e preparação. Chega-se ao óbvio – é impossível fazer boa antropologia sem ter um preparo teórico. Surgem outros problemas, no entanto: o que é um bom preparo teórico? O autodidatismo de Nimuendaju não desmentiria esta necessidade? É importante lembrar que o pesquisador alemão estava longe de ser pessoa inculta, embora sem formação acadêmica regular, e, além disso, manteve importante correspondência com Lowie, que, em várias ocasiões, fez muito mais do que sugerir ou dar indicações. Pode-se falar mesmo em trabalho associado dos dois pesquisadores.[1] Sem dúvida, viajantes e exploradores, como sir Richard Burton, não só reuniram dados mas fizeram interpretações altamente relevantes para o desenvolvimento da antropologia. Há ainda vários exemplos de jornalistas e escritores cujos trabalhos, de várias maneiras, anteciparam ou foram além dos de cientistas sociais treinados. Ou seja, é claro que em muitos casos uma formação acadêmica não é suficiente para produzir bons pesquisadores e intérpretes da vida social e estes não são necessariamente profissionais de formação regular. Há, portanto, mais uma obviedade a ser constatada – não existe a *formação acadêmica* para um antropólogo. Estamos ainda engatinhando, discutindo fórmulas, maneiras, estilos e nos envolvendo em contínuas polêmicas com alunos e com colegas. Mas isto é sobretudo uma questão interna. A antropologia tendeu a apresentar uma fachada para uso externo onde o interesse pelo exótico e distante, o penoso trabalho de campo e um certo tipo de bibliografia clássica constituíam as marcas de diferenciação. Isto se explica por *n* razões.

A necessidade de constituir uma identidade própria, demarcar fronteiras institucionais, departamentais, a luta por recursos, faz com que encontremos no mundo acadêmico-universitário uma tendência à especialização e à diferenciação que não pode *apenas* ser explicada pela crescente complexificação do conhecimento. Pode-se imaginar que a escassez de recursos possa provocar, em certos casos, uma aglutinação e fusão de grupos e setores em unidades mais amplas e diversificadas. Mas, de um modo geral, esta não tem sido a direção mais frequente contemporaneamente.

LONGE DE MIM PRETENDER esvaziar o trabalho antropológico de sua especificidade. Pelo contrário. Mas acho que deve ser entendido de forma mais complexa tanto para uso interno como externo, se é que existe necessidade desta dualidade.

Já discuti a questão da *distância* como possível variável propiciadora de maior isenção e objetividade.[2] O ponto básico é que distância, assim como proximidade e familiaridade, são noções que devem ser relativizadas e colocadas no contexto adequado de discussão. Familiaridade e proximidade física não são sinônimos de conhecimento, assim como viajar milhares de quilômetros não nos torna livres de nossa socialização, com seus estereótipos e preconceitos. Estes atuarão em outros contextos diante de novos objetos. Ou seja, ir para outra sociedade e/ou cultura não nos transforma em tábulas rasas. É claro que são níveis diferentes de envolvimento e, em princípio, poderemos estranhar situações e fatos que são *naturais* para o nativo. Mas se este estranhamento não for elaborado, poderá ser apenas uma reação preconceituosa de espanto diante do inusitado. Poderemos privilegiar dados que dentro da cultura em pauta tenham outro peso e significado pois são *naturais*. Daí a importância de procurar perceber como os indivíduos da sociedade investigada constroem e definem a sua realidade, como articulam e que peso relativo têm os fatos que vivenciam. Ora, o ponto que enfatizei em "Observando o familiar" é que dentro de nossa própria sociedade existe, constantemente, esta experiência de estranhamento. Vivemos experiências restritas e particulares que tangenciam, podem eventualmente se cruzar e constantemente correm paralelas a outras tão plenas de significado quanto as nossas. A possibilidade de partilharmos patrimônios culturais com os membros de nossa sociedade não nos deve iludir a respeito das inúmeras descontinuidades e diferenças provindas de trajetórias, experiências e vivências específicas. Isto fica particularmente nítido quando fazemos pesquisa em grandes cidades e metrópoles onde a heterogeneidade provinda da divisão social do trabalho, a complexidade institucional e a coexistência de numerosas tradições culturais expressam-se em visões de mundo diferenciadas e até contraditórias.[3] Sob uma perspectiva mais tradicional poder-se-ia mesmo dizer que é exatamente isto que permite ao antropólogo realizar investigações na sua própria cidade. Ou seja, há distâncias culturais nítidas internas ao meio urbano em que vivemos, permitindo ao "nativo" fazer pesquisas antropológicas com grupos diferentes do seu, embora possam estar basicamente próximos. Não foi à toa que alguns dos primeiros trabalhos de antropologia urbana foram estudos de minorias étnicas, imigrantes e, mais tarde, de grupos desviantes, em se tratando de trabalhos realizados na sociedade do investigador. Não é, no entanto, uma questão pacífica pois, ao lado das diferenças, existiriam para vários teóricos certas características comuns que, definindo uma cultura, envolveriam todos os seus membros em uma rede de significados específica, em contraste com *outras culturas*. A ideia básica é que a sociedade é um *sistema anterior*, em termos lógicos, pelo menos, às diferenças e divergências, que só podem ser entendidas em função da lógica do *todo já dado*. Assim, de alguma forma, mesmo os comportamentos mais contraditórios seriam de alguma maneira *complementares*, ao nível do funcionamento da totalidade.[4] O problema do antropólogo, neste caso, seria ir além da percepção das diferenças e mesmo dos conflitos para captar a lógica que define a especificidade da experiência de um sistema cultural particular. Sem nenhum sentido pejorativo que, obviamente, não cabe, como assinala Da Matta,[5] esta perspectiva seria mais *funcionalista* do que as que veem a sociedade como consequência, produto nunca acabado da interação e negociação da realidade efetivadas por grupos e mesmo indivíduos cujos objetivos e interesses são, em princípio, potencialmente divergentes. As instituições, sob este ponto de vista, nunca expressam consenso mas sim um equilíbrio instável e precário que deve ser sempre percebido através de sua dimensão política de negociação e dominação.[6] Isto não significa que não existam áreas de consenso e regras partilhadas que permitem a própria continuidade da vida social. A eficácia e a persistência destes mecanismos constituiriam em questão em aberto.

De um modo geral, mas mais dramaticamente para quem estuda sua própria sociedade, coloca-se o problema de como o antropólogo vai enfrentar seus limites de homem de uma cultura ou de uma classe, segmento ou grupo social. Seja como participante do todo mais abrangente, seja como membro de uma de suas partes, sua visão de mundo estará marcada e, de alguma maneira, comprometida. Que tipo de trabalho é possível nestas condições? Quão confiável é o tipo de conhecimento obtido dentro deste quadro?

Ora, seja estudando Esquimós, índios do Xingu, camponeses, operários ou membros de seu próprio grupo, o pesquisador sempre terá que se defrontar com dois aspectos ou características de qualquer investigação antropológica. Como mostra Geertz seu trabalho é de natureza *interpretativa*. Não uma interpretação de dados brutos, "objetivos" e "naturais", mas uma *interpretação de interpretações*. O antropólogo lida e tem como objetivo de reflexão a maneira como culturas, sociedades e grupos sociais *representam*, *organizam* e *classificam* suas experiências. Neste sentido sua tarefa consiste em captar o *arbitrário* cultural que define toda e qualquer sociedade. O problema teórico com que nos defrontamos é perceber a abrangência destes sistemas de classificação e representações. Interpretar o arbitrário que caracteriza e distingue experiências culturais é tarefa complexa em qualquer investigação antropológica, seja qual for a distância envolvida. Mas com isso não nego a existência de problemas metodológicos particulares de que deve estar consciente o antropólogo de sua própria sociedade. De qualquer forma ele partilha representações com círculos mais amplos. Volta-se à questão clássica mannheimiana sobre as possibilidades de o intelectual alçar-se, desprender-se de suas determinações sociológicas mais imediatas, atingindo uma visão mais globalizadora e abrangente. Talvez a posição do antropólogo seja muito específica, mas é possível que, de certa maneira, constitua um caso-limite dentro da *intelligentsia*. Isto porque para realizar seu trabalho precisa permanentemente manter uma atitude de *estranhamento* diante do que se passa não só à sua volta como com ele mesmo. Não encaro isto como uma superioridade mas como uma especificidade. O que outros intelectuais, inclusive artistas, muitas vezes conseguem – perceber o arbitrário da vida social –, para o antropólogo coloca-se como característica permanente e pré-requisito para a realização de seu trabalho. O movimento mais dramático coloca-se quando o pesquisador volta-se para o seu próprio cotidiano neste processo de *estranhamento*. Isto é possível, sem necessariamente levar à loucura, porque a vida social e a cultura se dão em *múltiplos planos*, em várias *realidades* que estão referidas a *níveis institucionais* distintos. O indivíduo na sociedade moderna move-se entre esses planos, realidades, níveis e constitui sua própria identidade em função deste movimento. Enquanto na sociedade tradicional, segundo a ótica de Dumont, categorias sociológicas mais amplas englobam e definem o indivíduo biológico que não assume a posição de unidade significativa, na sociedade moderna o individualismo torna-se a ideologia dominante. É a partir justamente daí que é possível haver e fazer antropologia. O indivíduo destacado das instituições que o englobavam, representado como sujeito, ganha as condições para o estranhamento. Este se expressa, por exemplo, através do herói romântico que constrói sua identidade como uma história peculiar que o distingue da família e de outros indivíduos. Trata-se do desenvolvimento da noção de biografia, onde a subjetividade individual assume um significado e importância jamais vistos. O indivíduo tem um valor em si mesmo, por si mesmo, e tudo se torna significativo em função da maneira como ele elabora subjetivamente a realidade à sua volta. É a sua experiência individual que é relevante, atravessando as fronteiras físicas e simbólicas de sua rede de parentes, comunidade etc. Ora, o antropólogo não só vive como qualquer contemporâneo a possibilidade da experiência do *estranhamento*, mas é para isto treinado e preparado, embora este processo de socialização nem sempre esteja claro para os que dele participam, quer como discípulos quer como mestres. Ao ter acesso à já mencionada *bibliografia clássica*, ao tomar conhecimento da etnografia de culturas as mais diversificadas, o estudante vai, aos poucos, acumulando um potencial de estranhamento em relação às suas próprias vivências. Isto pode variar muito em termos individuais e creio que ainda não sabemos explorar este potencial, em grande parte devido aos preconceitos de profissionais que insistem que "antropólogo tem é que estudar índio". Ora, é óbvio que acho que a antropologia nunca deve se afastar das sociedades tribais e tradicionais. Pelo contrário, deve mantê-las não só como objetos de pesquisa e reflexão por si mesmas mas como referências básicas que permitem manter a preocupação *comparativa* como característica essencial de nosso trabalho. Mas, por outro lado, não há como fugir nem retardar mais o processo de assumir o estudo antropológico de nossa sociedade e cultura como tarefa fundamental. Neste sentido o intercâmbio com outras disciplinas e áreas de conhecimento como a história, a filosofia, a arqueologia etc. é indispensável.

Já temos hoje resultados acumulados suficientemente ricos e significativos para servir de suporte e apoio. Há que reunir e discutir estes trabalhos, fazer críticas e autocríticas, não desanimar diante das dificuldades e derrotas normais em qualquer nova etapa de desenvolvimento de uma disciplina. Há que valorizar as contribuições específicas que a tradição e o método antropológicos têm a oferecer para a compreensão da sociedade moderna, particularmente a brasileira, complementando outras perspectivas e abordagens.

A antropologia tem grande vantagem de ter uma saudável tradição de ceticismo e crítica que pode nos ajudar a rever e superar as ideias velhas e preconceituosas. Não creio que o estudo da própria sociedade seja uma heresia dentro da trajetória da reflexão antropológica mas significa, sem dúvida, uma ampliação e complexificação de nosso campo de estudos. Logo é uma tarefa a ser assumida com todos os riscos e desgastes que envolve.

8. Projeto, emoção e orientação em sociedades complexas[1]

A natureza das sociedades complexas

O estudo de sociedades complexas traz problemas bastante perturbadores para uma tradição antropológica criada a partir de uma experiência com sociedades de pequena escala e de cultura relativamente homogênea. O primeiro e grave risco metodológico é, ao isolar, por motivos de estratégia de pesquisa, segmentos ou grupos da sociedade, passar a encará-los como unidades *realmente* independentes e autocontidas. Sem dúvida, efetuar cortes dentro de um vasto e complexo universo articulado, pelo menos em certas áreas e domínios, é um movimento intelectual marcantemente diferente de analisar unidades mais óbvias como tribos isoladas. É evidente que depois de décadas de pesquisa etnológica vários autores já demonstraram como essa "naturalidade" do isolamento pode ser ilusória e como grupos aparentemente isolados podem fazer parte, de várias maneiras, de um sistema mais amplo em termos econômicos, políticos e culturais.[2] Por outro lado, a própria unidade e/ou homogeneidade de sociedades tribais ou "não complexas" só pode ser aceita com fortes restrições, fazendo todas as ressalvas quanto ao nível ou dimensão da vida sociocultural a que estamos nos referindo e com que outro tipo de sociedade comparamos quando falamos de menor complexidade. Esta, seja em termos sociais ou culturais, no tocante às sociedades tribais de pequena escala, já foi também amplamente revelada e demonstrada por diversos estudiosos.[3] Evidentemente as fronteiras entre uma sociedade "não complexa" e uma complexa são sempre arbitrárias e problemáticas. Que critérios e variáveis serão determinantes? A divisão social do trabalho atingindo um grau X de especialização? O aparecimento de classes sociais nos termos de Engels? O desenvolvimento da vida urbana? O aparecimento da escrita? O advento do Estado? Algum tipo de desenvolvimento tecnológico *à la* Leslie White? As preferências e ênfases variam na avaliação de qual desses fatos ou variáveis pode ter um papel mais crucial na caracterização de uma sociedade complexa. Sem querer inventar nada de novo ou original, gostaria que ficasse claro, quando me referir neste artigo a sociedade complexa, que tenho em mente a noção de uma sociedade na qual a divisão social do trabalho e a distribuição de riquezas delineiam *categorias sociais distinguíveis com continuidade histórica,* sejam classes sociais, estratos, castas. Por outro lado, a noção de complexidade traz também a ideia de uma *heterogeneidade cultural* que deve ser entendida como a coexistência, harmoniosa ou não, de uma pluralidade de tradições cujas bases podem ser ocupacionais, étnicas, religiosas etc. Obviamente existe uma relação entre estas duas dimensões – a divisão social do trabalho e a heterogeneidade cultural. É questão importante a verificar quando e como as diferentes tradições culturais de uma sociedade complexa podem ou devem ter como explicação a divisão social do trabalho. As categorias sociais daí surgidas, quer em termos de sua posição em relação aos meios de produção (por exemplo, proletariado e burguesia), quer em termos estritamente ocupacionais (médicos, carpinteiros, advogados, empregadas domésticas etc.) e que tenham um mínimo de continuidade temporal, tendem a articular suas experiências comuns em torno de certas tradições e valores. O problema, mais uma vez, é verificar o *peso relativo* dessa experiência em confronto com outras como a identidade étnica, a origem regional, a crença religiosa e a ideologia política. Uma questão interessante em antropologia é, justamente, a procura de localizar experiências suficientemente significativas para criar fronteiras simbólicas. Nos estudos de grupos desviantes sempre é um problema crucial perceber se e quando indivíduos que partilham preferências por comportamentos condenados ou discriminados desenvolvem uma identidade comum e solidariedade. Em minhas pesquisas sobre uso de tóxicos em camadas médias altas ficou claro, ao contrário do que se imagina comumente, que muitas vezes a identidade de *grupo de status* baseada em um estilo de vida e prestígio social ligado às famílias de origem era muito mais forte que uma possível solidariedade surgida do uso de tóxicos. Em outros termos o fato de partilhar uma situação de relativa clandestinidade e perigo não fazia com que o jovem oriundo de camada média alta fosse sempre se identificar mais com outro usuário de tóxico, de origem mais modesta, do que com um não usuário *careta*, mais próximo quanto a sua origem e *background* familiares.[4] A gramática e lógica do desempenho de papéis pode ser discrepante dentro de uma subcultura e perfeitamente razoável em outra. Lembro-me de como um antropólogo americano se espantou ao saber que um dos grupos de usuários que eu estudara apresentava uma variação etária entre 12, 13 e até mesmo quase 30 anos, coisa que ele jamais tinha registrado nos EUA. Certamente no caso em pauta havia toda uma outra gama de variáveis que permitia uma aproximação independentemente do mero uso de tóxicos. O fato importante é que estamos lidando com conjuntos de símbolos que vão ser utilizados pelas pessoas nas suas interações e opções cotidianas, num processo criativo ininterrupto, havendo alguns mais eficazes e duradouros do que outros. A relação entre o desempenho de papéis e esses conjuntos de símbolos constitui uma questão estratégica para a antropologia social.

A sociedade complexa moderno-contemporânea

É preciso, então, uma vez colocado de forma muito geral o que estou entendendo por sociedade complexa, admitir que de qualquer forma continua-se lidando com situações e tipos de sociedade muito heterogêneos. Mais uma distinção torna-se importante – entre as sociedades complexas tradicionais e as modernas, industriais. A Revolução Industrial, propriamente dita, criou um tipo de sociedade cuja complexidade está fundamentalmente ligada a uma acentuada divisão social do trabalho, a um espantoso aumento da produção e do consumo, à articulação de um mercado mundial e a um rápido e violento processo de crescimento urbano.[5] Quando estiver falando em sociedade complexa industrial moderna estou me referindo ao tipo de sociedade surgida desse processo.[6] As sociedades complexas industriais modernas abrangem, em princípio, um maior número de indivíduos devido ao desenvolvimento das forças produtivas. O aperfeiçoamento da técnica e da ciência aplicadas à agricultura proporciona maior disponibilidade de alimentos. O desenvolvimento da medicina, o aparecimento da vacina e de outras técnicas baixaram o nível de mortalidade. Com isso a população cresceu em função da modernização e da disseminação desses recursos. Esse aumento do número de pessoas, embora por si só não seja suficiente para distinguir a sociedade complexa moderna industrial de outros tipos de sociedade complexa, é, no entanto, uma característica marcante. A existência de cidades com 10 e 15 milhões de habitantes, por exemplo, só pode ser compreendida dentro do quadro surgido da Revolução Industrial com suas inovações tecnológicas, melhoria do sistema de transportes, volume de recursos e organização da produção. A grande metrópole contemporânea é, portanto, a expressão aguda e nítida desse modo de vida, o *locus*, por excelência, das realizações e traços mais característicos desse novo tipo de sociedade.

Os trabalhos de Simmel e Wirth, entre outros, chamaram atenção para essa especificidade da vida metropolitana, com sua heterogeneidade e variedade de experiências e costumes, contribuindo para a extrema fragmentação e diferenciação de papéis e domínios, dando um contorno particular à *vida psicológica individual*.

Fronteiras culturais

Em qualquer sociedade e/ou cultura é possível distinguir áreas ou domínios com um certo grau de especificidade. É importante, no entanto, para o antropólogo verificar como os próprios nativos, indivíduos do universo investigado, percebem e definem tais domínios, para não cairmos na armadilha muito comum de impormos nossas classificações a culturas cujos critérios e crenças possam ser inteiramente diferentes dos nossos ou que possam parecer semelhantes em certos contextos para diferirem radicalmente em outros. Isso não significa, obviamente, que o pesquisador só possa analisar uma sociedade a partir do próprio sistema classificatório nativo. As ciências sociais desenvolveram conceitos e instrumentos de trabalho que são usados para comparar diferentes culturas e sociedades. Mas, como estamos preocupados com as categorias nativas, torna-se crucial saber, por exemplo, quando se está falando de *economia, política* ou *religião*, se estamos nos referindo a percepções do grupo que estudamos ou a conceitos particulares de nossa cultura, produtos de uma experiência sócio-histórica específica.

Por outro lado, é questão fundamental esclarecer o que entendemos por *outra cultura*. Quando e como podemos fixar os limites entre as diferentes experiências e tradições de grupos determinados? Mais uma vez, essa separação pode ser feita com maior facilidade se em termos físicos e geográficos pudermos, às vezes visualmente, distinguir um grupo de outro. Nem sempre isso é possível e a distância física, espacial, pode ser enganadora, especialmente no mundo contemporâneo.[7] Outros aspectos, dimensões, traços, podem ser as fronteiras mais significativas – a religião, a identidade étnica, a ideologia política etc. Fundamental para o antropólogo é perceber quais são as distinções importantes para o *nativo* que podem ser surpreendentemente diferentes das de sua cultura de origem.

Esse problema também se coloca e, sob certos aspectos, de forma muito dramática quando se examina internamente uma sociedade complexa. Onde estão a unidade e a descontinuidade? A existência de *tradições diferentes* coloca o problema da comunicação entre os grupos e segmentos delas portadores. Pode-se distinguir a existência de certos *temas*, de determinados *paradigmas culturais* mais significativos e que têm um potencial de difusão e contaminação maior do que outros. Tomando-se como referência qualquer sociedade, poder-se-ia dizer que ela vive permanentemente a contradição entre as *particularizações* de experiências restritas a certos segmentos, categorias, grupos e até indivíduos e a *universalização* de outras experiências que se expressam culturalmente através de conjuntos de símbolos homogeneizadores – paradigmas, temas etc. Na realidade, esse é, por excelência, o problema básico da própria existência do que chamamos de *cultura:* o que pode ser comunicado? Como as experiências podem ser partilhadas? Como a realidade pode ser negociada e quais são os limites para a manipulação de símbolos? Qual o grau de impermeabilidade às mensagens e como se mantêm subculturas? O que significa o desvio, o comportamento desviante enquanto manipulação ou rejeição de normas e regras dominantes? Qual a eficácia potencial da universalização de códigos particulares?

Classes sociais e universo simbólico

Entramos então em um problema crucial. Os indivíduos participam diferencialmente de códigos mais restritos ou mais universalizantes. Segundo Basil Bernstein, essa diferença (no caso de sua pesquisa, obviamente – Inglaterra, capitalista etc.) é resultado de relações específicas entre o modo de expressão cognitiva e experiências diferenciadas em função da classe social específica a que pertençam os indivíduos.[8] O autor distingue a classe média da classe trabalhadora, em termos de contextos socializadores, mostrando que a expressão cognitiva vai ser diferente em função do predomínio nas famílias de uma linguagem formal no primeiro caso e de uma linguagem pública no segundo. Cito, na íntegra, as suas definições que me parecem muito importantes e algo polêmicas:

O próximo fato a considerar é a maneira pela qual a ordem da comunicação, a modalidade de expressão da língua, modifica a percepção. É necessário distinguir em qualquer comunicação entre expressões não verbais de significado e expressões verbais de significado. O papel dos gestos, da expressão facial, do movimento de corpo e, em especial, do volume e do tom da voz do falante, serão denominados expressão "imediata" ou direta, enquanto as palavras utilizadas serão denominadas expressão "mediata" ou indireta. O importante é a ênfase colocada numa ou noutra modalidade de expressão e a natureza da forma da comunicação verbal. Então, se as palavras utilizadas fazem parte de uma linguagem que contém grande proporção de comandos sucintos, afirmações simples e questões onde o simbolismo é descritível, tangível, concreto, visual e de baixo grau de generalização, onde a ênfase está mais nas implicações emotivas do que nas implicações lógicas, então esta será denominada uma linguagem pública.

O uso da linguagem pela classe média é rico em qualificações pessoais e individuais, e sua forma envolve conjuntos de operações lógicas avançadas; volume, tom e outros meios não verbais de expressão, apesar de importantes, ficam em segundo plano. É importante compreender que inicialmente, na vida de uma criança de classe média, o fundamental não é o número de palavras ou a extensão do vocabulário, mas o fato de que a criança se torne sensível a uma forma particular de expressão indireta ou mediata, na qual o arranjo sutil de palavras e conexões entre sentenças expresse sentimentos. É essa forma de expressão que a criança originalmente se esforça para alcançar a fim de desfrutar uma relação completa com a mãe, e assim procedendo aprende a responder a uma forma específica de sugestões presentes na linguagem. Devido à importância desse tipo de relação mediata entre a mãe e a criança cria-se uma tensão entre esta e o meio que a circunda, surgindo então a necessidade de verbalizar suas relações de forma pessoal e individual. Portanto, bastante cedo a criança se torna sensível a uma forma de uso da linguagem que é relativamente complexa, a qual, por sua vez, age como uma estrutura dinâmica sobre sua percepção dos objetos. Essa modalidade de uso da linguagem será denominada formal. Foi afirmado anteriormente que a pressão interior a uma estrutura social de classe média para intensificar e verbalizar uma consciência de separação e diferença estimula a importância dos objetos no meio circundante. A receptividade a uma forma particular de estrutura da língua determina a maneira como são construídas as relações com os objetos e a orientação para uma manipulação própria das palavras.[9]

Há muitos problemas na colocação do autor. Não pretendo resolvê-los mas convém mencionar o risco envolvido de cair em uma espécie de "fatalismo sociológico" que faria com que, uma vez um indivíduo nascesse na classe média ou na classe trabalhadora, seu desenvolvimento emocional e intelectual estivesse definido e marcado. As próprias noções de classe média e trabalhadora são excessivamente vagas e podem escamotear diferenças internas consideráveis como, por exemplo, o tipo de trajetória social[10] ou a natureza da rede de relações sociais (*network*) em que se movem os indivíduos, mais ou menos aberta.[11] Ora, a experiência de mobilidade social, a ascensão ou descenso, introduz variáveis significativas na experiência existencial seja de pessoas oriundas da classe trabalhadora ou da classe média que são forçosamente diferentes de uma situação de estabilidade e permanência. Por outro lado, o contato com outros grupos e círculos pode afetar vigorosamente a visão de mundo e o estilo de vida de indivíduos situados em uma classe socioeconômica particular, estabelecendo diferenças internas. A interação com redes de relações mais amplas e diversificadas afeta o desempenho dos papéis sociais. Questão importante também a ser considerada é a própria noção de socialização. Se esta for encarada como um processo contínuo que atravessa a vida adulta, ligado a vários tipos de experiência existencial como casamento, carreira etc., pode-se duvidar ainda mais de um determinismo de classe de origem.[12] Há que lembrar ainda toda a problemática da comunicação de massa que, sem cair em exageros, tem algum efeito de difusão de informações e hábitos. De qualquer forma não há dúvida de que Bernstein coloca um problema central para o estudo das sociedades complexas – a descontinuidades sociológicas correspondem diferenças no uso da linguagem e na expressão cognitiva.

Admitindo-se que Bernstein possa cair num certo "fixismo" classista e que, portanto, possa ser discutível o peso que dá às diferenças de classe na constituição de um universo simbólico e da expressão cognitiva, é importante para a nossa discussão perceber a relação entre *emoção* e *expressão da emoção* através de uma linguagem mais ou menos *universalizante.* O peso específico da origem da classe neste processo precisa ser verificado e pesquisado em confronto com outras dimensões da vida social. Em termos mais gerais, trata-se de colocar o problema de como os indivíduos expressam suas emoções e sentimentos através da linguagem verbal. Há várias questões associadas. Uma é sobre a capacidade desenvolvida e/ou valorizada de dizer, comunicar, através de palavras e frases, o que está sendo sentido. Indissoluvelmente ligado a isso é saber a quem que é transmitida a informação. Em termos de uma análise de cultura há que delimitar campos de comunicação que serão maiores ou menores em função do grau de universalização da linguagem utilizada. Por exemplo, o que significa a frase "Estou deprimido" para diferentes segmentos da sociedade brasileira? A noção de *depressão,* embora não seja exclusiva, está muito vinculada a um tipo de camada média urbana relativamente intelectualizada e bastante "psicologizada". Isso não significa, obviamente, que indivíduos de outras categorias sociais não fiquem deprimidos, mas sim que existem trajetórias e experiências sociais mais ou menos delimitadas socialmente que produzem universos que utilizam com mais frequência ou elaboram certas expressões, frases, cujo sentido está fortemente vinculado e marcado por essas fronteiras sociológicas. Ou seja, a expressão "estar deprimido" pode não fazer sentido para certas categorias sociais que têm seus universos simbólicos e representações mais apoiados em outros tipos de linguagem e em outros domínios culturais. Já se alguém fala que está deprimido em um bar do Leblon há um entendimento básico imediato. "Doença de nervos" é uma expressão usada em camadas de renda mais baixa que cobre uma grande variedade e diferentes estados emocionais, sob o prisma de camadas médias intelectualizadas e "psicologizadas". Nesse universo, a pessoa pode estar deprimida, neurótica, rejeitada, obcecada, paranoica, descontrolada, instável, louca, com mania de perseguição, pirada, em crise, angustiada etc. Isso não exclui que o mesmo universo que possa ter um vocabulário relativamente pobre quanto à descrição de estados emocionais possa, por outro lado, expressar-se verbalmente com muita riqueza em relação a outros temas como trabalho, sexualidade, esporte, samba etc. Assim, ao lado da questão de Bernstein referente a usos de linguagem mais ou menos universalizantes, há que perceber quais são, dentro dos diferentes segmentos de uma sociedade complexa, os *temas* valorizados, as escalas de valores particulares, as vivências e preocupações cruciais. Isso não elimina a constatação de Bernstein de que os desempenhos na aprendizagem variam em função de um prévio adestramento na utilização de uma linguagem verbal e de que as classes trabalhadoras revelam maiores dificuldades. Em outro nível é a mesma coisa que Bourdieu diz ao mostrar a reprodução das elites através de um domínio de um código cultural específico de que estão excluídas total ou parcialmente as camadas menos privilegiadas.[13]

Voltando às emoções, obviamente não se está dizendo que as elites se emocionam mais que o povo, mas sim que para elas a *emoção*, assim como toda a experiência individual, a biografia, constituem preocupações e temas centrais, desenvolvendo portanto todo um vocabulário e um discurso cheios de matizes e meios-tons. Dorith Schneider, tomando um caso-limite – o dos alunos excepcionais –, comenta, comparando:

> Quanto ao que se refere aos AEs, mostrarei na seção seguinte que são desviantes, porque o rótulo do desvio foi, com sucesso, a eles sobreposto. Que assim são as coisas, talvez já tenha sido demonstrado, pelo fato de que na maioria das escolas privadas (frequentadas por crianças das classes média e alta, em contraposição às escolas primárias públicas) não há AEs. Quero ser mais específica: não é que alguma lei especial da natureza tenha abençoado as classes superiores com uma prole mais inteligente. Crianças cujo aprendizado é lento são, é claro, encontradas em todas as classes. Mas quando uma criança de classe média se atrasa na escola, os pais agem imediatamente, isto é, pagam aulas particulares, consultam um psicanalista etc. Tanto a escola quanto os pais tentam "compreender". Descreve-se a criança como "apenas" provável portadora de distúrbios emocionais. Nenhuma categoria especial é criada na escola e nenhum estigma é sobreposto a tomar aulas particulares ou a consultar um analista. O desvio não é institucionalizado. Portanto, não se encontrarão, oficialmente, crianças de aprendizado lento (AEs) nas escolas privadas; não tendo sido como tal definidas, não existem, portanto, sociologicamente falando.[14]

Os alunos de camadas de renda mais baixa têm não só, em princípio, maiores dificuldades para obter um desempenho satisfatório, como não dispõem dos recursos e apoios que os de camada mais altas têm fora da escola. Não se trata apenas da dimensão material propriamente dita mas da própria importância relativa do *desempenho individual* em famílias pobres. Não só pode ser diferente mas o seu contexto de avaliação, em princípio, vai diferir. Para uma família que vive em situação de penúria pode ser relativamente pouco importante a reprovação do filho na escola comparada com sua necessidade de dispor de mão de obra para atender às necessidades mais elementares de sobrevivência. Já num contexto de camada média com projeto de ascensão social o fraco rendimento escolar de um filho é vivido como uma real ameaça a sua própria identidade.[15]

Nesse ponto coloca-se a questão de saber até que ponto *projetos individuais* são reconhecidos como legítimos e "naturais". Sob uma perspectiva de camada média intelectualizada nada mais "natural" do que a ideia de que cada indivíduo tem um conjunto de potencialidades peculiar que constitui sua marca própria e que a sua história (biografia) é a atualização mais ou menos bem-sucedida daquelas. Sem dúvida isso não significa que não exista a problemática da individualidade nas camadas proletárias, por exemplo. Mais uma vez trata-se de uma questão de dominância e contexto. Enquanto em certas culturas ou subculturas o indivíduo é o foco ideológico central, isso não acontece em outras em função de peculiaridades econômicas, políticas e simbólicas. Ora, tenho plena consciência dos riscos desse tipo de colocação. Uma das grandes conquistas das ciências sociais foi o humanismo antropológico antirracista, que retomava de certa forma o discurso iluminista ao enfatizar o valor das especificidades de cada cultura, procurando descobrir por detrás delas um ser humano universal. Trata-se de buscar a igualdade na diversidade. No entanto, pode-se ir mais longe na busca de consequências dos dados e análises antropológicas mais recentes.

Indivíduo, individualismo e projeto

Afinal de contas essa tem sido a problemática central da obra de Louis Dumont. Ao estudar a Índia e compará-la com o Ocidente moderno, mostrou como na cultura hindu a ideia de indivíduo é subordinada à de *todo* e à de *hierarquia.* Ao estudar diretamente o Ocidente, examinou a gênese da noção de indivíduo enquanto categoria dominante, acompanhando o desenvolvimento desse conjunto de ideias especialmente a partir dos séculos XVII e XVIII.[16] Um problema central na obra de Dumont é o alto nível de generalidade e abstração com que trabalha. Por isso mesmo é capaz de recuperar uma *antropologia comparada*, ao nível de culturas e civilizações. Mas, quando a pesquisa e a investigação se aproximam de conjunturas históricas específicas e do *nível etnográfico propriamente dito*, há que tomar cuidado para não utilizarmos canhões para enfrentar passarinhos. Dumont, por exemplo, situa a Idade Média ocidental como uma cultura em que a religião era o elemento ordenador e totalizador de uma visão de mundo hierarquizada em que os agentes empíricos (indivíduos biológicos) estavam enquadrados em categorias sociais mais amplas, as *ordines*, por exemplo. A noção de indivíduo como a conhecemos contemporaneamente seria inteiramente subordinada. A voo de pássaro, num nível de generalização bastante elevado, creio que Dumont aponta com precisão importantes diferenças culturais na história do Ocidente. Mas, quando a investigação se aproxima de conjunturas ou situações mais limitadas, há que primeiramente relativizar essas afirmações. A religião como totalidade pode ser problematizada a partir dos movimentos heréticos, constantes e numerosos durante quase toda a Idade Média. Ainda assim, poder-se-ia alegar que, com a heresia, permanece-se ao nível de uma *linguagem religiosa* e que os campos político e econômico permaneceriam inseridos no religioso e a individualidade subordinada a uma hierarquia e cosmologia religiosas.[17] Mas no século XII já surgem situações que, pelo menos, complexificam essa discussão. Nesse período aparece com nitidez um conflito entre o campo religioso e o político propriamente dito. A luta entre Frederico II e o Império contra o Papado, as lutas entre guelfos e gibelinos expressam com nitidez o choque não apenas entre diferentes concepções religiosas mas entre campos ou domínios distintos. Não se esgotam ao nível de conflito entre instituições mas também entre visões de mundo e linguagens altamente diferenciadas.[18] Outro exemplo do século XII, estudado por Victor Turner, é o choque entre Henrique Plantageneta e Thomas Becket, em que as razões de Estado e uma visão de mundo religiosa se configuram conflitantes, provocando violenta cisão ao nível das elites dirigentes.[19] Quanto à relação entre indivíduo e hierarquia pode-se mencionar o movimento intelectual dos Goliardos, que, na falta de melhor classificação, poder-se-ia denominar "anarquista", denunciando as normas e convenções da época, exaltando a carne e a sensualidade em detrimento de uma espiritualidade cavalheiresca, recusando a hierarquia e valorizando a experiência individual.[20] O episódio de Abelardo e Heloísa também é do século XII, constituindo-se num dos pilares de sustentação do paradigma do amor entre homem e mulher, desafiando costumes, convenções e interesses, anunciando o *Romeu e Julieta* de Shakespeare do século XVI. Como mostram Viveiros de Castro e Araújo, a noção de amor está indissoluvelmente ligada à noção de indivíduo, onde a escolha, opção fora dos ou contra os grupos e categorias sociais é fundamental.[21] Essa tendência vai encontrar plena expressão nos ideais românticos do século XIX, na literatura, música etc. A noção de que os indivíduos escolhem ou podem escolher é a base, o ponto de partida para se pensar em *projeto*. Portanto, sempre tendo como referências as obras de Dumont e Mauss,[22] há que reconhecer que, mesmo nas culturas mais "totalizadas" ou organizadas em termos de hierarquia, há a possibilidade de individualização, como no caso dos renunciantes na Índia.[23] Há vários exemplos históricos também de como sociedades tradicionais em que as coisas e pessoas pareciam estar no lugar certo e adequado podem modificar-se com verdadeiras comoções, sob o estímulo de incidentes aparentemente banais. Esses que muitas vezes parecem ser de origem externa podem servir para explicitar e botar a nu graves tensões existentes na ordem e hierarquias tradicionais. Os movimentos messiânicos podem ser os veículos desse tipo de fenômeno. Os profetas e líderes messiânicos aparecem como tendo *experiências individualizadoras radicais*, como mostra Philip Kuhn no caso da rebelião Taiping.[24] Exemplos semelhantes podem ser encontrados no Brasil nos casos de Canudos e Contestado.[25] Por outro lado, também nas modernas sociedades industriais individualistas encontram-se dimensões e instâncias desindividualizadoras. Sem contar a religião, que permanece como possibilidade para amplas camadas sociais, embora tenha perdido sua dominância em relação à Idade Média, há outras alternativas de *desindividualização* através da carreira, da participação em certas instituições, da própria família. Ou seja, a multiplicidade de instituições da sociedade complexa contemporânea conduz esquematicamente a duas alternativas básicas. A individualização radical pode surgir exatamente da necessidade de o agente empírico ser obrigado a mover-se e manipular instituições, dimensões e "mundos" diferentes e possivelmente contraditórios.[26] Outra possibilidade, diante da angústia da opção e do desmapeamento, é o mergulho em um desses mundos cujos estereótipos podem ser o "cientista louco", o "burocrata ritualista", a "beata", a "mãe de família", embora, como se verá adiante, possa ser uma alternativa particularmente frágil em certos momentos. É claro que mesmo nesses casos a desindividualização não deixa de ser, em algum nível, uma *solução individual*, embora existam subculturas em que, sendo a desindividualização a regra, pouca margem possa haver para escolhas diferentes. Em toda sociedade existe, em princípio, a possibilidade da individualização. Em algumas será mais valorizada e incentivada do que em outras. De qualquer forma o processo de individualização não se dá fora de normas e padrões, por mais que a liberdade individual possa ser valorizada. Quando vai de encontro às fronteiras simbólicas de determinado universo cultural – ou as ultrapassa –, ter-se-á então, provavelmente, uma situação de *desvio* com acusações e, em certos casos, estigmatização.[27] Ou seja, há regras para a individualização, mais ou menos explícitas. Em grande parte das sociedades tribais, das tradicionais e das complexas tradicionais o agente empírico é basicamente valorizado enquanto parte de um todo – linhagem, família, clã etc. –, não se constituindo na unidade significativa. A sociedade de castas hindu, estudada por Dumont, seria o caso clássico. Mas, como foi exemplificado com a Europa do século XII, isso só pode ser entendido como tendência, em certas situações-dominância, mas nunca como uma anulação ou exclusão da individualidade em qualquer contexto. Os rituais são, de certa maneira, um mecanismo para tentar lidar com a permanente ambiguidade de fragmentação individual e totalização social.[28] Nada talvez expresse isso melhor do que o processo de nominação em nossa sociedade ocidental, individualista. João da Silva ou Mary Smith indicam um prenome individualizante e um sobrenome que inclui o indivíduo em uma categoria mais ampla, no caso, a família. É claro que mesmo o prenome não é inteiramente individualizante, pois pode ser homenagem a um pai, a um avô, a um padrinho etc. De qualquer forma, trata-se de um compromisso entre a individualização e a inserção em categorias mais amplas. A manipulação do nome, o nome "artístico", a supressão de sobrenomes, os apelidos etc. são formas de enfatizar ou marcar a individualidade, de sublinhar a particularidade. Por outro lado, a pergunta ainda muito comum em certos segmentos da sociedade brasileira "Qual é a sua família?" – "De que família você é?", "É de boa família?" – é uma forma de mapear, situando o agente empírico dentro de uma categoria mais ampla e significativa.

Projeto e campo de possibilidades

Logo, a possibilidade da existência de *projetos individuais* está vinculada a como, em contextos socioculturais específicos, se lida com a ambiguidade fragmentação-totalização. Quando, como e até onde são legitimados *projetos específicos individuais* são perguntas fundamentais para possibilitar um diálogo entre cientistas sociais e psicólogos, psicanalistas etc. Ou seja, se o indivíduo é tomado como dado da natureza, unidade real, nada mais lógico do que pressupor a possibilidade de projetos individuais. Já se o indivíduo é percebido como tendo uma dimensão fabricada culturalmente, que é acrescentada ao agente empírico (unidade biológica), há que relativizar a noção de *projeto individual*. É evidente que, nos termos de Schutz, havendo agentes empíricos há *conduta*, desde que esta não pressupõe um *projeto*. Quando há ação com algum *objetivo predeterminado* ter-se-á o *projeto*.[29]

Procurando juntar a problemática de Dumont com a de Schutz, pode-se perguntar quem é o *sujeito* do projeto. É claro que, até nas sociedades em que o indivíduo enquanto construção cultural é desenfatizado, o agente empírico em algum nível toma *decisões* e *age com objetivos predeterminados*. Mas, como se pode ver em Bernstein,[30] mesmo dentro de uma sociedade específica – no caso, em função da classe social –, pode haver forte variação quanto à ênfase e preocupação que é dedicada às peculiaridades, gostos, preferências, traços particulares dos agentes empíricos. Isso se associa não só a uma *visão de mundo* (ou um *eidos*) em que a noção de biografia é central, com uma concepção de tempo bastante definida, mas também a um *ethos*, um *estilo de vida*, uma *organização das emoções*[31] em que a experiência do agente empírico sacralizada como individual é foco e referência básica. Coloca-se como problema a relação entre projetos individuais e os círculos sociais em que o agente se inclui ou participa. A ideia central é que, primeiramente, reconhece-se não existir um projeto individual "puro", sem referência ao outro ou ao social. Os projetos são elaborados e construídos em função de experiências socioculturais, de um código, de vivências e interações interpretadas. Mas como se identifica um projeto? É claro que se podem deduzir as razões da conduta dos indivíduos, interpretar suas ações e especular sobre suas motivações. O problema é saber se o resultado obtido corresponde ao que os indivíduos, em pauta, realmente *projetaram*. Também é verdade que sempre haverá um *gap* entre uma ação que pode ser observada e descrita, registrada, e o que se passou ou passa na mente dos atores. Por mais precário que possa ser o método, é a verbalização, através de um discurso, que pode fornecer as indicações mais precisas sobre projetos individuais. Volta-se a Bernstein para refletir sobre a relação entre tipo de linguagem, mapas cognitivos e desempenho de papéis. Estabelece-se uma diferença entre projetos verbalizados e não verbalizados. É essencial frisar o caráter *consciente* do processo de projetar e que vai diferenciá-lo de outros processos determinantes ou condicionadores da ação que não sejam conscientes. Coloca-se o problema da reflexão e explicação que o sujeito faz sobre a sua ação e conduta. Se a ação se encerrou num *ato*, processo acabado, ter-se-á uma explicação referida a um tempo passado. A lógica da ação surge revelada explicitamente com ela já acabada. Num outro extremo, ter-se-ia a declaração de intenções do sujeito *antes* da ação, esta estando portanto no tempo futuro. A outra possibilidade é a explicação dada pelo sujeito *enquanto* ele age, paralelamente, no tempo presente.

De qualquer forma, o projeto não é um fenômeno puramente interno, subjetivo. Formula-se e é elaborado dentro de um *campo de possibilidades*, circunscrito histórica e culturalmente, tanto em termos da própria noção de indivíduo como dos temas, prioridades e paradigmas culturais existentes. Em qualquer cultura há um repertório limitado de preocupações e problemas centrais ou dominantes. Há uma linguagem, um código através do qual os projetos podem ser verbalizados com maior ou menor potencial de comunicação. Portanto, insistindo, o projeto é algo que pode ser comunicado. A própria condição de sua existência é a *possibilidade de comunicação*. Não é, nem pode ser, fenômeno puramente subjetivo. Há, sem dúvida, uma relação entre projeto e fantasias que não pretendo explorar aqui, mas o projeto para existir precisa expressar-se através de uma linguagem que visa o outro, é potencialmente público. Sua matéria-prima é cultural e, em alguma medida, tem de "fazer sentido", num processo de interação com os contemporâneos, mesmo que seja rejeitado.[32] Outra ideia importante é a de que os projetos mudam, um pode ser substituído por outro, podem-se transformar. O "mundo" dos projetos é essencialmente dinâmico, na medida em que os atores têm uma biografia, isto é, vivem no tempo e na sociedade, ou seja, sujeitos à ação de outros atores e às mudanças sócio-históricas. Diz Schutz:

> De qualquer maneira, há essa seleção de coisas e aspectos de coisas relevantes para mim em qualquer momento, ao passo que outras coisas e outros aspectos são por ora desprovidos de interesse para mim, ou estão ocultos. Tudo isso é biograficamente determinado, isto é, a situação real do ator tem sua história; é a sedimentação de todas as suas experiências subjetivas anteriores. Elas não são experimentadas pelo ator como anônimas, mas como dadas única e subjetivamente a ele, e somente a ele.[33]

Essa experiência da originalidade da experiência individual constitui um dos pontos centrais da relação entre ciências sociais e ciências do comportamento individual. Por mais que seja possível explicar sociologicamente as variáveis que se articulam e atuam sobre biografias específicas, há sempre algo irredutível, não devido necessariamente a uma essência individual mas sim a uma combinação única de fatores psicológicos, sociais, históricos, impossível de ser repetida *ipsis litteris*. Mas, mesmo que o ator viva a sua experiência como única, ele de alguma forma reconhece-se nos outros através de semelhanças e coincidências. Em certas culturas e/ou subculturas toda a atenção será dada às diferenças, enquanto em outras o foco privilegiado será a semelhança. Umas serão mais individualistas do que outras, na medida em que a unidade significativa de experiência for o indivíduo particular e idiossincrático, com suas peculiaridades sublinhadas.

Por outro lado, a racionalidade de um projeto é relativa desde que se alimenta de determinadas experiências culturais. Sua maior ou menor eficácia está, basicamente, circunscrita a determinado quadro sócio-histórico. O projeto, enquanto conjunto de ideias, e a conduta estão sempre referidos a outros projetos e condutas localizáveis no tempo e no espaço. Por isso é fundamental entender a natureza e o grau maior ou menor de abertura ou fechamento das redes sociais em que se movem os atores. Posso me inspirar em algum varão de Plutarco, mas tenho de levar basicamente em conta os meus contemporâneos com quem terei de lidar para procurar atingir meus objetivos. Serão aliados, inimigos ou indiferentes, mas serão seus projetos e condutas que darão os limites dos meus. Uns serão mais importantes do que outros, mais relevantes e significativos. Por mais esotérico e particular que seja, um projeto tem de se basear em um nível de racionalidade cotidiana em que expectativas mínimas sejam cumpridas.

As minhas emoções estão ligadas, são matéria-prima e, de certa forma, constituem o meu projeto. Há sentimentos e emoções valorizados, tolerados ou condenados dentro de um grupo, de uma sociedade. Há, portanto, maiores ou menores possibilidades de viabilizá-los, efetivá-los. Desejos "pecaminosos", emoções "inconvenientes", sentimentos "impróprios" são limitados e balizados pelas sanções e normas vigentes ou dominantes. Os padrões de normalidade legitimarão ou não dentro de uma situação particular as condutas e ações individuais. Um código ético-moral definirá o errado, inadequado, incestuoso, impróprio, sujo, poluído, perigoso que possa haver nos corações e mentes dos homens e nas suas condutas e interações. Assim, uma sociologia dos projetos tem de ser, em alguma medida, sociologia das emoções. Os antropólogos lidam constantemente com essa problemática. A área dos estudos de religião e rituais é um bom exemplo. Victor Turner coloca claramente em seus trabalhos a questão das crises individuais na análise de rituais.[34] Estudando, entre nós, a umbanda e o pentecostalismo, Fry e Howe dizem: "Sofrimento e aflição são genéricos a todas as sociedades e cada sociedade desenvolve formas institucionais para seu controle e resolução."[35] Sem querer entrar fundo em questões filosóficas sobre as motivações do comportamento humano, há um razoável consenso em torno do fato de que em toda sociedade os indivíduos procuram controlar o sofrimento físico e psicológico, ou reduzindo-o a um mínimo suportável (que obviamente variará) ou enquadrando-o dentro de modelos e paradigmas que o justifiquem ou mesmo expliquem. Sem dúvida, os dois movimentos são, em princípio, complementares ou até duas facetas do mesmo fenômeno. Isso não impede que indivíduos, em certos contextos, procurem o sofrimento, como se pode ver, por exemplo, na hagiologia cristã, nas histórias dos santos mártires ou nas privações do ascetismo oriental. Nesses casos, a procura de determinado tipo de dor, física ou psicológica, ou até a morte, estará dentro de paradigmas legitimizadores.[36] Ou seja, a sobrevivência individual não é necessariamente um objetivo dentro de qualquer projeto. Desde que todos os indivíduos, em alguma medida, se emocionam, resta a pergunta: em torno de que é despertada a emoção? Aí volta-se toda a problemática da ênfase maior ou menor na biografia, colocando-se a questão de os acidentes e incidentes da vida de um ator constituírem ou não o *locus* privilegiado da vida emocional. Pode-se argumentar que são tipos de emoção diferentes e que a pessoa que chora pela mulher amada pode também desesperar-se com a ascensão do fascismo, ou com a derrota de uma greve em outro país. Mas sabemos como ideários políticos, sistemas filosóficos ou crenças religiosas se diferenciam em função do valor que dão à experiência individual, podendo sacralizá-la como única, insubstituível e verdadeira, ou encará-la como fugaz, insignificante e irrelevante.

Papéis sociais, redes de relações e experiência cultural

O projeto, sendo consciente, envolve algum tipo de cálculo e planejamento, não do tipo *Homo oeconomicus*, mas alguma noção, culturalmente situada, de riscos e perdas quer em termos estritamente individuais, quer em termos grupais. Não há parâmetros universais para medir isso. O relativismo cultural permite, potencialmente, contextualizar os valores envolvidos em função de experiências sócio-históricas particulares. A racionalidade da conduta dos beatos de Canudos ou do Contestado não podia ser avaliada a partir do ponto de vista dos bacharéis da República Velha. Fanatismo e ignorância são os rótulos normalmente usados pelas elites dominantes para designar as condutas e valores dos grupos que elas oprimem, não compreendem e, em poucos casos, querem compreender, por motivos óbvios. Daí também a grande dificuldade contemporânea de psicanalistas e psiquiatras lidarem com indivíduos de classes e subculturas diferentes da sua, portadora de um saber oficial. Por mais que pretenda ser ciência universal com padrões objetivos de identificação de doenças, perturbações, psicoses, neuroses etc., esse campo do conhecimento está inevitavelmente marcado e balizado culturalmente. Suas referências, seus padrões de normalidade, sua avaliação de trajetórias e bem-estar pessoal estão inseridos em uma visão de mundo comprometida com certas ideias de eficiência, produtividade, associadas ao que se denomina "individualismo burguês", por mais problemático que possa ser este rótulo. Está ligado a um triunfalismo cientificista com forte sabor evolucionista. É claro que há muitas escolas e um sem-número de divergências entre psicólogos, psicanalistas etc. e que colocar tudo no mesmo saco envolve o risco de excessiva simplificação. Mas, em geral, a definição de realidade com que trabalham os terapeutas é bastante arbitrária, restrita e pouco sensível à diversidade das experiências socioculturais. Mesmo quando pretendem estar fazendo uma psicologia social ou revelam preocupações com fatores culturais, lidam quase sempre com essas dimensões como fatores residuais ou, no máximo, complementares. No caso brasileiro isso vai manifestar-se com toda a agudez no relacionamento com outras classes sociais, especialmente com as camadas de baixa renda onde as religiões de possessão e outros sistemas de crenças "exóticos", ligados a diferentes visões de mundo e *ethos,* constituem barreiras muitas vezes intransponíveis. Encontramos vários tipos de atitude frente a essas outras experiências culturais, desde um autoritarismo sem máscaras até formas mais sutis de paternalismo e manipulação. Em raras ocasiões o respeito vai além de uma certa simpatia folclorizante em que se admite que certas práticas médico-religiosas "podem até ter certa eficácia". Na realidade não sei se é possível ser médico, psicólogo ou psicanalista e, ao mesmo tempo, tentar ter uma visão de dentro de outros códigos ou subculturas. Talvez sejam coisas incompatíveis. De qualquer maneira, fica claro para o antropólogo como certas premissas e categorias com que trabalham os terapeutas são assimiladas de forma profunda e inultrapassável. A incompatibilidade se revela ao nível da prática profissional propriamente dita, o que não exclui que muitos médicos e outros profissionais liberais, em diferentes contextos, acreditem em práticas mágicas, mau-olhado, azar, fantasmas etc. Podem, mesmo, frequentar terreiros e centros na procura de resolução de seus problemas pessoais. Seria interessante pesquisar como, ao nível de projeto, indivíduos que exerçam ocupações e profissões "racionalistas" vivem esse outro lado "irracional", "místico". Talvez fosse possível chegar a uma tipologia de profissionais liberais mais ou menos bem-sucedidos, bem "integrados", e procurar relacioná-los em termos de *commitment*, adesão, comprometimento com sistemas de crenças populares. Na realidade, esse é um ponto essencial no estudo das sociedades complexas, especialmente no caso das modernas industriais. A diversidade e a fragmentação de papéis, em contraste com as sociedades simples de pequena escala, introduzem uma variável fundamental para se entender a noção de projeto. Diz Gluckman:

> Vou sugerir que podemos procurar explicar esta intensa ritualização da sociedade tribal a partir do fato de que cada relação social numa economia de subsistência tende a servir a múltiplos propósitos. Foi o que chamei de multiplex e Talcot Parsons, de difuso.[37]

> ... As sociedades modernas têm conflitos de tipos similares aos da sociedade tribal, mas eles estão dispersos em diferentes âmbitos de relações sociais: disputas por questões políticas e econômicas, por exemplo a distribuição de salários e lucros, normalmente não entram em relações familiares. A fragmentação das relações sociais isola âmbitos de conflitos sociais uns do outros, além de segregar papéis. Numa sociedade de pequena escala, cada questão pode ser ao mesmo tempo uma crise doméstica, econômica e política.[38]

Nesse tipo de sociedade as noções de maturidade, integridade, equilíbrio, coerência etc. precisam levar em conta essa fragmentação da experiência de que já falava Simmel.[39] Ao ter uma visão linear da personalidade e uma noção de indivíduo não relativizada, os terapeutas tendem a simplificar uma problemática muito complexa em que a compreensão do contexto é fundamental e não residual ou complementar. Entendendo a personalidade social como um *cluster of roles*,[40] há que entender os diferentes contextos em que são desempenhados os papéis para perceber a gramática e a lógica do comportamento individual, inclusive as possíveis incompatibilidades e contradições.

O projeto, creio, deve ser uma tentativa consciente de dar um sentido ou uma coerência a essa experiência fragmentadora. Como já foi dito antes, o individualismo é uma possível solução diante da diversidade de domínios e áreas. Outra seria o mergulho radical em um tipo de experiência que, a partir de certo momento, pelo fato de ser "totalizadora", prescindiria de maiores explicações – ela se justifica por si mesma. Você é ou não é um "cientista louco", uma "beata", um "burocrata ritualista" ou uma "mãe de família". Gluckman admite que mesmo nas sociedades urbanas modernas podem ser encontrados *pockets of social relations* em que papéis *multiplex* possam ser encontrados. Menciona convento, mosteiro ou um *college* universitário como tipos de instituição em que essa experiência mais típica de sociedade de pequena escala seria encontrada. Poder-se-ia ainda pensar em certos tipos de vizinhança, clubes, associações em que isso possa também ocorrer. Alguns autores como Goffman mostraram a importância da ritualização não só em instituições totais como em outras situações da sociedade moderna industrial.[41] O próprio Gluckman admite ter polarizado os dois tipos de sociedade, para procurar obter uma visão mais clara e precisa das diferenças.[42] A literatura sobre rituais com os trabalhos de Leach, Turner etc., e Da Matta, entre nós, já demonstrou de diversas maneiras como a ritualização existe e atua mesmo em situações de divisão social do trabalho acentuadas e diferenciação de papéis.

Juntando Gluckman com Simmel e Wirth, creio que, de qualquer forma, especialmente na grande metrópole, contrastando com sociedades de pequena escala – tribais, camponesas ou mesmo aldeias e cidades menores –, fica claro que a fragmentação de papéis e a heterogeneidade de experiências cria uma situação particular em termos existenciais. Há tipos de atores que, mesmo nesses ambientes, movem-se em círculos bastante fechados e em redes de relações restritas. Estão mais sujeitos do que em sociedades de pequena escala a invasões de seus mundos, a irrupções e crises ocasionadas pela proximidade física e sociológica com outros estilos de vida e definições de realidade. Contrastam, no entanto, com outro tipo de habitante da grande metrópole que vive permanentemente em contato com "mundos" e regiões morais[43] diferentes. Essas pessoas estão permanentemente recebendo estímulos e se deslocando entre ambientes e experiências variadas. Simmel sugeriu a personalidade *blasé*[44] como adaptação a esse estilo de vida, com toda a marca do individualismo. A minha hipótese é muito simples e retoma colocações anteriores. Quanto mais exposto estiver o ator a experiências diversificadas, quanto mais tiver de dar conta de *ethos* e visões de mundo contrastantes, quanto menos fechada for sua rede de relação ao nível do seu cotidiano, mais marcada será a sua autopercepção de *individualidade singular*. Por sua vez, a essa consciência da individualidade – fabricada dentro de uma experiência cultural específica – corresponderá uma maior elaboração de um *projeto*. Este será estimulado e encontrará uma linguagem própria para expressá-lo – a psicanálise, especificamente, e o discurso psicológico em geral, é em parte consequência e em parte criador desse tipo de individualismo. Cada vez mais fica difícil pensar um sem o outro. Ver-se como unidade significativa básica, procurando a sua "verdade", desenvolvendo suas potencialidades particulares, rompendo "simbioses", faz parte do credo analítico.[45] Daí as dificuldades de lidar com um discurso em que o sujeito não apareça com a mesma nitidez como no de um profissional liberal de classe média ou em que a verbalização possa ser secundária em relação a outros comportamentos expressivos como as técnicas de corpo, o uso de música, como é o caso de jovens das camadas médias e altas ligados ao que se chama às vezes de "contracultura". Portanto, não é só em relação às camadas de baixa renda que surgem problemas de impasses em termos de premissas, mas com qualquer visão de mundo em que o indivíduo não apareça com a mesma nitidez que a de um discurso humanista-burguês-terapêutico.

Projeto individual e projeto social

Em uma sociedade complexa moderna os mapas de orientação para a vida social são particularmente ambíguos, tortuosos e contraditórios. A construção da identidade e a elaboração de projetos individuais são feitas dentro de um contexto em que diferentes "mundos" ou esferas da vida social se interpenetram, se misturam e muitas vezes entram em conflito. A possibilidade da formação de grupos de indivíduos com um *projeto social* que englobe, sintetize ou incorpore os diferentes projetos individuais depende de uma percepção e vivência de *interesses comuns* que podem ser os mais variados, como já foi mencionado – classe social, grupo étnico, grupo de *status*, família, religião, vizinhança, ocupação, partido político etc. A estabilidade e a continuidade desses projetos supraindividuais dependerão de sua capacidade de estabelecer uma definição de realidade convincente, coerente e gratificante – em outras palavras, de sua eficácia simbólica e política propriamente dita. Pode-se dizer que em uma sociedade complexa moderna coexistem *n* projetos em diferentes graus de desenvolvimento e complexidade, alguns praticamente imperceptíveis, outros explicitados e anunciados. Na medida em que um *projeto social* represente algum grupo de interesse, terá uma dimensão política, embora não se esgote a esse nível pois a sua viabilidade política propriamente dependerá de sua eficácia em mapear e dar um sentido às emoções e sentimentos individuais. Aí tem de ser somatório e síntese. O desempenho de uma multiplicidade de papéis no cotidiano da grande metrópole em "mundos" muitas vezes física e espacialmente separados, as transformações na rede de parentesco e vizinhança e a nuclearização da família[46] são algumas das variáveis que concorrem para essa destotalização da experiência individual em contraste com as sociedades tradicionais. O mergulho em um *mundo* específico, como os antes mencionados, é uma alternativa muitas vezes frágil diante da invasão e interpenetração de domínios, fartamente ilustrada no cinema e na literatura. A interdependência dos mundos e a fluidez de suas fronteiras fazem com que um código de emoções, um *ethos* e um estilo de vida fortemente ancorados em um domínio exclusivo possam se constituir em terríveis armadilhas. Nesse sentido poder-se-ia até dizer que os projetos mais *eficazes* seriam aqueles que apresentassem um mínimo de plasticidade simbólica, uma certa capacidade de se apoiar em domínios diferentes, um razoável potencial de metamorfose. Os projetos constituem, portanto, uma dimensão da *cultura*, na medida em que sempre são expressão simbólica. Sendo *conscientes e potencialmente públicos*, estão diretamente ligados à organização social e aos processos de mudança social. Assim, implicando relações de poder, são sempre políticos. Sua eficácia dependerá do instrumental simbólico que puderem manipular, dos paradigmas a que estiverem associados, da capacidade de contaminação e difusão da linguagem que for utilizada, mais ou menos restrita, mais ou menos universalizante. Nem tudo nos projetos é político, mas, quando são capazes de aglutinar grupos de interesses, há que procurar entender sua riqueza simbólica e seu potencial de transformação. Em toda sociedade complexa podem ser identificados grupos que, através de suas trajetórias e posição em relação ao resto da sociedade, têm mais possibilidades de divulgar seus projetos. Sem dúvida há todo um conjunto de variáveis – como poder econômico, militar etc. – que afetam o espaço cultural possível, mas é importante verificar o potencial intrínseco de um projeto social que só pode ser compreendido através do conjunto de símbolos a que está associado e que veicula.

9. Unidade e fragmentação em sociedades complexas[1]

Quero narrar aqui um episódio que me parece exemplar e útil para uma reflexão sobre o estudo das sociedades complexas. No caso, especificamente, estarei voltado para a contribuição de uma análise antropológica para um melhor conhecimento da sociedade brasileira.

Eram cerca de dezessete horas na av. Nossa Senhora de Copacabana, Posto 6, perto da esquina da rua Francisco Sá, Copacabana, Zona Sul do Rio de Janeiro. O episódio se passa no final da década de 1970, agosto de 1978, exatamente. Era um dia de semana. Estava caminhando em direção a Ipanema. Notei um ajuntamento de pessoas. A primeira hipótese foi de algum acidente ou de alguém passando mal. À medida que fui me aproximando, o ajuntamento começou a tomar forma. Notei uma espécie de fila sendo organizada. No seu início, vi um senhor negro, forte, de uns sessenta e poucos anos, cabeça branca, com trajes modestos, sentado em um pequeno banco. Naquele momento, a fila tinha entre quinze e vinte pessoas, homens e mulheres, jovens, pessoas de meia-idade e mais velhas, brancos, negros e pardos. Procurei me informar. Um soldado da Polícia Militar ajudava a organizar a fila. Entabulei conversação com um senhor de terno, quarentão. Na sua frente estavam duas empregadas domésticas. Vi senhoras de "classe média" vestidas com um certo apuro, funcionários de um banco que encerrava o expediente, motoristas e trocadores de um ponto de ônibus próximo. Alguns colegiais rondavam a fila, até que duas adolescentes nos seus quinze anos acabaram por se aproximar. Eram, portanto, indivíduos de distintas categorias sociais que se reuniam para participar, ou "observar participando", de um evento específico. Com o que vi e com as informações obtidas, rapidamente, ficou delineado o que estava se passando. O senhor, foco das atenções, estava caminhando só e, aparentemente sem maiores preâmbulos, teria incorporado um preto-velho. Portanto, um espírito, uma entidade de umbanda, "desceu", tomando conta do médium/"cavalo". A partir daquele momento, o senhor estava possuído. Temporariamente, o dono do corpo passava a ser um espírito, reconhecido e identificado pelas pessoas em volta como um preto-velho.* Nesta situação, poderia até haver alguma redundância devido ao tipo físico do médium: um senhor negro, sexagenário, de cabeça branca. Isso não é regra geral. Um preto-velho pode incorporar em homens, mulheres, brancos, negros, pardos, pessoas mais velhas ou mais novas.** O fato de haver, no caso em pauta, esta "coincidência" servia, talvez, como elemento de reforço da identidade do espírito. Não sei se alguém poderia ter pensado que ali estava o próprio preto-velho, não apenas como espírito possessor mas corporificado. O fato é que o modo de falar, o corpo meio encurvado e torto, toda a técnica de apresentação, de postura e, de certa forma, de construção do personagem, anunciavam a presença de um preto-velho incorporado.[2] Os consulentes aproximavam-se em ordem, respeitosamente, e em voz mais baixa apresentavam suas questões e problemas ao preto-velho, que os atendia, dando conselhos e orientação. A fila aumentou. Muitos curiosos foram se aproximando. A essa altura, duas senhoras e um senhor estavam desempenhando o papel de filhos de santo, fiéis mais graduados que assistiam à entidade e organizavam a situação. Definiam seus contornos e limites. Assim é que, depois de cerca de uma hora de consulta, decidiram encerrá-la. Murmuraram palavras ininteligíveis para quem não estava perto, pararam a fila, e o médium saiu do transe, amparado e ajudado. Em poucos minutos, a fila se desfez, as pessoas se dispersaram e o próprio médium entrou em um ônibus e foi embora sozinho.

Quando um antropólogo faz uma etnografia, uma de suas tarefas mais difíceis, como sabemos, ao narrar um evento, é transmitir o clima, o tom do que está descrevendo. A sucessão dos fatos no tempo, o número de participantes, a reconstituição das interações, são etapas fundamentais mas, quase sempre, fica-se com a sensação e/ou sentimento de que falta algo crucial. No caso, o que me parece mais importante é tentar transmitir a ideia de que, para as pessoas envolvidas, nada particularmente anormal estava ocorrendo. Havia uma certa surpresa, curiosidade, graus diferentes de familiaridade mas, observei, sobretudo um forte interesse combinado com evidente respeito. Certamente,

* Na umbanda o preto-velho é identificado, em princípio, com um antigo escravo, sábio, bondoso e experiente, embora possa também apresentar uma dimensão guerreira de velho africano.
** Assim como uma pombagira pode "descer" e comunicar-se através de médiuns/"cavalos" do sexo/gênero masculino.

na multidão que percorria a av. Copacabana estavam pessoas que não se preocuparam ou não notaram o que estava se passando. Sem dúvida, nem todos pararam para ingressar na fila da consulta. Portanto, não só não afirmo que todos os passantes fossem umbandistas, como estou certo que poderíamos encontrar indivíduos céticos, indiferentes, ou mesmo hostis àquela manifestação. Como discutirei no decorrer deste trabalho, esta é uma das principais características das sociedades complexas – a coexistência de diferentes estilos de vida e visões de mundo.[3] No entanto, neste caso, ficou bem nítido que foi formado um grupo com uma ação coletiva organizada, sustentada em crenças e valores compartilhados. Ou seja, em um ambiente exemplarmente metropolitano, com todas as características clássicas, inclusive de relativo anonimato,[4] produziu-se um interesse, um foco de atenção que congregou indivíduos e categorias sociais nitidamente distintos e diferenciados. O mais relevante para a dimensão cultural do episódio é a identificação de uma *linguagem*, expressão de uma *rede de significados* nos termos de Geertz – *web of meanings*.[5] Para as pessoas que se aproximaram ou mesmo para as que passavam sem se deter, a informação de que alguém estava "recebendo um preto-velho" era compreendida e assimilada. Por outro lado, como já observei, houve consenso na identificação da entidade. As técnicas do corpo, a apresentação, o modo de falar, a postura etc. constituíam um outro tipo de linguagem, conhecido pelos que ali se reuniam. Convém registrar que não é comum a ocorrência deste tipo de situação no meio da rua, no horário de trabalho. As entidades descem habitualmente em terreiros e em lugares e momentos especiais, ritualizados, como nas festas de passagem de ano nas praias. Havia, por conseguinte, algo de atípico naquela incorporação. O indivíduo só, fora do terreiro e do ritual, entrou em transe recebendo um preto-velho. Como disse, no início, não era uma aberração na medida em que parecia ser um fenômeno conhecido, embora não banal, para aquele universo. Conversei depois com colegas antropólogos, estudiosos do assunto, assim como umbandistas, que, de certa forma, confirmaram o inusitado do episódio. A possessão, em princípio, se dá dentro do ritual. No entanto, pode ocorrer que uma entidade se incorpore fora de um terreiro e dos momentos previstos. Soube de outros episódios semelhantes que ilustram essa possibilidade. A ideia básica é que o controle sobre os espíritos é sempre um tanto precário e que há, inevitavelmente, uma margem de imprevisibilidade na relação com o sobrenatural. Nas sessões, nos terreiros e, fora deles, em momentos e situações especiais há uma certa domesticação dessa relação, com especialistas presentes que devem saber lidar com os espíritos e com a possessão.

QUERO DAR DESTAQUE a duas vertentes do episódio narrado. Sugiro que, através do jogo e da relação entre elas, é possível perceber mecanismos e características fundamentais da sociedade brasileira, o que também contribuirá para uma teoria mais geral das sociedades complexas.

Enfatizei a presença e participação de indivíduos de categorias sociais distintas. Convém esmiuçar isso um pouco mais. Mencionei empregadas domésticas e senhoras de "classe média" que, em tese, poderiam ser suas patroas. Certamente, não era a hora de invocar o "você sabe com quem está falando?", nos termos da análise de Roberto Da Matta.[6]

A relação hierárquica entre essas categorias desaparecia na fila de consulentes, sem nenhuma precedência explícita, a não ser aquela estabelecida pelo momento de chegada. Isto, aliás, se aplicava a todos os membros da fila. Motoristas e trocadores de ônibus, com seus uniformes maltratados, misturavam-se a bancários de terno e gravata – uns carregando o paletó, outros com a gravata desabotoada etc. Sabemos que podemos distinguir tipos sociais não só pelos ternos ou qualquer outra indumentária, mas pelo modo de usá-los. De terno e gravata estavam também alguns profissionais liberais. Conversei com um engenheiro, com um advogado e com um professor de geografia de curso secundário. As pessoas mais velhas incluíam alguns aposentados civis e militares. Além dos estudantes uniformizados, estavam presentes outros jovens, como *boys* e moças vestidas com roupas de lojas conhecidas. A diferenciação estabeleceu-se com a atuação dos três indivíduos, já mencionados, que assumiram o papel de experts, de conhecedores do ritual. Eram, no mínimo, frequentadores regulares de terreiros, talvez ocupando alguma posição na hierarquia religiosa. Não sei se isso foi anunciado ou se, simplesmente, eles se impuseram pela sua atitude e performance. O fato é que assumiram a liderança da situação, organizando-a, contando com a ajuda não só do policial militar como de todos, em uma demonstração insofismável de reconhecimento de sua habilitação. Dialogavam com a entidade, chamavam os consulentes, e acabaram por encerrar o evento no momento que julgaram oportuno. Foi enunciada, de maneira clara, a inconveniência de prolongar as consultas, pois "havia hora pra tudo" e "muita gente já tinha sido atendida". Alguém informou que aquele "preto-velho trabalhava" em um terreiro em Madureira – subúrbio do Rio de Janeiro. Não chegou a ser uma operação de marketing. Foram comentários discretos, sem distribuição de cartões e endereços. Aparentemente, ninguém ficou sabendo com precisão quem era o médium. Chegou anônimo, recebeu a entidade, deu consulta e depois voltou ao anonimato.

Assinalei, portanto, a densidade de uma situação social, encontro de diferentes indivíduos que circulavam em uma das principais vias da Zona Sul do Rio de Janeiro. Enquanto estiveram juntos, participaram do mesmo interesse, tinham um foco comum de atenção e suspenderam, ou adiaram, outras atividades e compromissos. Compartilharam, por algum tempo, de uma *definição comum de realidade*, operaram na mesma *província de significado*, nos termos de Alfred Schutz.[7] Interagiram através de uma rede de significados, conforme a definição de Geertz.[8] Atuaram dentro de um sistema compartilhado de crenças e valores. Mesmo admitindo uma certa variação individual, o comportamento e a atitude dos participantes apresentavam notável homogeneidade. Uns estavam mais sérios e quietos. Outros conversavam e se agitavam mais. Como já observei, o tom dominante era respeitoso e atento. Havia o reconhecimento da presença do sobrenatural, com a incorporação de entidade conhecida. A heterogeneidade sob o ponto de vista sociológico, quanto à estratificação social, faixas etárias, distribuição ocupacional, diversidade étnica etc., não obscurecia o fenômeno de uma participação comum naquele contexto religioso, marcado por uma relação particular com os espíritos e, de modo mais amplo, com o sobrenatural. Símbolos compartilhados, linguagem básica comum, gramaticalidade no processo de interação e *negociação da realidade*, expectativas e desempenhos de papéis congruentes, tudo isso configurava um quadro do que poderíamos chamar de consistência cultural.

Mas há também um outro nível de análise necessário. Georg Simmel, em seu artigo clássico "A metrópole e a vida mental", de 1902, chamava a atenção para a especificidade da vida social nos grandes centros urbanos surgidos da Revolução Industrial, da formação dos grandes Estados Nacionais e de um complexo mercado internacional.[9] A obra de Simmel é vasta e densa, apresentando diferentes ênfases e planos de análise. Um de seus objetivos nesse texto era contrastar um estilo de vida metropolitano com o modo de vida tradicional, rural. A grande cidade – trata-se de artigo que faz noventa anos – caracterizar-se-ia, sobretudo, pela grande quantidade e diversidade de estímulos. Isso geraria um "excesso", provocando uma adaptação no nível individual que definiu como *blasé*. Desenvolver-se-ia uma espécie de capa protetora, uma indiferença, como defesa da ameaça de fragmentação. Simmel, aqui e em outros momentos de sua obra, via na multiplicidade e diferenciação de domínios e níveis de realidade da sociedade moderna um desafio à integridade do indivíduo psicológico. Em outro trabalho importante, "Subjective Culture", de 1908, analisava o enorme desenvolvimento e crescimento de uma dimensão externa aos indivíduos, que denominou de *cultura objetiva*, em detrimento da riqueza e harmonia internas do que definiu como *cultura subjetiva*.[10] Esse desequilíbrio entre as duas dimensões e/ou culturas seria, também, uma das marcas da modernidade. Pode-se aventar uma possível nostalgia ou idealização do passado por parte de Simmel. Na realidade, estava expressando uma tradição humanista onde as ideias de *Bildung* e *self-cultivation* remontavam, pelo menos, a Goethe. Nessa linha de pensamento, a modernidade da metrópole e da sociedade industrial constituiriam, se não impedimento, pelo menos um forte óbice ao desenvolvimento integrado dos indivíduos.

A antropologia, em geral, e, particularmente, os estudos em meio urbano têm lidado de diversas maneiras com essa problemática. Creio que o caso narrado do preto-velho em Copacabana pode ajudar nesse sentido a aprofundar nossa reflexão.

De uma multidão, aparentemente de anônimos, de transeuntes de diversos tipos, destaca-se um indivíduo que entra em transe e recebe, incorpora, um espírito conhecido dos terreiros de umbanda. Algumas dezenas de pessoas se detêm e participam de um ritual improvisado mas não desorganizado. Temos um começo e um fim claramente definidos e marcados. Será que os relógios pararam, nos termos da indagação de Simmel sobre Berlim: o que acontece numa metrópole moderna quando param os relógios? No caso, criou-se um intervalo que não deixou de ser controlado e avaliado. Efetivamente, processou-se uma negociação da realidade, não totalmente explicitada, que permitiu que aquela situação se sustentasse por algum tempo. Por outro lado, salientando a outra vertente do acontecimento, enfatize-se o fato de centenas de pessoas passarem por ali, no espaço de uma hora, sem se deterem. Quem eram esses outros transeuntes? Pela aparência, de um modo geral, não pareciam diferir dramaticamente daqueles que formaram a fila. Impressionisticamente, poderia arriscar dizendo que entre os consulentes existia uma proporção um pouco maior de pessoas mais modestas e "de cor" segundo o senso comum, representadas, sobretudo, pelas empregadas domésticas e rodoviários. Estes, repito, ombreavam com homens e mulheres de camadas médias de vários tipos, brancos, educados, com sinais de status, que, em certos casos, poderiam até mesmo identificar membros de elites socioeconômicas. Há várias explicações para as pessoas não se deterem. Algumas podem não ter tido sua atenção sequer despertada, absortas em suas atividades. Outras talvez não tivessem curiosidade suficientemente forte para desviar-se de seu rumo. Também é possível notar o ajuntamento, perceber o que se passava e, contudo, decidir prosseguir com seus afazeres. Não se pode também descartar reações de medo, rejeição, ou até repugnância.

Poderia apresentar outras possibilidades, mas creio ter ficado já clara a existência de uma margem de reações, opções e alternativas. Certamente, não estava assistindo a um tipo de ritual que congregasse toda ou quase toda a comunidade como em clássicos exemplos tribais.[11] Nem era um local sagrado, com identidade definida, onde se reunia um grupo de fiéis para uma cerimônia prevista em um calendário. De algum modo, parte dos comportamentos descritos pode estar associada à atitude *blasé*, descrita por Simmel, com os indivíduos se protegendo de um "excesso de estímulos". Mas o que julgo mais significativo é a explicitação de um *campo de possibilidades* próprio à sociedade complexa moderna. Ali, naquele espaço, naquele período de tempo, cruzaram-se várias trajetórias e trilhas sociológicas e culturais. Assim, se por um lado identificamos a crença em espíritos e em possessão como um forte fator aglutinador de um universo sociologicamente heterogêneo, por outro, encontramos uma gama de opções, expressão de um espectro de possibilidades, da metrópole brasileira contemporânea.

Creio que a problemática anunciada por Simmel, no início do século, é absolutamente atual, assumindo, no entanto, matizes, nuanças e, em última análise, maior complexidade, em função das próprias transformações das sociedades contemporâneas. Outro clássico dos estudos urbanos, Robert E. Park, falava dos "mundos que se tocavam mas não se penetravam" na grande cidade moderna.[12] Esses mundos estariam demarcados, às vezes mesmo espacialmente, como nos guetos, mas, em geral, por fronteiras étnicas, sociológicas e culturais. Suas reflexões, inevitavelmente, estavam vinculadas a uma experiência de época sobretudo referida aos grandes centros urbanos norte-americanos dos quais Chicago tornou-se paradigmática. Pesquisas mais recentes, realizadas principalmente por antropólogos, tenderam a relativizar essas fronteiras sem, contudo, negá-las. Guetos variados, por exemplo, não só continuam existindo, mas multiplicaram-se nas aglomerações urbanas. Os trabalhos de Clyde Mitchell e Epstein, entre outros, na África, e Raymond Firth e Elizabeth Bott, com associados na Inglaterra, a partir dos anos 50, complexificaram nossa discussão. Nos próprios Estados Unidos, sociólogos como William Foote White, Everett Hughes, Howard S. Becker, Herbert J. Gans etc., utilizando métodos qualitativos de trabalho de campo, dentro da tradição da Escola de Chicago, seguindo os próprios passos de Park, também contribuíram para maior sofisticação da abordagem. Antropólogos como Robert Redfield, Horace Miner, Oscar Lewis e Lloyd Warner dialogaram e contribuíram substancialmente para o desenvolvimento do campo e da discussão com suas investigações em cidades tradicionais e modernas. Esses cientistas sociais, estudiosos da sociedade urbana, mostraram, entre outros fatos, a existência de redes de relações – *networks* – que atravessavam o mundo social de modo horizontal e vertical. Ou seja, por mais significativas e inclusivas que pudessem ser categorias como família e parentesco, bairro e vizinhança, origem tribal e/ou étnica, grupos de status, estratos e classes sociais, registravam-se circulação, interação sociais associadas a experiências, combinações e identidades particulares, individualizadas. O mercado e o trabalho, a vida política com suas transformações são, sem dúvida, fatores estimuladores dessas "travessias sociológicas" com maiores ou menores custos individuais e sociais. Atuam recorrente e coercitivamente como forças sobre as quais grupos e pessoas têm pouco ou nenhum controle, temática fundamental dos clássicos das ciências sociais como Marx, Durkheim e Weber.

A Revolução Industrial e o processo de urbanização associado constituem exemplos paradigmáticos desse fenômeno. Mais recentemente, as cidades do terceiro mundo com êxodo rural, migrações, explosão demográfica, pobreza e marginalidade apresentam um quadro flagrante da fragilidade e relativa impotência da esmagadora maioria dos indivíduos e das categorias sociais. Sabendo e considerando tudo isso, procuro mapear e resgatar a possível margem de manobra e iniciativa dos agentes sociais envolvidos.

Continuo lidando com duas vertentes ou pontos de vista: o da unidade e o da diferenciação. Creio que através dessa dialética, desses deslocamentos e oscilações, podemos analisar, com proveito, características e experiências que, embora não exclusivas, estão fortemente associadas às metrópoles contemporâneas. O próprio Simmel, em diversas oportunidades, caracterizou a situação do indivíduo na sociedade moderna como ponto de interseção de vários mundos. Logo, sem ignorar a força de coerção de processos sociais abrangentes, volto-me para o nível que Firth denominou de organização social, onde, através da interação entre indivíduos e suas redes de relações, podemos lidar com o fenômeno da negociação da realidade em múltiplos planos.[13] A própria ideia de negociação implica o reconhecimento da diferença como elemento constitutivo da sociedade. Como sabemos, não só o conflito, mas a troca, a aliança e a interação em geral, constituem a própria vida social através da experiência, da produção e do reconhecimento explícito ou implícito de interesses e valores diferentes. O fenômeno da negociação da realidade, que nem sempre se dá como processo consciente, viabiliza-se através da linguagem no seu sentido mais amplo, solidária, produzida e produtora da rede de significados de que fala Geertz. Em outras palavras a *cultura*, nos termos de Schutz, enquanto comunicação, não exclui as diferenças mas, pelo contrário, vive delas. Vejo no caso do preto-velho aqui narrado uma clara demonstração dessa perspectiva de análise. A diferenciação sociológica do universo descrito é evidente e simultânea ao entendimento e comunicação estabelecidos. Isso não se dá, do mesmo modo, em qualquer situação social. Em princípio, o acordo é uma possibilidade, e o consenso problemático. Certamente, não se trata de um fluxo de comunicação perpetuamente harmonioso. Vale insistir em uma *démarche* antropológica em que a diferença no nível dos discursos e das representações não está colada às fronteiras socioeconômicas. Estas têm repercussões e estão associadas ao mundo simbólico, que, por sua vez, se manifesta através de linguagem, código e discursos não redutíveis a variáveis externas. Na abordagem fenomenológica de Schutz e no interacionismo de Simmel enfatizam-se a distinção e a autonomia de diferentes *mundos* e *províncias de significado, níveis e dimensões do real*. Por outro lado, Mikhail Bakhtin fala de uma *heteroglossia*, coexistência de diferentes discursos em uma mesma sociedade que, embora relacionados, mantêm suas particularidades.[14] Estas estão, para o pensador russo, vinculadas à estrutura social, mas não de modo mecânico e linear. De alguma forma também ressalta um maior grau de autonomia e lógica próprias ao que chamaríamos de códigos culturais. A existência do *bilinguismo*, explorada também por Peter Burke,[15] indica a possibilidade de membros de uma categoria social particular participarem e acionarem códigos originalmente ligados a categorias sociais diferentes da sua. No caso da Idade Média ocidental, esses autores chamam a atenção para a coexistência de uma cultura letrada, de corte e/ou aristocrática, com uma cultura popular. Naquele período da história eram, sobretudo, indivíduos das elites que poderiam exercer esse bilinguismo, pois tinham acesso e participavam dos dois mundos. Enquanto o inverso não se dava, pelas razões da lógica da hierarquia social.

Ao explorar a hipótese da coexistência de discursos e visões de mundo, como ficaria o "caso do preto-velho"? De imediato, fica evidente a importância da história para a investigação antropológica das sociedades complexas. No Brasil, os trabalhos de Laura de Mello e Souza, Luis Mott e João José Reis, assim como anteriormente de Roger Bastide, demonstram com riqueza de dados a existência de cultos de possessão há quase três séculos, já com indícios de interação entre categorias sociais distintas.[16] Ou seja, desde pelo menos o final do século XVII, início do XVIII, pesquisadores identificam rituais que, conforme observa Mott, são praticamente idênticos a rituais contemporâneos, descritos e analisados por antropólogos.[17] O episódio do preto-velho em Copacabana, em 1978, tem, portanto, uma dimensão histórica de *longue durée*. Em trabalho recente, Marlise Meyer, em interessantíssima pesquisa, estabelece uma relação de continuidade entre a entidade Maria Padilha, uma pombagira da umbanda contemporânea, e figura histórica do século XIV, da corte de Castela, personagem do romanceiro ibérico.[18] O trabalho, complexo e minucioso, de inspiração guinzburguiana, acompanha as transformações e aparições da personagem histórica/entidade sobrenatural em diferentes momentos da sociedade e cultura luso-brasileiras. Hoje, Maria Padilha é uma das pombagiras que convivem com os pretos-velhos nos terreiros de umbanda. A investigação de Meyer nos permite acompanhar, no tempo, a constituição de, pelo menos, parte do universo de crenças, representações e valores de nossa sociedade, heterogênea e diversificada. Assim, o código e o discurso associados à crença em espíritos e à possessão apresentam não apenas uma significativa amplitude sociológica, mas uma considerável profundidade histórica. Sem dúvida, são as duas faces do mesmo fenômeno. Estar vivo é ser capaz de relacionar-se com os espíritos, seja de antepassados ou de entidades diversas. Essa seria uma das características mais gerais do que poderíamos chamar de cultura na sua acepção mais ampla na sociedade brasileira.

Na situação narrada, encontramos a expressão de código e discurso conhecidos, com evidente poder socializador. Entre outros problemas, coloca-se a questão de sua legitimidade junto à sociedade abrangente. Sabemos das restrições, discriminação e perseguições que sofreram os cultos de transe e possessão, de alguma forma, embora não exclusivamente, vinculados às religiões afro-brasileiras. O próprio material e fontes pesquisados por historiadores e antropólogos é, em grande parte, produto da ação repressiva, inquisitorial e policial que lhes foi movida.[19] Portanto, até recentemente, tratava-se de atividade, no mínimo, semiclandestina. Convém lembrar que dentro de uma sociedade complexa, como a brasileira, encontramos não só discursos e códigos diferentes e competitivos, mas, também, em posições diferenciadas diante do mundo oficial do Estado e, tradicionalmente, da Igreja católica. Por isso, fica ainda mais evidente a força desse conjunto de crenças que, sustentado por uma tradição subterrânea, apresenta tanto notável continuidade como impressionante crescimento. Hoje, os principais veículos de comunicação do país têm programas, como noticiários e novelas, onde o transe e a possessão aparecem como temas habituais. Mas trata-se de fenômeno recente. Há cerca de vinte anos, por exemplo, um episódio de possessão na televisão provocou forte repúdio de autoridades civis, militares e eclesiásticas, acionando a censura, então instrumento rotineiramente utilizado. É o famoso caso do "Seu Sete da Lira", Exu, que incorporou em uma médium em um programa de entrevista ao vivo. A história do preto-velho aqui narrada passa-se sete anos depois, quando ainda predominava uma maior restrição naqueles veículos. Existem outros casos fascinantes como o da pombagira narrado e analisado por Márcia Gonçalves em sua dissertação, onde fica evidente o caráter tênue e fluido das fronteiras entre o mundo oficial e um, relativamente, subterrâneo.[20] Enfatizo que essa maleabilidade e fluidez é um dos aspectos mais cruciais para um esforço de compreensão das sociedades complexas, particularmente nas grandes metrópoles. Cria uma possibilidade de jogo de papéis e de identidade, que é uma das marcas mais expressivas de seu estilo de vida. Os limites entre norma, conformismo, transgressão, constantemente são colocados em xeque. Todas as noções de normalidade e desvio têm um caráter eminentemente instável e dinâmico.[21] Essa multiplicidade de experiências e papéis sublinha a precariedade de qualquer tentativa excessivamente fixista na construção dos mapas socioculturais.

A linguagem, o discurso, o código, as representações e crenças associadas às religiões e cultos de possessão são fundamentais na constituição da sociedade brasileira. O recente crescimento de cultos protestantes, como a Igreja Universal, com a prática disseminada do exorcismo, reforça a percepção da crença em espíritos como fenômeno generalizado. Como vimos, existem fiéis cuja vida está centrada nos cultos e também aqueles passantes curiosos que respeitam, temem e, de alguma forma, acreditam no sobrenatural, em espíritos e na sua participação no mundo da vida cotidiana.

Tomei este exemplo como um caso limite, uma situação social expressiva de problemática mais ampla da sociedade brasileira e das sociedades complexas em geral. Os indivíduos transitam entre os domínios do trabalho, do lazer, do sagrado etc., com passagens às vezes quase imperceptíveis. Estão na interseção de diferentes mundos, repetindo Simmel. Podem a qualquer momento transitar de um para o outro, em função de um código relevante para suas existências.

A fragmentação das relações e papéis sociais na sociedade moderna demarca domínios distintos, como também mostrou Max Gluckman, contrastando com as relações *multiplex* das sociedades tribais.[22] Mas o trânsito entre os domínios se dá constantemente, de modo desdramatizado. Os indivíduos vivem múltiplos papéis, em função dos diferentes planos em que se movem, que poderiam parecer incompatíveis sob o ponto de vista de uma ótica linear. Sabemos que é preciso tomar cuidado ao estabelecer contrastes com sociedades tribais e tradicionais para não exagerar em polarizações que possam perder sua eficácia de tipos ou modelos ideais. Nenhuma sociedade é monolítica culturalmente, sempre apresentando planos e dimensões diferenciados em função do seu modo singular de construção da realidade. No entanto, o caso da sociedade moderno-contemporânea aparece como limite em relação à multiplicidade e fragmentação de papéis e domínios. Schutz compara a fragmentação da sociedade moderna com a unidade do sistema cultural clássico chinês analisado por Granet.[23] Com sua abordagem fenomenológica, Schutz busca dar conta, a partir de nossa sociedade, da questão dos múltiplos domínios e províncias de significado, não só do social em sentido restrito, mas do real socialmente construído, de modo mais abrangente. Com isso, tenta perceber a gramaticalidade das mudanças de papéis e de identidade em diferentes contextos e experiências. Assinala que os indivíduos vivem em diversos planos simultaneamente. Varia o grau de adesão, *commitment*, comprometimento.

Sem dúvida, certas situações têm caráter mais totalizante e exclusivista. No caso mencionado, o preto-velho incorporando-se num terreiro estaria dentro de um ritual onde os atores, em princípio, apresentam o mesmo *commitment*. Os limites espaciais e temporais configurariam o perfil da situação social, marcando sua dimensão religiosa. Já na rua, em meio ao burburinho urbano, o evento corria paralelo a outras situações, de algum modo, concorrentes.

Assim, na sociedade complexa, particularmente, a coexistência de diferentes mundos constitui a sua própria dinâmica. Essa noção encontramos em vários autores mas, em Simmel e Schutz, para mim especialmente importante, identifica processos de demarcação entre esferas de atividade e províncias de significado. A continuidade e as transformações da vida social dependem do relacionamento, mais ou menos contraditório e conflituoso, entre esses mundos e os códigos a eles associados. Erving Goffman demonstrou, brilhantemente, como os indivíduos vivem, interpretam e atuam no trânsito entre essas diferentes esferas. A noção de construção social da realidade elaborada por Schutz e divulgada, entre outros, por Peter Berger e Thomas Luckmann,[24] é instrumento fundamental para o desenvolvimento dessas reflexões. Por exemplo, retomando o diálogo Simmel e Dumont, podem-se perceber os indivíduos se deslocando entre contextos hierarquizantes/holistas e individualizantes/igualitários. Partilham e acionam esses códigos em situações, momentos e planos diferentes de suas trajetórias. Existe uma relação entre essas ideologias e as províncias de significado socialmente construídas. O individualismo moderno, metropolitano, não exclui, por conseguinte, a vivência e o englobamento por unidades abrangentes e experiências comunitárias. Permite e sustenta maiores possibilidades de trânsito e circulação, não só em termos sociológicos, mas entre dimensões e esferas simbólicas. Saliente-se que a intensa participação em, por exemplo, rituais comunitários, em algum nível desindividualizantes, com foco numa identidade coletiva, não elimina o nível de escolha, de opção, de um indivíduo/sujeito, lidando com um repertório finito, mas com extenso elenco de combinações.

Procuro, com estas ideias, assinalar pontos-chave para o desenvolvimento de uma antropologia das sociedades complexas. As noções de campo de possibilidades e de projeto com que venho trabalhando há vários anos, a partir de influências significativas como a dos muitas vezes citados Simmel e Schutz, buscam lidar com a problemática da unidade e fragmentação. Campo de possibilidades trata do que é dado com as alternativas construídas do processo sócio-histórico e com o potencial interpretativo do mundo simbólico da cultura. O projeto no nível individual lida com a performance, as explorações, o desempenho e as opções, ancoradas a avaliações e definições da realidade. Estas, por sua vez, nos termos de Schutz, são resultado de complexos processos de negociação e construção que se desenvolvem com e constituem toda a vida social, inextricavelmente vinculados aos códigos culturais e aos processos históricos de *longue durée*.

Por outro lado, a noção schutziana de províncias de significado finitas, inspirada em William James, permite-nos perceber os diferentes mundos que constituem uma sociedade em sua singularidade e nas relações de uns com os outros. O trânsito entre essas províncias e mundos é uma das questões cruciais para a compreensão sociológica e antropológica. No caso que relatei, temos um exemplo expressivo dessa problemática com a possessão do médium e com todas as interações sociais resultantes. A mudança do tipo de *attention à la vie*, com a erupção de um fenômeno religioso de transe no mundo do cotidiano, do trabalho ou do lazer, ilustra a dialética de unidade e fragmentação, assim como as tensões e comunicação entre diferentes planos e esferas da realidade. Em uma sociedade em que a crença em espíritos é generalizada fica problemática a definição da província de significado da vida cotidiana como realidade suprema, conforme propõe Schutz,[25] a não ser que se assinale a possibilidade permanente de trânsito e de transições, através de um código que os viabilize, evitando choques espetaculares e traumáticos. Insisto que não estamos lidando apenas com contextos sociais diferentes, mas com distintos planos e níveis de realidade socialmente construídos. Parece-me que essa percepção é fundamental para uma teoria da cultura mais sofisticada. Faz parte da competência normal de um agente social mover-se entre as províncias de significado e ser capaz de passar, como vimos, do mundo do trabalho para o reino do sagrado.

Mas as fronteiras entre essas províncias podem ser mais tênues ou singelas e os trânsitos, menos solenes e pomposos. Essa permanente latência implica o que poderíamos chamar de potencial de metamorfose, distribuído desigualmente por toda a sociedade. O repertório de papéis sociais não só não está situado em um único plano, mas a sua própria existência está condicionada a essas múltiplas realidades. Com isso, talvez, possamos escapar de falsos problemas ditados por uma visão linear da experiência sociocultural.

Sem dúvida, a noção de metamorfose deve ser usada com o devido cuidado, pois os indivíduos, mesmo nas passagens e trânsito entre domínios e experiências mais diferenciadas, mantêm, em geral, uma identidade vinculada a grupos de referência e implementada através de mecanismos socializadores básicos contrastivos, como família, etnia, região, vizinhança, religião etc. A tendência à fragmentação não anula totalmente certas âncoras fundamentais que podem ser acionadas em momentos estratégicos. Por outro lado, a fragmentação não deve ser entendida como um estraçalhamento literal do indivíduo psicológico. O trânsito entre os diferentes mundos, planos e províncias é possível, justamente, graças à natureza simbólica da construção social da realidade. A utilização de diferentes códigos e discursos relativiza, contextualizando, a noção de *blasé*, desenvolvida por Simmel em 1902. Não é o mesmo indivíduo único que recebe passivamente estímulos múltiplos e diferenciados. O próprio Simmel, através da ideia de cultura subjetiva, permite pensar que esta pode ser construída em múltiplos planos. A metamorfose de que falo possibilita, através do acionamento de códigos, associados a contextos e domínios específicos – portanto, a universos simbólicos diferenciados –, que os indivíduos estejam sendo permanentemente reconstruídos. Assim, eles não se esgotam numa dimensão biológico-psicologizante, mas se transformam – não por volição, mas porque fazem parte, eles próprios, do processo de construção social da realidade.

A complexidade e, por conseguinte, a maior indeterminação da sociedade moderno-contemporânea evidenciam com mais nitidez esse fenômeno que é da própria natureza do social.

10. Trajetória individual e campo de possibilidades

Em 1971, durante estadia nos Estados Unidos, passei o verão local, de fins de maio a início de agosto, realizando pesquisa de treinamento com a população portuguesa da Nova Inglaterra. Essa atividade fez parte do meu programa de trabalho como "*special student*" no Departamento de Antropologia da Universidade do Texas em Austin. Assim, eu e Yvonne Maggie mantínhamos nossos laços com o Texas dialogando com os professores Richard N. Adams e Anthony Leeds, enquanto contávamos na área de Boston com o apoio dos professores David Maybury-Lewis, Shelton Davis e Roberto Cardoso de Oliveira, então visitante na Universidade de Harvard.

Meu trabalho de pesquisa anterior fora no bairro de Copacabana, no Rio de Janeiro, base de minha dissertação de mestrado que originaria o livro *A utopia urbana*, publicado em 1973.[1] A oportunidade de fazer pesquisa em outra área metropolitana, em outro país e cultura, foi de importância fundamental para o desenvolvimento de reflexões e elaborações futuras. O cotejo das pesquisas em Copacabana e na região de Boston constituiu-se em um dos momentos cruciais de uma tentativa mais sistemática de análise de sociedades complexas.

Alguns antropólogos brasileiros vieram a realizar trabalhos junto à colônia portuguesa da Nova Inglaterra. Cabe mencionar, entre outros, Túlio Maranhão e Bella Bianco.[2] Não pretendo aqui discutir a bibliografia existente sobre o assunto e nem realizar uma reconstrução histórico-etnográfica. Quero registrar questões e problemas que assinalei no decorrer daquele limitado período de investigação e que *a posteriori* julgo terem sido importantes para o amadurecimento de certas ideias.

A minha atividade concentrou-se em Cambridge, que, embora tenha identidade político-administrativa própria, faz parte da área de Boston, de que está separada pelo rio Charles. A Universidade de Harvard e o MIT (Massachusetts Institute of Technology) são importantes na constituição da identidade cambridgiana, marcada por um forte *ethos* intelectual universitário. Como se sabe, a região de Boston como um todo está repleta de instituições universitárias.

O início dos anos 70 nos Estados Unidos caracterizava-se por uma forte efervescência política e cultural. Isso ficava evidente no cotidiano de Cambridge no verão de 1971. As manifestações contra a Guerra do Vietnã e a divulgação dos papéis do Pentágono somavam-se ao intenso dia a dia da população universitária, sempre envolvida em shows musicais, exposições de artes plásticas, mostras cinematográficas de Orson Welles, Godard, Bergman, entre outros. O fato de ser período de verão diminuía um pouco a intensidade habitual da presença universitária, mas ainda assim era grande a efervescência. A área da Harvard Square constituía-se no centro desse movimento, com suas bancas de jornais e revistas, conjuntos de rock, grupos de atores amadores, além da "*street people*", jovens hippies e variantes, mais ou menos ligados a drogas, incenso, flores e estilos de vida alternativos.

Assim como as áreas adjacentes às universidades de Berkeley, na Califórnia, e Columbia, em Nova York, a Harvard Square era um *locus* privilegiado de encontro entre o mundo acadêmico-universitário e as diferentes manifestações de contracultura que desde, pelo menos, os meados dos anos 60 cresciam nos Estados Unidos.[3] Cruzavam-se ali candidatos ao Prêmio Nobel, grupos de Hare Krishna, bolsistas de todas as partes do mundo, hippies, membros de seitas satânicas, turistas etc. A diversidade étnica, linguística e cultural era reforçada por imigrantes diversos, entre os quais se incluíam os portugueses que, de um modo geral, estavam ligados a atividades de serviços mais modestas como faxina e limpeza. Outros eram trabalhadores de construção civil em obras de prédios, reparos, estradas etc. Alguns que já tinham rudimentos de língua inglesa trabalhavam como garçons em bares e restaurantes disputando emprego com jovens estudantes à procura de um dinheiro extra. Em Cambridge, entre os portugueses, predominavam os açorianos, produto de onda imigratória mais recente, embora também fossem encontradas famílias do continente e de Cabo Verde.

CATARINA, DE QUINZE ANOS, era uma de nossas informantes. Chegara dos Açores há menos de dois anos. Chamava a atenção pela sua extraordinária beleza. Tinha um irmão um pouco mais moço e seus pais lutavam por empregos estáveis mais bem-remunerados. Estavam em plena luta pela realização do inesgotável *American dream*. No seu caso isso significava a possibilidade sempre mencionada de voltar aos Açores, que não era excludente com o projeto de ter sucesso, permanecendo na América com conforto e acesso aos bens de consumo.

Catarina, como todos os seus pares, estudava em uma escola pública local. Ao contrário da maioria dos adultos, chegados na mesma época, os jovens não só eram bilíngues, como manifestavam forte resistência em falar português fora do seu ambiente doméstico familiar. Conviviam com seus colegas de escola nascidos nos Estados Unidos ou oriundos do Estado Associado de Porto Rico e de países como Itália, Colômbia, México, Formosa, Grécia, Brasil, entre outros. A escola pública frequentada por Catarina, seu irmão e os conterrâneos era bem representativa da diversidade étnico-cultural da sociedade americana. Além dos estrangeiros cabe ressaltar o grande contingente *afro-american*, como hoje é denominado, na área de Boston. Os cabo-verdianos viviam uma situação peculiar de identidade, na medida em que eram portugueses, por um lado, falantes da língua e, por outro, eram negros. Assim, alguns viviam perto dos açorianos enquanto outros residiam em Roxbury, bairro negro de Boston.

Catarina vivia com sua família em Cambridge Street, a poucas quadras da Harvard Square, em uma vizinhança habitada, predominantemente, por portugueses. Ali se viam mulheres açorianas vestidas de preto, que não falavam inglês e que praticamente não se afastavam do seu mundo doméstico. Os problemas de adaptação das pessoas adultas eram notórios. Enquanto os homens trabalhavam em serviços pesados, comumente mais de doze horas por dia, a maioria das mulheres ficava restrita às suas famílias. Algumas das mais jovens não escolarizadas nos Estados Unidos também assumiam trabalhos de limpeza, ou de operárias fabris, com uma carga horária e de esforço bastante elevada. A criação de filhos pequenos e o cuidar dos parentes idosos dificultavam o engajamento das mulheres adultas recém-chegadas no mercado de trabalho. Não eram poucos os relatos sobre homens que morriam ou que ficavam incapacitados pelo excesso de esforço físico, assim como os problemas psiquiátricos que acometiam, sobretudo, o universo feminino adulto. Certamente o relacionamento com os filhos adolescentes era um foco de tensão e conflito na medida em que estes, sobretudo através da escola, escapavam do controle familiar. Mas a educação formal era um dos instrumentos básicos do *American dream* e, legalmente, era inescapável dentro dos Estados Unidos. Nenhum dos imigrantes açorianos, nem os mais reclusos, poderia ficar intocado pela experiência americana, mesmo que fosse pelos piores aspectos, como o da discriminação. De um modo ou de outro, todos os grupos que migraram para os Estados Unidos, depois dos *founding fathers*, sofreram algum tipo de discriminação. Na área da Nova Inglaterra, irlandeses, italianos, porto-riquenhos, além dos negros vindos principalmente do sul do país, foram alvo de restrições e agressões. Por sua vez, acionaram mecanismos discriminatórios uns contra os outros, como nos conflitos entre irlandeses e italianos. A variável religiosa também foi sempre um importante elemento de diferenciação como entre os *wasps* (*white anglo-saxons protestants*) e os católicos irlandeses, italianos e *latins*. A categoria *latin*, bastante abrangente, era usada inclusive em documentos oficiais, podendo incluir europeus como italianos, espanhóis, portugueses e também latino-americanos, do México, Argentina, passando por Porto Rico, Brasil, Venezuela, Cuba etc. *Latin* pode coincidir parcialmente com *Spanish*, que abarca todos os grupos de língua espanhola. O caso dos negros de países hispano-americanos introduzia, inevitavelmente, complicações classificatórias. Este é um assunto bastante complexo, cheio de matizes e nuanças regionais e de classe social, entre outras. O fato é que os portugueses constituíram-se em uma minoria significativa na Nova Inglaterra, particularmente na área de Boston e adjacências. A sua presença já era secular, desde os primórdios da caça à baleia, aumentando consideravelmente a partir dos anos 60 do século XX devido às catástrofes naturais, seca e fome nos Açores. A importância das bases americanas nas ilhas atlânticas fortaleceu os laços e aumentou as possibilidades de trânsito. Não tenho condições de me estender sobre as peculiaridades culturais açorianas mas cabe salientar que os imigrantes vinham de aldeias, pequenas cidades, com poucos casos de experiência de vida metropolitana. A esmagadora maioria dos açorianos jamais tinha saído das ilhas antes de sua viagem para a América. Mas é importante sublinhar que não viviam como ilhéus isolados. Não só tinham acesso, mesmo que limitado, a alguns veículos da comunicação de massa, como jornais e rádio, como conheciam pessoas, parentes, amigos, vizinhos que já tinham estado ou até emigrado para os Estados Unidos.

Não disponho de números exatos mas no final dos anos 60 viviam centenas de milhares de imigrantes de origem portuguesa na Nova Inglaterra. Existiam diversas associações, possuíam jornais, estações de rádio de língua portuguesa, faziam festas, promoviam reuniões etc. Oscilavam entre o cultivo da memória e de uma identidade lusas e o projeto de inserção no *American way of life*. Dentro dessa ambiguidade sofriam discriminação em vários contextos. Ouvimos americanos se referirem aos *black portgue* como categoria geral para os imigrantes de língua portuguesa, incluindo continentais, açorianos e cabo-verdianos. Em situação típica de discriminação, eram objeto de ironia e menosprezo, sendo considerados aptos apenas para o trabalho braçal. Essas observações provinham de americanos de diferentes origens. Enquanto pesquisávamos lá tivemos notícias de agressões e brigas entre jovens açorianos e outros grupos "étnicos" ou não.

Catarina contou-me que lia tudo que lhe caía nas mãos sobre os Estados Unidos enquanto ainda estava nos Açores (Ilha Terceira). Era fã de filmes americanos de todos os tipos. Já tinha noções de inglês quando aos treze anos chegou a Cambridge. Lá os aguardavam tios e primos que, chegados alguns anos antes, mantinham permanente correspondência com sua família. Aliás a atividade epistolar era bastante generalizada entre os portugueses, mantendo-os permanentemente em contato com a sua terra natal.[4]

Assim sendo, Catarina não desembarcou nos Estados Unidos totalmente desprovida de informações diante de um país desconhecido. Conhecera americanos nos Açores, turistas ou militares e civis que trabalhavam nas bases. Sem necessariamente assumir a teoria da aldeia global, é inegável que uma pessoa nascida em 1956 nas ilhas atlânticas portuguesas de algum modo vivia os efeitos de um processo de globalização já de raízes seculares. Catarina, depois de cerca de um ano em Cambridge, viveu um episódio que muito a marcou e que ilustra algumas das questões que gostaria de examinar com maior cuidado.

Um dia, depois das aulas, saiu com um grupo de colegas como fazia habitualmente. Uma das companheiras era também açoriana e os outros eram americanos. Ao todo eram meia dúzia, na faixa de quatorze a dezoito anos; três rapazes e três moças. Foram passear no carro de um deles rumando a uma das praias da área de Boston. A excursão era um pouco mais longa do que as habituais. Catarina admitiu que já tinha fumado *marihuana* (variante de maconha) com esses seus colegas. Disse que gostava e que usara algumas vezes sempre com amigos, nunca sozinha, e, principalmente, sempre longe da família. Ao chegarem à praia, depois de compartilharem um cigarro de maconha, tomaram, em seguida, uns comprimidos vermelhos. Após algum tempo Catarina passou a ter sensações inéditas com alteração de cores, dimensões, olfato etc. Ao todo, calcula que tenha ficado mais de doze horas sob o efeito do que acreditava ser LSD (ácido lisérgico). Voltou para casa no final da tarde, levada pelos amigos, que a deixaram na porta. Havia ingerido o ácido por volta das 13h, estando, portanto, em plena *trip*. Foi uma experiência muito ruim. Tentou disfarçar da família, indo para o seu quarto. Teve crises de riso e choro. Fechava os olhos e via figuras geométricas. Seu irmão foi vê-la e entendeu o que estava acontecendo, pois já tinha tomado LSD e mescalina. Ajudou-a a esconder dos pais dizendo que ela estava passando mal, com dor de cabeça. Catarina praticamente não dormiu, levantando de manhã para estudar ainda com sensações estranhas e muito angustiada. Acha que seus pais nada perceberam. Chegando à escola encontrou seus colegas de aventura, todos muito assustados, especialmente sua conterrânea. Aparentemente, fora a primeira vez para todos. Um dos rapazes havia comprado LSD de um frequentador da Harvard Square que sempre oferecia algum tipo de droga. O irmão de Catarina, Victor, também nosso informante, disse que ele e seus amigos já tinham experimentado LSD e mescalina, além de haxixe e *marihuana*. Victor, de quatorze anos na época da pesquisa, se jactava de frequentar pessoas e ambientes mais perigosos. Segundo ele, com um mês de Cambridge, aos doze anos, experimentou pela primeira vez LSD. Maconha era trivial, conhecida desde os Açores. Catarina, por sua vez, já soubera de conhecidos que tinham tomado ácido mas afirmou nada conhecer das experiências do irmão além do uso de *marihuana*, bastante disseminado entre os alunos de sua escola. Ela própria fora introduzida ao uso dessa droga nos Estados Unidos, em um grupo de colegas onde vários já fumavam há algum tempo. Nos Açores ouvira falar de pessoas que usavam maconha, mas acreditava ser bem raro esse uso. Já na escola americana Catarina e seus amigos *aprenderam*, nos termos de Howard S. Becker, a consumir *marihuana* através do seu círculo de pares.[5] Assim o aprendizado foi tranquilo, sem traumas, numa atividade grupal. Catarina evitava fumar em casa, limitando-se aos programas com os colegas, eventualmente na própria escola. A experiência com o ácido fora, na sua avaliação, completamente diferente. Ninguém do grupo conhecia direito os efeitos da droga, a demora das sensações e as suas características em geral. Avaliou o perigo que correram andando de carro em estradas movimentadas sob o efeito do alucinógeno. Chegaram a errar o caminho e andaram algum tempo no Massachusetts Turnpike, autoestrada de tráfego mais intenso da Nova Inglaterra. Poderiam ter ido parar em Nova York ou serem detidos pela polícia. Afirmou que nunca mais iria tomar LSD ou qualquer droga mais forte. A experiência de Victor era diferente. Fizera a sua primeira *trip* de LSD com amigos mais velhos e veteranos de outras viagens. Suas sensações iam sendo comentadas e compartilhadas, segundo ele, num clima de bom humor. Em outras palavras, seu aprendizado com ácido assemelhava-se ao de Catarina com *marihuana*, embora Victor fizesse questão de afirmar as diferenças classificando de "loucura" a aventura do grupo de amigos da irmã. Acusou particularmente o dono do carro, que comprara a droga, de irresponsável e exibicionista. Disse que ia procurá-lo para conversar e sublinhou o fato de justamente ele ser o mais velho envolvido na aventura.

Não conheci pessoalmente os outros participantes da excursão a não ser a segunda jovem açoriana, com quem não conversei sobre o assunto.

As sociedades complexas moderno-contemporâneas são constituídas e caracterizam-se por um intenso processo de interação entre grupos e segmentos diferenciados. A própria natureza da complexidade moderna está indissoluvelmente associada ao mercado internacional cada vez mais onipresente, a uma permanente troca cultural através de migrações, viagens, encontros internacionais de todo o tipo, além do fenômeno da cultura e comunicação de massas. As fronteiras entre os Estados-nações são cruzadas de todos os modos por relações econômicas, de poder e culturais em quaisquer níveis. Não se trata de dizer que os Estados-nações são anacrônicos e que sua existência seja contraditória com a globalização do mundo moderno. São níveis de realidade e fenômenos relacionados mas com códigos e lógicas específicos.[6] Inegavelmente existe tensão e conflito entre esses níveis coexistentes, reforçando mais uma característica da complexidade.

Essa problemática está presente nas biografias e trajetórias individuais. Os indivíduos modernos nascem e vivem dentro de culturas e tradições particulares, como seus antepassados de todas as épocas e áreas geográficas. Mas, de um modo inédito, estão expostos, são afetados e vivenciam sistemas de valores diferenciados e heterogêneos. Existe uma mobilidade material e simbólica sem precedentes em sua escala e extensão.

Esta afirmativa vale mais como tendência geral do que como uma tentativa de generalização dogmática. Por outro lado, a construção de identidades básicas subordina-se a constelações culturais singulares e a conjuntos de símbolos delimitáveis. O que está em jogo é um processo histórico abrangente, e a dinâmica das relações entre os sistemas culturais com repercussões na existência de indivíduos particulares.

A modernidade no Ocidente está associada ao desenvolvimento de ideologias individualistas. Diferentes autores como M. Weber, G. Simmel e L. Dumont, apesar de perspectivas próprias e, em certos pontos, antagônicas, compartilham a percepção de uma transformação no Ocidente a partir, pelo menos, do Renascimento, que através de matizes específicos configura um quadro singular na história da humanidade. Simmel, em particular, qualificou diferentes tipos de individualismo, situando-os historicamente ao mesmo tempo em que assinalava suas possíveis coexistência e combinações.[7]

As ideologias da igualdade e da singularidade aparecem, de um modo específico, a partir do século XVIII como diferentes expressões de um *ethos* moderno. Por outro lado, frisamos a necessidade de ver a hierarquia não apenas como uma sobrevivência da sociedade tradicional, mas como um poderoso mecanismo sociológico atuando permanentemente com maior ou menor visibilidade sobre toda a vida social.[8] As diferentes combinações entre ideologias holistas e individualistas constituem uma das marcas características dos processos sociais que tenho procurado analisar nos meus trabalhos.[9] Um dos conceitos que considero fértil para lidar com casos como o que estamos examinando é o de *projeto*. Beneficiei-me das obras de diversos autores mas vem principalmente de A. Schutz a influência principal nessa direção.[10] Projeto, nos termos deste autor, é a *conduta organizada para atingir finalidades específicas*. Para lidar com o possível viés racionalista, com ênfase na consciência individual, auxilia-nos a noção de *campo de possibilidades* como dimensão sociocultural, espaço para formulação e implementação de projetos. Assim, evitando um voluntarismo individualista agonístico ou um determinismo sociocultural rígido, as noções de projeto e campo de possibilidades podem ajudar a análise de trajetórias e biografias enquanto expressão de um quadro sócio-histórico, sem esvaziá-las arbitrariamente de suas peculiaridades e singularidades.

Catarina, como já disse, era filha de uma família de imigrantes açorianos chegada há cerca de dois anos aos Estados Unidos, na época da pesquisa. Pertenciam a uma pequena classe média no país de origem. No novo país, seu pai trabalhava freneticamente, fazendo todos os tipos de serviços. Tinha um emprego *white-collar* na administração de uma fábrica e estava sempre procurando fontes de renda extras. Sua mulher ficava em casa, cuidando dos serviços domésticos, com precário conhecimento de inglês e sem habilitações profissionais de qualquer espécie.

Havia, claramente, um projeto da família de Catarina de melhorar de vida nos EUA. A decisão de emigrar fora longamente acalentada pelos quatro membros da família nuclear, os pais e os dois filhos, dentro de uma rede de relações em que essa ideia era disseminada. Vários parentes tinham-lhes precedido, assim como amigos e vizinhos. Ao desembarcar em Boston eram aguardados e foram acolhidos por um grupo de conterrâneos. Alugaram um apartamento em um prédio habitado quase que exclusivamente por açorianos, depois de passarem algum tempo na casa de parentes. Nunca sofreram privações, mas o apoio dos parentes e amigos fora sempre essencial.

Um projeto coletivo não é vivido de modo totalmente homogêneo pelos indivíduos que o compartilham. Existem diferenças de interpretação devido a particularidades de status, trajetória e, no caso de uma família, de gênero e geração. O universo de imigrantes portugueses na Nova Inglaterra, como se pode ver, por exemplo, no vídeo *Saudade* de Bella Bianco, tem significativas diferenças internas. O tempo passado e a época da chegada são fundamentais. Pessoas que imigraram no início dos anos 50 apresentaram, em muitos aspectos, vivências e, inevitavelmente, memória e avaliação distintas dos recém-chegados. As diferenças de origem regional também estabelecem fronteiras evidentes. Com certeza, no caso em pauta, a identidade açoriana era claramente distinguida da portuguesa mais genérica. Mais ainda, depois de algum convívio, percebiam-se as particularidades mais ou menos valorizadas das diferentes ilhas dos Açores – Faial, Terceira, São Miguel etc. O modo de falar, o sotaque, eram uma das marcas de diferenciação. As festas, procissões e associações dramatizavam o jogo de identidades naquelas circunstâncias.

É impossível omitir singularidades de Catarina. Como já afirmei, era, sob quaisquer padrões lusos, americanos ou brasileiros, muito bonita. Dizia, para explicar certos traços fisionômicos seus, ter sangue francês. Não sei quanto o passar dos anos distorce minhas lembranças, mas sua beleza era radiosa. Infelizmente não disponho de nenhuma foto sua. O fato é que chamava a atenção em qualquer ambiente e era óbvio que fazia muito sucesso na escola. De um modo geral, aparentava timidez e mantinha um ar recatado. Nós a conhecemos através do irmão, que era bastante desinibido e um prestimoso informante. Diferente da irmã, falava muito, gostava de contar casos, particularmente os relacionados a sua atividade sexual.

Catarina, como suas amigas, transitava bastante por Cambridge. Sua casa ficava a uma *walking distance* da Harvard Square, que costumava frequentar. Como disse antes, esse local era, como ainda é, o grande foco de sociabilidade da área, multicolorido e animadíssimo. Vários grupos de jovens estavam sempre perambulando por ali. Foi em Harvard Square, inquestionavelmente, que observei uma das mais intensas interações entre grupos, segmentos e indivíduos diferentes, contrastantes no seu modo de apresentação, vestuário e discurso. Havia um *ethos* dominante caracterizado por uma valorização do *individualismo da diferença, qualitativo* conforme a formulação de Simmel,[11] com um esforço deliberado na construção de um estilo original. Mas tinham em comum, justamente, o interesse pelo espetáculo que ali ocorria. O que era chamado no Rio de Janeiro daquela época de "paquera", e hoje de "azaração", era praticado durante e entre shows, performances, happenings e demais eventos. Em determinadas horas do dia, com o forte calor do verão, podia-se dizer que era tudo uma grande festa, com uma dimensão carnavalesca.

Catarina andava por ali quase sempre acompanhada de amigas, no mínimo uma, podendo até formar um grupo de cerca de meia dúzia. Eram colegas de escola, açorianas ou não. Como já mencionei, os jovens imigrantes, especificamente os adolescentes, evitavam falar português em público. Mesmo conosco, preferiam falar em inglês, demonstrando algum constrangimento quando primeiramente a eles nos dirigimos em português. Mais adiante, em conversas mais restritas, poderiam espontaneamente começar a falar português, entremeado de palavras em inglês, como "fomos *drivando* a New Bedford... ". Isso aliás não era exclusivo dos açorianos. No Texas, na mesma época, os *Mexican-americans* jovens falavam espanhol nas situações em que eram nitidamente maioria, usando o inglês em contextos em que pudesse haver qualquer ambiguidade. É claro que tanto no caso dos açorianos como no dos *Mexican-americans* encontravam-se indivíduos que ainda não falavam inglês suficiente para uma interação minimamente efetiva. Era, por outro lado, evidente, no caso dos jovens açorianos, a preocupação de falar sem sotaque, de parecerem americanos. Este também é um problema geral e mais complexo que não era vivido só pelos falantes de português. Os imigrantes mais velhos dificilmente escapavam de denunciar sua origem ao falarem. Entre os portugueses, boa proporção dos adultos se exprimia com grande dificuldade e com forte sotaque. Obviamente, a opção de falar ou não português estava relacionada a contextos socioculturais particulares. De qualquer forma, há uma evidente margem de escolha no já referido jogo de papéis e identidade.

Catarina e suas amigas saíam com rapazes, iam a festas, ao cinema, faziam passeios etc. Não sei bem que tipo de namoro tinham. Parecia-me que eram bastante bem-comportados se comparados com a juventude meio alternativa que se via pelas ruas de Cambridge. Creio que a socialização e o controle familiar mais tradicionais desempenhavam um papel importante, embora com muitas contradições e ambiguidades. Basta lembrar que Victor, o precoce irmão caçula de Catarina, a acompanhava em muitos programas sem exercer propriamente o papel de censor, representante dos bons costumes. Na realidade, ele exercia um papel de iniciativa e liderança na busca de programas novos e mais ousados. Sem dúvida, conhecia bem melhor o mundo das drogas de Cambridge do que Catarina. Era curioso pensar sobre quem tomava conta de quem, ou se essa questão efetivamente se colocava.

Indubitavelmente, a viagem para os EUA alterara drasticamente a vida desses jovens e de suas famílias. Embora não vivessem antes em aldeias isoladas, era certamente um modo de vida muito distinto do que tinham encontrado na área de Boston, com todas as peculiaridades de um grande centro urbano no coração do mundo do consumo, da tecnologia, da variedade e do cosmopolitismo. O preço que os pais pagavam pelo sonho americano era evidente. Como mencionei, enquanto o pai de Catarina trabalhava de modo frenético, a mãe levava uma vida reclusa, quase sem contato com outras pessoas que não fossem açorianas. Os jovens, em sua maioria, lançavam-se com avidez na descoberta da sociedade americana. Victor, por seu ímpeto, talvez fosse um caso limite. De qualquer forma, no momento em que passavam a frequentar a escola americana abriam-se todos para perspectivas novas, quase revolucionárias. Ficava evidente que não era um processo linear, sem hesitações e complicações. As tentativas de controle por parte dos pais não pareciam ser muito efetivas. A falta de tempo e, sobretudo, a dificuldade de lidar com padrões novos, desconhecidos, enfraqueciam a capacidade de comandar a vida dos filhos.

Sabemos que nenhuma sociedade é efetivamente simples ou homogênea. Mesmo nas de menor escala, encontra-se alguma diferenciação, seja de natureza sociológica, seja ao nível dos universos simbólicos. Pode-se dizer que a própria possibilidade de vida social reside na interação das diferenças, com a conhecida problemática antropológica da troca e da reciprocidade. O que está em jogo, constantemente, é a unidade social com que se trabalha, de modo mais ou menos arbitrário.

No caso das sociedades complexas modernas, essas características assumem outras proporções e significados. A multiplicação e a fragmentação de domínios, associadas a variáveis econômicas, políticas, sociológicas e simbólicas, constituem um mundo de indivíduos cuja identidade é colocada permanentemente em xeque e sujeita a alterações drásticas. O trânsito intenso e frequente entre domínios diferenciados implica adaptações constantes dos atores, produtores de e produzidos por escalas de valores e ideologias individualistas constitutivas da vida moderna. Essa situação, como já percebia Simmel no início do século, é particularmente aguda nas metrópoles. Mas o desenvolvimento da comunicação de massas e dos processos globalizadores expande e generaliza essa problemática.

O caso dc Catarina ilustra e pode ajudar a pensar as implicações desse estado de coisas. Açoriana, até certo ponto pré-socializada na cultura americana, desembarca com sua família nos EUA e, rapidamente, se vê envolvida e participando de um estilo de vida novo e cheio de contradições. Vive com seus pais e parentes, enquanto vai à escola, onde entra em contato com formas de sociabilidade imprevistas. O uso de drogas, bastante disseminado, traz novos modos de definição da realidade, acompanhando as alterações de consciência. Enquanto sua mãe e as mulheres mais velhas, em geral, restringiam-se ao mundo doméstico como uma espécie de refúgio diante do desconhecido, Catarina e seus amigos lançavam-se à descoberta do novo, movidos por curiosidade e espírito de aventura. Não são, no entanto, atores-sujeitos na sua plenitude, utilizando o livre-arbítrio. São empurrados por forças e circunstâncias que têm de enfrentar e procurar dar conta. Os mecanismos tradicionais de controle familiar parecem ter pouco peso diante de situações novas. Mesmo com a citada pré-socialização surgem problemas imprevistos, como no caso do LSD, com grande potencial de perturbação. Esse fazer e refazer de mapas cognitivos é permanente, com implicações imediatas na autopercepção e representação individuais. Catarina transita entre sua família e seu grupo de amigos, colegas de escola. Percorre em poucos minutos o caminho que vai da vizinhança portuguesa até a Harvard Square. São mundos diferenciados, com padrões contrastantes, concepções particulares, olhares e prioridades distintos. Ela aprende a lidar com essa situação, desenvolvendo não só estratégias racionais mas, sobretudo, uma capacidade de adaptar-se às circunstâncias. As escalas de valores de sua família e de seus amigos não são, necessariamente, antagônicas. Lidam com aspectos diferentes da realidade ou estabelecem recortes próprios nas suas visões de mundo. O fato de os pais não perceberem que Catarina estava sob o efeito de um alucinógeno, ao mesmo tempo em que Victor entendia, é a confirmação das distintas percepções e "*attention à la vie*". Caso descobrissem, provavelmente haveria alguma perplexidade e possível crise. Estudei outras situações de jovens acusados de usarem drogas com consequências bastante funestas nas relações familiares.[12] No caso das famílias brasileiras por mim pesquisadas tratava-se evidentemente de um conflito de projetos, de caráter dramático e com acusações desqualificantes. Sem dúvida poderia também haver problemas nas famílias açorianas. Mas Catarina descobriu que podia não só com *marihuana*, mas até com LSD, não perder inteiramente o controle da situação. Não se tratava, simplesmente, de "enganar os pais", mas de poder transitar entre mundos distintos com alguma segurança. Da mesma forma, a sua "*presentation of self*", nos termos de E. Goffman,[13] diferia quando estava com os amigos, longe do olhar familiar. De certa forma, estamos falando da conhecida teoria dos papéis sociais, mas quando lidamos com situações tão dramaticamente contrastantes, é necessário estar atento às possibilidades culturais dessas transformações.

Os projetos individuais sempre interagem com outros dentro de um campo de possibilidades. Não operam num vácuo, mas sim a partir de premissas e paradigmas culturais compartilhados por universos específicos. Por isso mesmo são complexos e os indivíduos, em princípio, podem ser portadores de projetos diferentes, até contraditórios. Suas pertinência e relevância serão definidas contextualmente. No caso de uma jovem de quinze anos isso pode aparecer de um modo mais dramático na medida em que se caracteriza uma aparente ruptura com uma escala de valores anterior que a englobaria através da família. Mas efetivamente esse mencionado jogo de papéis se realiza acompanhando a emergência de um projeto pessoal de alguma singularidade. Catarina compartilhava com seus pais o desejo de "fazer a América". Mas enquanto eles enfatizavam o bem-estar material e a ascensão social, seus filhos fascinavam-se com a ideia de liberdade. A possibilidade de descobrir e experimentar sensações novas, conhecer pessoas diferentes, aparecia com nitidez nas suas declarações e atitudes. Catarina dizia que pretendia ir para a universidade estudar e ter uma profissão. Mas o que mais a entusiasmava era a possibilidade de mudar radicalmente o seu modo de vida, conhecendo pessoas e lugares novos. É indiscutível que a variável geracional desempenha um papel crucial no estabelecimento dessa descontinuidade. Na época, nos EUA, falava-se em não confiar em ninguém com mais de trinta anos. Poucas vezes sublinhou-se tanto as diferenças etárias, criando mundos à parte. O conhecimento e o uso de drogas foram instrumentos cruciais para o estabelecimento dessas fronteiras ao lado da música, do amor livre etc. Catarina participava lateralmente dessa ideologia, mas não rejeitava laços e lealdades familiares, na medida em que morava com os pais compartilhando situações, crenças e hábitos. Sem dúvida, a rede de sociabilidade dos imigrantes portugueses tinha um peso importante na sua vida. No entanto, aprendeu a mudar de papel de acordo com o contexto. Não se deve entender esse aprendizado como um esforço deliberado e calculado. Efetivamente, havia uma transformação, uma espécie de *metamorfose*.[14] A base desse processo foi a emergência de um projeto seu que, aos poucos, pôde ser distinguido do familiar, em função de interações e experiências inéditas. A escola era o ponto de encontro de pais e filhos, como entrada estratégica para a sociedade americana. Os possíveis efeitos nocivos, sob o ponto de vista dos mais velhos, eram suplantados pela importância do acesso à educação formal, ao diploma e às possibilidades abertas. Assim, desenvolve-se um processo de definição e *negociação da realidade*, implícito ou explícito, possibilitando a manutenção da convivência familiar.

As trajetórias dos indivíduos ganham consistência a partir do delineamento mais ou menos elaborado de projetos com objetivos específicos. A viabilidade de suas realizações vai depender do jogo e interação com outros projetos individuais ou coletivos, da natureza e da dinâmica do campo de possibilidades.

Os projetos, como as pessoas, mudam. Ou as pessoas mudam através de seus projetos. A transformação individual se dá ao longo do tempo e contextualmente. A heterogeneidade, a globalização e a fragmentação da sociedade moderna introduzem novas dimensões que põem em xeque todas as concepções de identidade social e consistência existencial, em termos amplos.

11. Biografia, trajetória e mediação

A literatura de ciências sociais sobre o tema *indivíduo e sociedade* é vasta e diversificada e, pela sua própria natureza, envolve várias disciplinas com suas interseções e cruzamentos. Aqui pretendo tratar apenas de alguns aspectos de interesse mais direto para os trabalhos que venho desenvolvendo dentro de uma antropologia das sociedades complexas.

Por mais polêmica e discutível que seja a noção de complexidade quando aplicada às sociedades humanas, assinale-se o fato histórico das crescentes heterogeneidade sociocultural, especialização da divisão do trabalho, diversificação e fragmentação de papéis sociais, especialmente nas grandes metrópoles da sociedade moderno-contemporânea. A gênese desse fenômeno encontra-se no Renascimento, na Revolução Comercial, na expansão marítima europeia, na Revolução Industrial e nos processos de urbanização associados. O capitalismo e a economia de mercado constituíram-se em molas mestras dessa transformação impulsionada por ideologias individualistas.[1] Há um movimento, portanto, de mudança significativa nos padrões tradicionais, onde a esfera da religião e o universo da família e do parentesco exerciam uma dominância quanto a valores e crenças. Não se trata de um mecânico enfraquecimento dos domínios tradicionais diante da crescente importância da economia e do Estado moderno, mas de um processo de complexificação e deslocamento desses domínios, alterando todo o quadro da vida social. Portanto, hoje relativiza-se o "desencantamento do mundo", em proveito de uma visão mais complexa, onde diferentes níveis e domínios da realidade mantêm especificidade e densidade próprias. A obra de Alfred Schutz é particularmente inspiradora para a compreensão do fenômeno das múltiplas realidades socioculturais que ficam mais evidenciadas na sociedade metropolitana moderno-contemporânea.[2] Ressalte-se que em qualquer sociedade, por mais aparentemente simples, há diferenciação e descontinuidade em termos de papéis sociais e planos de realidade.

No entanto, nas sociedades tribais e tradicionais, religião, família e parentesco, trabalho e guerra imbricam-se de tal forma que a diferenciação em domínios não se apresenta, em geral, de modo nítido. Foi com as transformações antes mencionadas, centradas inicialmente na Europa Ocidental, a partir dos séculos XIV e XV, que progressivamente foram se generalizando modos de organização social onde os indivíduos são as unidades mínimas significativas, circulando e produzindo domínios socioculturais mais diferenciados. A economia de mercado foi e é fundamental para o desenvolvimento desse quadro em que produção e consumo têm o indivíduo como foco. Mas não é só na dimensão estritamente econômica que se encontra essa crescente valorização do indivíduo. Na realidade, este é um dos melhores exemplos do efeito de uma série de variáveis na gênese de fenômenos socioculturais. Weber, no seu *A ética protestante e o espírito do capitalismo*, mostrou como a racionalidade econômica capitalista associada ao protestantismo gerou novos tipos de ação social, com repercussões para a sociedade como um todo. Esse conjunto de práticas e valores, tendo o indivíduo como referência central, foi determinante no desenvolvimento da sociedade moderno-contemporânea.

Simmel, por sua vez, analisou a gênese e o desenvolvimento de ideologias individualistas, mostrando sua riqueza e complexidade, tendo como foco a Europa moderna, a partir do final da Idade Média. Apontou para as vertentes igualitária e de distinção nos individualismos que surgiram e atuaram na sociedade europeia em diferentes domínios.[3] Já Arnold Hauser mostra como no Renascimento criou-se um espaço próprio para o indivíduo artista, destacando-se das corporações tradicionais, reforçando a dimensão da singularidade da criação de autores individualizados. Sabemos como esse processo foi complexo e que a possibilidade de um discípulo-aprendiz singularizar-se diante de seu mestre e sua corporação não correspondeu a um movimento linear e automático. Pelo contrário, contradições e ambiguidades acompanham boa parte da atividade artística mesmo depois do Renascimento, em certas artes mais do que em outras. De qualquer forma, a mística do artista como indivíduo singular, já anunciando a temática da genialidade, tem paradigmas elaborados a partir de figuras emblemáticas como Miguelangelo, Leonardo da Vinci e Rafael.[4] O fato de esses artistas viajarem ainda na Idade Média e durante o Renascimento, saindo de suas corporações e cidades de origem, reforça o seu processo de individualização. Artistas da Europa deslocam-se não só por ela mas chegam até a Ásia participando, por exemplo, já no século XVII, da construção do Taj Mahal na Índia. Os artistas constituem um exemplo significativo da crescente importância das ideologias individualistas.

Fica cada vez mais presente a importância da dimensão interna, da subjetividade para a construção de personagens singulares. Assim, a trajetória individual e a biografia tornam-se cada vez mais centrais na visão de mundo moderno-ocidental. O gênero romance, cujas origens remontam ao final da Idade Média e ao Renascimento, aparece como a manifestação artística privilegiada para essa valorização. Georg Lukács, aliás aluno de Simmel, analisou as várias formas e evolução do romance, apontando para o seu quadro sócio-histórico de referência.[5] Os romances picarescos dos séculos XVI e XVII, incluindo-se o próprio *D. Quixote*, e os ingleses do século XIII, como em Sterne e Fielding, trazem elementos de valorização do personagem indivíduo que aparecerão, com plenitude, no século XIX em autores variados como Stendhal, Flaubert, Balzac, Tolstói, Dickens, com suas diferenças e peculiaridades. A acentuação progressiva na dimensão subjetiva dos personagens delineia o romance psicológico que encontrará em Dostoiévski um autor paradigmático. A transição do século XIX para o século XX constitui-se em período particularmente fértil na literatura, onde a temática indivíduo e sociedade terá tratamento privilegiado em escritores como Zola, Proust, Henry James, Machado de Assis e Eça de Queirós, por exemplo. Uns mais do que outros mergulharão na problemática da subjetividade e nas suas relações com o meio social. Em outros, a própria narrativa nos seus aspectos mais formais passa a ser prioritária na busca de novas formas de linguagem. Sem dúvida essas ênfases diferenciadas podem aparecer na obra do mesmo autor. Mas, para os nossos interesses, cabe frisar que no romance do século XIX e boa parte do XX encontramos a expressão da problemática individual, tendo como referência as emoções, crises e transformações dos personagens. É através, especificamente, do foco na dimensão emocional-sentimental que desde Goethe, pelo menos, encontramos essa temática constitutiva do gênero romance.

No decorrer do século XX a influência da psicanálise e a divulgação da obra de Freud reforçarão essa tendência. Em geral, a psicologização da sociedade sublinhará, cada vez mais, a visão de mundo centrada no indivíduo como unidade e referências básicas. Thomas Mann, certamente, é um dos escritores desse século que, no decorrer de sua obra, mais elabora a problemática de uma *Bildung* diante das transformações e crises da vida social. A experiência da mudança e a pressão e resistência do social estabelecem os limites e os constrangimentos para o indivíduo. Na *Montanha mágica*, no *Buddenbrooks* e no *Doutor Fausto*, como exemplos significativos, os personagens vivem o permanente desafio de encaminhar seus projetos diante de um mundo complexo, contraditório e muitas vezes hostil.

Uma das características, exploradas pelos romancistas, no desenvolvimento do gênero é destacar as *viagens* dos personagens. Sabemos que, desde *A odisseia*, esse é um tema-chave na literatura ocidental. Antes do romance moderno, desde a Antiguidade clássica, atravessando a Idade Média com os romances de cavalaria, as expedições e peregrinações mais ou menos aventurescas estão regularmente presentes com seus heróis míticos ou históricos. A busca do Santo Graal, como se sabe, foi tema básico dos romances de cavalaria. Em geral a viagem tenderá, no romance moderno, a desempenhar papel importante no desenvolvimento dos personagens principais, na sua construção e, muitas vezes, no seu aperfeiçoamento em processos de *Bildung*, onde a relação entre cultura subjetiva e cultura objetiva, nos termos de Simmel,[6] fica evidenciada.

Diferentes tipos de viagem são fundamentais na gênese dessas vertentes individualistas. Cada vez mais, na sociedade moderno-contemporânea, a construção do indivíduo e de sua subjetividade se dá através de pertencimento e participação em múltiplos mundos sociais e níveis de realidade. Assim a viagem pode se dar internamente a uma sociedade específica diferenciada, não significando mais necessariamente um deslocamento geográfico, físico-espacial, mas, sobretudo, um trânsito entre subculturas, mundos sociais, tipos de *ethos* ou, mesmo, entre papéis sociais do mesmo indivíduo. Na metrópole esses processos se dão de modo mais dramático, através de múltiplas interações que podem gerar situações de fragmentação onde a unidade do *self*, nos termos de George Herbert Mead,[7] é posta, constantemente, em questão. Desde, pelo menos, Simmel, passando por autores da Escola de Chicago como Thomas, Park, Blumer, Anselm Strauss e, posteriormente, Goffman, essas características da vida metropolitana, associadas a visões de mundo individualistas, constitutivas de conjuntos de valores e tipos de ação social, têm provocado questões e pesquisas importantes.

Entre outros pontos, destaque-se a problemática do trânsito entre mundos socioculturais. Os indivíduos, especialmente em meio metropolitano, estão potencialmente expostos a experiências muito diferenciadas, na medida em que se deslocam e têm contato com universos sociológicos, estilos de vida e modos de percepção da realidade distintos e mesmo contrastantes. Ora, certos indivíduos mais do que outros não só fazem esse trânsito mas desempenham o papel de mediadores entre diferentes mundos, estilos de vida e experiências. Pelas próprias circunstâncias da vida na sociedade contemporânea, alta proporção de indivíduos transita, inevitavelmente, por diferentes grupos e domínios sociais.

Na sociedade brasileira podemos pensar no exemplo das empregadas domésticas que, oriundas das camadas populares, trabalham em casas de camadas médias e de elites.[8] A própria existência de sua atividade pressupõe uma diferenciação sociocultural em que a situação econômica e a atitude diante do trabalho manual doméstico são elementos de demarcação de fronteiras. Tanto quanto à posição econômica, como quanto ao *status* social, há uma marcante descontinuidade entre as empregadas domésticas e seus patrões. Isto fica mais evidenciado porque, mesmo quando dormem no emprego, as empregadas moram em bairros mais pobres, em favelas ou em periferias urbanas. Lá estão suas famílias, pais, maridos, filhos, irmãos etc. Ou nascem nesses locais, habitados por camadas populares, ou vieram de outros estados e cidades do interior. Certamente, suas subculturas de origem são muito distintas do mundo de alta classe média da Zona Sul do Rio de Janeiro ou dos Jardins e Morumbi de São Paulo. Indo trabalhar em residência de indivíduos e famílias de camadas superiores, defrontam-se com padrões de comportamento, hábitos alimentares e de higiene, formas de interação, critérios estéticos e de gosto e, de modo mais amplo, com códigos distintos dos de seu meio de origem. Rotineiramente, muitas vezes diariamente, transitam entre esses códigos e mundos distintos. Sem dúvida, esse quadro fica mais nítido em uma sociedade não só altamente diferenciada como desigual. Além da significativa dimensão das diferenças de *ethos*, ressaltem-se os problemas e dificuldades de acesso das camadas populares a bens materiais e imateriais amplamente valorizados no âmbito da sociedade abrangente. De qualquer forma, o fato é que as empregadas têm um acesso ao mundo dos patrões que as faz conviver cotidianamente com a intimidade da sua casa e de seus hábitos. O inverso não é verdadeiro, pois pouquíssimos patrões conhecem onde suas empregadas vivem. Trata-se, basicamente, de via de uma só mão. Nas suas idas e vindas, as empregadas trazem informações e experiências, mantendo um canal de comunicação interclasses e entre distintos níveis de cultura. O grau de consciência que terão desse papel, certamente, varia bastante. Cabe avaliar o que e quanto é apreciado nesse processo de trocas socioculturais. Por mais desvalorizado que seja o seu meio de origem, a empregada traz suas crenças e costumes que, embora não sejam de uma tribo isolada, têm sua especificidade dentro da sociedade complexa. Basta pensar em medicina caseira, preferências alimentares, gosto musical, religião, entre outros. Ou seja, embora as culturas populares não estejam insuladas, mas em permanente relação, guardam não só tradições próprias, como têm formas particulares de se apropriar e interpretar outros níveis e dimensões culturais da sociedade abrangente. Mesmo não tendo, necessariamente, um projeto claro de intermediar, efetivamente tornam-se *go-betweens*.

Outro exemplo importante é o da capoeira, estudada por Sônia Travassos.[9] Nesse caso lidamos com o fenômeno da crescente valorização de uma atividade cujas origens estão nas camadas populares, particularmente do mundo afro-brasileiro. Nas últimas décadas a capoeira tem despertado forte interesse entre jovens brancos de camadas médias superiores e elites, particularmente em centros urbanos como Rio e São Paulo, mas abarcando boa parte do território nacional. Não só isso, mas a capoeira passa, também, a ser exportada, e hoje é praticada em países como Estados Unidos, França, Holanda, Israel, Itália, entre outros. Nesse processo os mestres de capoeira, em sua grande maioria originários das citadas camadas populares, desempenham um papel de intermediação entre seu meio de origem e outras classes sociais e níveis de cultura. Diferentemente do caso das empregadas domésticas, esses capoeiristas expressam com clareza um *projeto de mediação* quando, por meio de seu trânsito e de suas viagens, difundem práticas e valores de uma cultura afro-brasileira. Existem discurso e retórica através dos quais é contada e divulgada uma história da capoeira em que a tradição afro-brasileira é fortemente valorizada. Assim resistência, plasticidade, habilidade, coragem, elegância são alguns atributos realçados. Em certos casos há uma verdadeira militância na busca de novos adeptos. Portanto, encontramos essa relação em que os mestres são de categorias sociais subordinadas enquanto os discípulos provêm de níveis superiores da estratificação social. Decorre daí uma interação onde afro-brasileiros são tratados com respeito e consideração, podem ser convidados para as casas das famílias dos alunos e, com alguma frequência, namoram e casam com discípulas jovens e brancas.

Essa "inversão" pode ser encontrada em outros contextos, como na religião, no caso de pais e mães de santo negros e pobres dando consulta para pessoas de classe média, ou na escola de samba, onde indivíduos mais letrados e de renda superior têm que negociar, e, mesmo, se adequar a valores e critérios característicos de camadas populares. Na umbanda, por outro lado, como mostra Guimarães,[10] os indivíduos não vivem isolados em seus terreiros, mas circulam em redes sociais e interagem com outros sistemas cognitivos e instituições da sociedade abrangente, sofrendo e recebendo influências.[11]

No caso do Carnaval, Cavalcanti aponta com clareza a existência de uma relação de *troca* onde o carnavalesco é um *mediador* por excelência, trazendo informações e procurando traduzir e interpretar preferências e padrões do mundo do samba tradicional e de setores das camadas médias que passam a frequentar e, também, a julgar as escolas. Através da mediação fronteiras são cruzadas e mesmo flexibilizadas, transformando padrões tradicionais de relacionamento. Por sua vez, Hermano Vianna mostra como um artista de vanguarda branco e intelectualizado foi buscar inspiração para seu trabalho através da participação na cultura popular e convívio com moradores de favela.[12] Já mostrara como o próprio samba desenvolveu-se através da interação entre níveis socioculturais distintos.[13]

Já Roberta Ceva analisa o fenômeno do forró apontando para a interação entre cultura popular nordestina e jovens universitários do Rio de Janeiro.[14] Estes vêm "descobrindo", de vários modos, as culturas populares em geral. A capoeira e o forró são dois casos evidentes de encontros entre níveis socioculturais, onde indivíduos específicos tomam iniciativas, lidam com códigos diferenciados, interpretando-os e promovendo algum tipo de adaptação. Luiz Gonzaga, estudado por Letícia Vianna, tornou-se um mediador, quase mítico, entre a cultura nordestina tradicional e a cultura de massa urbana.[15] A recente difusão do forró se dá, por outro lado, através também de viagens, pesquisas e divulgação feitas por jovens universitários de origem social mais elevada. Nesse movimento há uma clara e consciente busca de raízes nacionais, retomando preocupações das décadas de 30 e 50 com o folclore e, em geral, com os modos de vida tradicionais do interior e das camadas subalternas.[16]

Portanto, nesses exemplos, há um claro movimento de aproximação entre tradições distintas dentro da sociedade. Existem redes de relações sociais e fluxos de informações que permitem esses contatos e diálogos que não apagam, mas são paralelos à desigualdade econômica e à distribuição de poder.

Na realidade, nesses encontros são valorizados temas e conjuntos de interesses que são capazes de gerar fontes de prestígio e honra social, além de possíveis canais de mobilidade social. A possibilidade de lidar com vários códigos e viver diferentes papéis sociais, num processo de metamorfose, dá a indivíduos específicos a condição de *mediadores* quando implementam de modo sistemático essas práticas.[17] O maior e o menor sucesso de seus desempenhos lhes darão os limites e o âmbito de sua atuação como *mediadores*. Cabe enfatizar que, assim como há sucessos, há também histórias de fracasso quando não é possível estabelecer pontes e canais de comunicação ou quando estes são frágeis e efêmeros. A crescente violência na sociedade brasileira, principalmente nos grandes centros urbanos, pode ser séria barreira na comunicação entre categorias sociais, dificultando a circulação e o trânsito entre meios sociais e regiões morais.[18]

Nas sociedades complexas moderno-contemporâneas, com sua heterogeneidade, diferenciação e desigualdade socioculturais, a esfera do poder tem papel proeminente. É fundamental a possibilidade de identificar e mobilizar recursos para a realização de projetos individuais e grupais como a garantia de sobrevivência, o atendimento a necessidades de todos os tipos, a ascensão social e também as aspirações ao bem-estar e à qualidade de vida em geral.

O Estado e o poder público em seus diversos níveis articulam boa parte dessas redes de distribuição e alocação de recursos materiais e simbólicos, interagindo permanentemente com a chamada "sociedade civil". Os indivíduos em geral, mais ou menos organizados, categorias, grupos comunitários e movimentos sociais participam desse complexo processo de demandas, reivindicações, pressões e contrapressões.

Trata-se do universo das relações de poder, onde os políticos desempenham o crucial papel de *mediadores*, como tem mostrado, entre outros, Kuschnir.[19] Lidam com informações, acessos, prestígio, credibilidade como instrumentos fundamentais para sua atuação. Transitam entre o poder público, em seus diferentes níveis, e o universo de eleitores reais ou potenciais, clientes, amigos e conhecidos, através de redes que cortam a sociedade vertical e horizontalmente. A atividade política, por outro lado, não está limitada aos políticos profissionais, constituindo-se em campo de atuação para lideranças de bairro, locais, comunitárias, sindicais etc., como mostra, por exemplo, Alessandra Barreto.[20]

Os políticos são mediadores profissionais, vivem dessa atividade. Assim, apresentam um elevado grau de consciência e projetos claros de atuação. Suas biografias estão indissoluvelmente associadas a sua atividade de mediação.[21]

Pode-se dizer que são políticos porque são mediadores e são mediadores porque são políticos.

Projetos são expressão nítida, produto e causa de uma sociedade onde os indivíduos são as unidades básicas significativas, nos termos de Louis Dumont.[22] Ao circular e transitar entre diferentes meios e mundos, são fortalecidas a autorreferência e identidade singulares que alimentam visões do futuro e estratégias de ação para atingir objetivos delimitados.

Os indivíduos constituem suas identidades através da memória, retrospectivamente, e dos projetos, prospectivamente. Tudo isso envolve deliberações e escolhas a partir de um quadro sociocultural e de um campo de possibilidades cujos limites nem sempre são claros.[23]

Os mediadores, estabelecendo comunicação entre grupos e categorias sociais distintos, são, muitas vezes, agentes de transformação, acentuando a importância de seu estudo. A sua atuação tem o potencial de alterar fronteiras, com o seu ir e vir, transitando com informações e valores. Sem dúvida há mediações que, simplesmente, mantém o *status quo*, num processo mesmo de controle de informações e preservação de valores. Seria uma mediação tradicional, historicamente desempenhada por certas categorias de sacerdotes, feitores, capatazes, mordomos, delegados, entre tantos possíveis exemplos. Mas nas metrópoles moderno-contemporâneas, os exemplos brasileiros citados ilustram a dimensão mais dinâmica da mediação. Esta associa-se, por outro lado, à noção de *liberdade*, na medida em que se sublinha a possibilidade de escolha, de opção diante dos condicionamentos e determinações socioculturais mais abrangentes. Empregadas domésticas, pais e filhos de santo, carnavalescos, forrozeiros, líderes comunitários, artistas e políticos são diferentes tipos de intermediários, cabendo analisar, através da investigação sistemática de suas trajetórias, a construção de seus papéis de *mediadores*.

12. Entrevista com Gilberto Velho

Concedida em 3 de julho de 2001 a Celso Castro, Lucia Lippi Oliveira e Marieta de Moraes Ferreira, para a revista Estudos Históricos.

De onde veio seu interesse em ciências sociais?

Sem dúvida teve a ver com meu pai, Octávio Alves Velho, um militar bastante atípico, embora existissem alguns militares na geração dele e em gerações anteriores que tinham uma ligação forte com a vida intelectual. Não é à toa que seus dois filhos foram estudar ciências sociais e, depois, por uma série de razões e particularidades, antropologia. O interesse começou, portanto, por influência da família, que valorizava muito os estudos – meu avô, pai de minha mãe, marechal Maurício José Cardoso, também sempre foi uma pessoa muito ligada a estudo, a livro.

Desde o tempo de Colégio Militar, meu pai participava de grêmios literários e tinha um grande interesse por ciências sociais. Gostaria de dar um certo destaque ao fato de ele ter sido professor de português na Academia Militar de West Point, nos Estados Unidos, de 1948 a 1951 – moramos lá durante esse período. Meu pai tinha, portanto, uma dimensão acadêmica em sua carreira. Era um personagem muito complexo, pois ao mesmo tempo em que era paraquedista, um dos pioneiros do paraquedismo no Brasil, era ligado a atividades intelectuais e culturais como a Biblioteca do Exército, onde foi várias vezes membro do conselho ou da diretoria. Foi também tradutor, traduziu mais de cem livros, incluindo quase toda a obra do Erich Fromm. Morreu há um ano e meio, e até hoje, quando vou à casa de minha mãe, a biblioteca dele me surpreende. Tivemos em casa desde cedo, desde pequenos, uma literatura antropo-histórica, com autores como Ralph Linton, Arnold Toynbee, e clássicos brasileiros como Gilberto Freyre, Arthur Ramos, a Brasiliana... Havia um clima favorável à vida intelectual e um interesse por ciências sociais. Meu pai também dava cursos, foi professor, no Exército, de uma série de disciplinas, entre elas psicologia militar. Era muito ligado à área de psicologia e psicanálise.

Mencionei a tradução da obra do Fromm; ele também traduziu Melanie Klein, tinha uma forte vinculação com essa área.

Por que razão, na época do curso secundário, você foi estudar no Colégio de Aplicação da UFRJ?

Na minha família as pessoas iam para o Colégio Militar, fazia parte da tradição. Meu irmão, por exemplo, foi do Colégio Militar. Mas no ano em que eu ia fazer exame aconteceu um fato pelo qual até hoje agradeço muito ao general Lott, então ministro da Guerra: ele considerou que o Colégio Militar estava muito cheio, e naquele ano não houve exame de admissão. E aí veio meu pai com as relações dele e com as informações que tinha. Ainda como oficial da ativa, ele era professor do curso de Técnica de Ensino do Exército e lá tinha conhecido o professor Luiz Alves de Mattos, que era o diretor do Colégio de Aplicação da antiga FNFi [Faculdade Nacional de Filosofia]. O professor Mattos indicou o Aplicação, e assim fui para lá. Na época tinha-se que passar num exame puxado para poder entrar no colégio, não havia sorteio, como passou a haver depois.

Essa foi uma experiência muito rica, muito importante na minha vida, porque o Colégio de Aplicação daquele tempo, entre 1957 e 1964, quando estive lá, tinha um grupo de professores de história e de geografia notável: Manuel Maurício de Albuquerque, os irmãos Hugo e Artur Weiss, Lidneia Gassman – que tinha sido inclusive assistente da professora Marina São Paulo de Vasconcelos, catedrática de antropologia da FNFi –, Clóvis Dottori, José Luiz Werneck da Silva e Maurício Silva Santos. Essa dupla foi particularmente importante, porque no curso clássico havia uma disciplina chamada estudos sociais, que na realidade era história, dada pelo Werneck, e geografia, dada pelo Maurício, e eles eram muito entrosados. Foi um dos cursos mais importantes que fiz na minha vida. Foram três anos, do primeiro ao terceiro clássico, com dois professores excelentes, lendo muito, fazendo pesquisa bibliográfica – mas pesquisa bibliográfica mesmo – e ampliando os horizontes: sociologia, alguma coisa de antropologia, história em geral.

Terminei o Colégio de Aplicação em 1964 e entrei para o curso de Ciências Sociais da Faculdade Nacional de Filosofia em 1965. Como o Colégio de Aplicação pertencia à faculdade, nós a conhecíamos razoavelmente. Tivemos contato com licenciados que faziam prática de ensino no colégio, e alguns eram ótimos, mas outros eram péssimos. Portanto, eu tinha ideia de que ia encontrar um ambiente heterogêneo e um tanto tumultuado. Além disso, em 64, vários dos melhores professores da Faculdade Nacional de Filosofia foram obrigados a se retirar, ou se retiraram por estratégia.

Sessenta e quatro foi o ano do golpe. Você vinha de uma família de militares, estudou no Colégio de Aplicação, que iria formar vários quadros importantes de oposição ao regime militar, e decidiu estudar ciências sociais. Como atravessou essa encruzilhada biográfica?

São as complicações, os paradoxos e a complexidade da vida. De fato, no Colégio de Aplicação, houve uma certa época em que eu me considerava marxista. Meu pai tinha posições mais conservadoras em termos políticos, era ligado à UDN, mas intelectualmente era uma pessoa de grande abertura, como o demonstra seu interesse por um autor como Fromm, que era chave para ele. Mas havia uma situação de tensão, fora do grupo doméstico, em relação a pessoas da família de minha mãe. Ela tinha sete irmãos homens, sendo seis militares, quatro do Exército e dois da Aeronáutica. Havia diferentes tons ideológicos entre esses irmãos, mas pelo menos um era líder da direita mais vigorosa do Exército brasileiro.

Assim, em 64, tivemos uma divisão dentro de casa. Eu e meu irmão – que já estava cursando sociologia na PUC – numa posição, meu pai em outra; minha mãe, uma manejadora mais ou menos bem-humorada, variava um pouco. Era curioso. Eu e meu irmão passávamos em casa, encontrávamos nosso pai, e ele nos dizia: "Vocês vão perder. Estão numa situação ruim", preocupado que pudesse acontecer alguma coisa conosco, aborrecido, mas, ao mesmo tempo, respeitando a diferença de posição. E, de fato, ele nos dava informações importantes, que nós, quando fomos para a UNE, no dia 30 de março, tentamos passar. Mais ou menos, meu pai nos disse: "O general Kruel já aderiu ao movimento. Não se iludam." Eu me lembro de que começamos a dizer isso para as pessoas, e elas não queriam acreditar. Era o momento, por exemplo, em que Nelson Werneck Sodré, um historiador muito respeitável, afirmava com convicção que os militares, na sua maioria, iam se aliar com a burguesia nacional contra o imperialismo, contra o golpe. Terminada a situação crítica, quer dizer, instalado o governo militar, nós soubemos, através de um amigo comum, que meu pai comentava que estava do lado que tinha vencido, mas que na casa dele o ambiente era de tamanho luto que ele ficava triste...

Logo depois do golpe, meu pai foi nomeado diretor da Agência Nacional. Esse foi um momento muito importante na transição, tanto nacional quanto familiar, porque ele reagiu contra a censura. Houve o famoso episódio do filme *Deus e o diabo na terra do sol*, do Glauber Rocha, que ele nos convidou para assistir na sessão especial na Agência Nacional em que se estaria decidindo o destino do filme. Meu irmão foi com a noiva, Maria Lucia de Andrade Pinto, e foram comigo Dora Rocha e uma outra amiga nossa, Bluma Dauster, com o namorado, José Arthur Denot Medeiros, que hoje em dia é embaixador. Ficamos meio isolados no auditório, predominantemente ocupado por militares e pessoas da cúpula do regime recém-instalado. Terminado o filme, algumas pessoas se levantaram e disseram que ele tinha que ser queimado imediatamente, destruído. Meu pai ficou quieto e depois conversou conosco. Acho que foi a sessão de cinema mais emocionante que vi na minha vida. Adoramos o filme, ainda mais naquele clima, naquela situação difícil. Meu pai recusou-se a censurá-lo e procurou o ministro da Justiça, Milton Campos, a quem era subordinado, que lhe garantiu que *Deus e o diabo* não seria queimado nem destruído. Ainda assim, algumas semanas depois meu pai pediu demissão, porque estava achando intoleráveis as pressões para a censura e outras coisas que já estavam ocorrendo e que ele percebia. Aliás, Milton Campos disse que em pouco tempo o acompanharia.

Como foi sua vida na Faculdade Nacional de Filosofia?

Nós chegamos num momento muito ruim, muito difícil, em que a faculdade tinha perdido alguns dos seus melhores professores. Encontramos o curso de Ciências Sociais, particularmente, muito desorganizado, fragmentado. Efetivamente, no primeiro ano, tivemos um curso de antropologia que era bem organizado, dirigido pela professora Marina São Paulo de Vasconcelos. Ela era uma espécie de referência permanente pela sua seriedade, era uma pessoa honesta, íntegra, muito respeitada. Não era uma figura que tivesse grande liderança intelectual, mas era a catedrática e administrava a cátedra dela de uma maneira muito rigorosa. As aulas começavam às sete da manhã, e os professores davam aula sempre, não faltavam. Mas as disciplinas de antropologia, no primeiro ano, não eram muito fascinantes para mim. Tínhamos antropologia biológica, que na época era basicamente osteometria, e havia uma introdução à antropologia cultural. Não era a antropologia mais moderna da época. Era a herança do Arthur Ramos, muito na linha do Melville Herskovitz de *Man and His Works*, que tinha uma tradução já antiga e era um livro muito usado.

Em sociologia a situação era bem pior. Costa Pinto já estava afastado, ou estava se afastando. Não chegou a dar aula para nós. Nossa professora foi uma senhora chamada Wanda Torok, que era ligada a organizações de mulheres de direita e se via como tendo a missão de combater o comunismo. Achava que a tarefa dela era identificar pessoas que eram ou podiam se tornar comunistas. Diziam – não sei se isso fazia parte do folclore da época – que era casada com um conde polonês que dava aula de ginástica no Copacabana Palace... O que há de concreto é que o contato com ela foi muito duro, muito difícil. Para terem uma ideia de como era o clima, ela instituiu uma coisa que parecia ser uma ideia interessante, um seminário sobre relações entre filosofia e ciências sociais, mas onde não se falava em marxismo. Evidentemente, havia uma censura clara sendo imposta ali. Resolvi, jovem, levantar-me um dia e dizer que achava que não se podia discutir a relação entre filosofia e ciências sociais sem discutir marxismo, e fiquei muito marcado por essa intervenção, que veio reforçar uma imagem que eu já tinha. É que na formatura do Colégio de Aplicação, no final de 64, em cerimônia no salão nobre da Faculdade de Filosofia presidida pelo diretor da faculdade, Faria Góes Sobrinho, fui orador da turma e fiz um discurso contra o golpe, a favor do pensamento crítico, aquelas coisas. Fui muito aplaudido, e os alunos da Faculdade de Filosofia que assistiam também fizeram uma grande festa. Quando o Faria Góes me viu entrando na faculdade alguns meses depois, resolveu achar que eu era um perigoso agente subversivo. E, com o episódio da Wanda Torok, evidentemente isso se reforçou.

Mas o que aconteceu? Essa senhora era tão intolerante, tão parcial, que conseguiu fazer que a turma entrasse em greve na aula de sociologia. Evidentemente havia estímulos das organizações estudantis. Na liderança do movimento estiveram, entre outros, eu, Yvonne Maggie, Marcos Medeiros, Eurico de Lima Figueiredo, Ronaldo Conde Aguiar e Jether Ramalho – cuja participação foi muito importante, porque era uma pessoa mais velha, senhor de terno e gravata, distintíssimo, que também teve uma discussão direta com a Wanda. Dona Marina Vasconcelos, que não queria que fôssemos prejudicados, procurou de alguma maneira nos apoiar, nos proteger, e afinal veio nos dar aula, para impedir que perdêssemos o ano, o professor Evaristo de Moraes Filho. Evaristo era catedrático de direito do trabalho na Faculdade de Direito, mas era livre-docente de sociologia na Filosofia. Na realidade, quem respondia pela cadeira na época era Hildebrando Leal, um homem bom, que também não queria que os alunos fossem prejudicados e achou ótima a solução de o Evaristo nos dar Sociologia I e Sociologia II. Evaristo assumindo, a sociologia melhorou dramaticamente. Ele é uma pessoa de enorme cultura e gostava de um autor por quem na época eu já me interessava: Georg Simmel. Evaristo é o responsável pela publicação da primeira e única coletânea do Simmel no Brasil. Na época a coletânea ainda não estava publicada, mas ele falava no Simmel, e eu, pelo pouco que conhecia até então, já me interessava.

Havia ainda umas figuras estranhas da Faculdade de Filosofia. Fico até constrangido de falar mal das pessoas, mas é inevitável situar. Havia uma cadeira de geografia, que era dada por uma senhora, dona Lucy Freire, que tinha sido assistente do Josué de Castro, e de quem se dizia que tinha contribuído muito para o afastamento do Josué. Era uma senhora um pouco limitada e também obsessiva em relação ao que se chamava na época de anticomunismo. Para mim, que tinha tido como professores de geografia pessoas esplêndidas, como Maurício Silva Santos, o contraste era chocante. Aliás, o contraste entre todo aquele primeiro ano do curso de Ciências Sociais com o curso que eu tinha feito no Colégio de Aplicação era melancólico. Por mais que eu estivesse prevenido, era chocante. Eu agora estava na faculdade, e numa situação pior. Além dos professores de história e geografia, tínhamos no Colégio de Aplicação um grupo de professores de línguas e literatura formidável. Tínhamos, realmente, uma ótima qualidade de ensino, e nesse ponto a entrada para a Faculdade de Filosofia significou uma queda muito grande.

Mas ocorreu uma outra coisa boa ainda no primeiro ano. Foi a cadeira de ciência política, que era dada pela professora Maria Stela Farias de Amorim, que tinha uma formação muito interessante, tinha feito um curso de antropologia com Roberto Cardoso de Oliveira no Museu Nacional, antes da criação do mestrado. Era um curso de especialização no qual, inclusive, ela tinha feito pesquisa com grupos indígenas, com os Maxacali de Minas Gerais. Além de nos dar aula, ela trabalhava no Instituto de Ciências Sociais, que era uma outra unidade da universidade. O curso da Stela foi um curso bem melhor, porque fazia sentido, ela dava cientistas políticos, dava um pouco de história também, tinha algo a ver com a minha experiência anterior. Era uma pessoa muito dedicada, muito idealista, me interessei e estudamos bastante. E quando terminou o primeiro ano, ela me convidou para trabalhar no Instituto de Ciências Sociais como auxiliar de pesquisa no projeto coordenado pelo Maurício Vinhas de Queirós, Estrutura e Função dos Grupos Econômicos no Brasil.

A experiência do instituto foi muito importante. Evaristo era o diretor, eu trabalhava com o Maurício e a Stela, mas tinha contatos com Luciano Martins e outros, como Pessoa de Queirós, Rosélia Perissé, enfim, um grupo bastante interessante. Convivia também com colegas como Alzira Abreu e Maria Luísa Proença. Era um lugar muito agradável, bonito, com uma biblioteca boa, e havia um ambiente – que me influenciou bastante – eminentemente interdisciplinar. A formação básica das pessoas era em sociologia. A própria pesquisa do Maurício era um estudo sobre grupos econômicos preocupado o tempo todo com sociologia e com ciência política. Maurício Vinhas de Queirós é um personagem notável, porque, ao lado de coordenar essas pesquisas na área de economia política, sociologia, estava lançando, enquanto eu trabalhava com ele, o livro *Messianismo e conflito social*, que é uma obra-prima. É um trabalho sobre messianismo no Contestado que utiliza autores de antropologia e de história, uma etnografia histórica exemplar, um livro que adorei. Eu, realmente, privei com o Maurício, pois trabalhávamos na mesma sala. Ajudei-o especificamente numa tarefa, que foi a pesquisa que ele estava fazendo sobre 1850 como ano-chave para a modernização do país – ele escreveu um artigo importante na época sobre isso. Não produziu muito, era uma pessoa que tinha problemas pessoais complicados, mas era um grande intelectual. Tinha sido jornalista e conservava a preocupação de escrever bem, com clareza. Isso era um valor fundamental que ele estimulava, citando os seus professores franceses: *la clarté*. Houve um período em que me afastei do instituto, mas depois voltei e trabalhei na pesquisa do Luciano Martins. Mas aí já estava me encaminhando para a antropologia.

Dentro desse leque, pelo que você está dizendo, havia história, sociologia, política, vários caminhos. Por que antropologia?

É uma coisa pouco modesta de dizer, mas quando terminei o curso de Ciências Sociais, fui convidado a dar aula de antropologia, de sociologia e de ciência política pelas pessoas que eram responsáveis por essas cadeiras no já então IFCS, porque naquela época a Faculdade de Filosofia se dissolveu, e os cursos de História, Ciências Sociais e Filosofia foram integrados ao Instituto de Filosofia e Ciências Sociais, primeiro na rua Marquês de Olinda e mais tarde no largo de São Francisco. Receber os convites da dona Marina, do Evaristo e da Stela foi muito gratificante para o ego, mas por outro lado não era simples a escolha.

Escolhi antropologia porque, depois daquele primeiro ano, fui fazendo disciplinas mais interessantes. Tive uma professora, Hortênsia Caminha, que também tinha sido aluna do Roberto Cardoso no curso de especialização do Museu Nacional, que era uma pessoa com muito boa formação teórica e deu cursos muito estimulantes sobre antropologia social britânica e sobre o estrutural-funcionalismo. Dona Marina passou a estar mais presente e estimulou muito a relação com os sociólogos e historiadores especialistas em Brasil. A antropologia era dada muito nesse sentido. Era, efetivamente, a cadeira que funcionava, que tinha uma organização, uma certa previsibilidade. Evaristo era uma pessoa brilhante, mas tinha tantas coisas a fazer que o projeto principal dele não estava ali. Mesmo a Stela dependia do responsável pela cadeira, que era o professor Romeu Rodrigues e Silva, ex-assistente do Djacir Meneses. Quem tinha, realmente, mais meios, digamos assim, de controle, era a Marina. Yvonne também foi convidada para dar aula de antropologia – então já éramos um jovem casal, nos casamos em 1968 quando estávamos no quarto ano e éramos auxiliares de pesquisa –, e começamos a dar aula em 69, junto com Jether Pereira Ramalho, que foi para sociologia, e Eurico de Lima Figueiredo, hoje professor da Fluminense, que foi para ciência política. Na realidade, no curso básico de 1969, Jether, Eurico e eu dávamos sociologia, ciência política e antropologia de modo integrado: decidimos dar um autor comum a todos, C. Wright Mills, de *A imaginação sociológica*. Eram turmas de quarenta ou cinquenta alunos, até mais, e funcionou bem.

Foi assim o início da docência, a ligação com a antropologia, que já vinha vindo. Por outro lado, estava acabando de ser constituído o Programa de Pós-Graduação em Antropologia Social no Museu Nacional, coordenado pelo Roberto Cardoso de Oliveira. E aí entra também meu irmão, Otavio Guilherme Velho. Ele já era formado há mais tempo e passara a ter contato com o Roberto, que por sua vez pertencia ao conselho diretor do Instituto de Ciências Sociais. Eu também passei a ter mais contato com o Roberto e percebi que sem dúvida ele era um intelectual fascinante, uma pessoa que trazia um peso acadêmico, uma respeitabilidade muito forte. Isso foi mais um reforço – para mim isso é claro – no meu interesse em fazer pós-graduação em antropologia social. Não pensei em ir para o exterior imediatamente, porque eu queria ficar no Brasil mais algum tempo pelo menos. Mas sabia que em algum momento iria para fora. E foi exatamente o que ocorreu. Entrei para o Museu em agosto de 69 e defendi minha dissertação de mestrado em dezembro de 70. Fiz tudo em um ano e meio, até hoje seria um recorde.

Sua tese de mestrado, *A utopia urbana*, foi a terceira a ser defendida no Museu. Como funcionava o PPGAS nesse início? Quem eram os professores?
Funcionava muito bem. No primeiro semestre, fiz Dimensões do Conhecimento Etnológico com o professor Luís de Castro Faria, um curso que só ele pode dar até hoje, pela sua vastidão erudita. Integrava antropologia, arqueologia, antropologia cultural, antropologia social, e realmente era uma excelente introdução ao mestrado. Fiz – aí já começamos a entrar em outro território – o curso de Antropologia Urbana com Anthony Leeds, professor da Universidade do Texas; um curso sobre Antropologia das Sociedades Complexas com Richard Adams, também do Texas; um curso com Roberto Cardoso sobre Sociedades Camponesas; outro com Jorge Graciarena, sociólogo argentino que estava no Centro Latino-Americano de Ciências Sociais, sobre Sociologia e Desenvolvimento; outro com Neuma Aguiar sobre Estrutura de Classes e Estratificação Social, e outro com o Shelton Davis, que foi meu orientador. Francisca Keller, já falecida, também foi minha professora num curso importantíssimo, sobre Minorias Nacionais. Aliás, foi uma pessoa muito minha amiga, a quem dedico muito afeto.

Os professores estrangeiros vinham como visitantes?
Vinham pela Fundação Ford, com exceção do Graciarena, que como disse era pesquisador do Centro Latino-Americano, com a qual o Museu tinha convênio. Quer dizer, o que mantinha o programa era a Fundação Ford, porque só Roberto Cardoso e Castro Faria eram do corpo docente da Universidade Federal do Rio de Janeiro. Roberto Da Matta estava nos Estados Unidos na época, fazendo

o PhD dele, e Roque Laraia e Júlio César Melatti já tinham ido para Brasília. Portanto, quase todos eram mantidos pela Fundação Ford, com contratos de prestação de serviços. Havia ainda outro professor anglo-americano, David Maybury-Lewis. Vocês sabem que o programa foi criado ligado ao projeto Museu Nacional-Harvard, e o David foi um dos fundadores do projeto. Mas era professor de etnologia, e não fiz cursos com ele.

Na época, e durante muitos anos ainda, antropólogo era quem mexia com índio ou, no máximo, com camponês. Como se formou o campo da antropologia urbana? Como era vista uma tese como a sua, que pesquisava Copacabana?

Vamos por partes. O Programa de Pós-Graduação no Museu surgiu a partir de pesquisas na área de grupos indígenas, com o projeto Harvard-Brasil Central, ligado aos estudos dos grupos Gê. Depois houve um desdobramento, que foi o estudo de frentes de expansão. O próprio David tinha a intenção de estudar as elites do Nordeste, mas só anos mais tarde ele chegou a desenvolver alguma coisa nessa área, ainda assim muito marginalmente.

Eu já entrei para o Museu tendo a ideia de que queria trabalhar com camadas médias urbanas. No Instituto de Ciências Sociais, eu tinha participado de pesquisas como a da Stela, sobre burocracia, a do Maurício, sobre grupos econômicos, e tinha achado muito estimulante trabalhar com esse universo. Mas meu interesse era anterior, e de certa forma tinha sido também alimentado pela experiência de 64. Isso parece um pouco aquelas histórias que você conta para criar mitos, mas o fato é que, no 31 de março, quando puseram fogo na UNE, voltei para casa caminhando e quando cheguei a Copacabana vi que havia uma enorme festa. Fiquei realmente muito curioso e impressionado. Eu sabia que também havia gente trancada dentro de casa, lamentando, mas na rua havia aquela grande festa, e eu queria saber quem eram aquelas pessoas, por que elas pensavam daquele jeito, por que estavam fazendo aquela escolha. Fiquei interessado e achei que Copacabana era o lugar ideal para uma pesquisa, não só por causa da festa que vi, é claro, mas também porque eu tinha uma certa clareza de que eu detinha um determinado tipo de informação e de experiência em Copacabana que poderia ser útil.

Quanto mais eu lia antropologia, *Os argonautas do Pacífico Ocidental* ou *Os Nuer*, ou trabalhos sobre camponeses, havia um lado da etnografia que me encantava. Aquilo nunca havia sido feito para certos universos brasileiros, e eu achava que era uma coisa fundamental a desenvolver. Dava-se muita ênfase à antropologia dos grupos indígenas, do campesinato e de alguns setores da classe trabalhadora, mas os demais atores ou grupos eram deixados de lado. E eu tinha interesse, até por uma motivação política, em entender por que as pessoas das camadas médias urbanas tomavam as posições que tomavam. Quem eram aquelas pessoas? Como era a sua vida? Qual era a sua visão de mundo? Qual era a sua ideologia, ou quais eram as suas ideologias? Na realidade, eu me convenci de que estudar isso era uma tarefa fundamental. É claro que algumas pessoas no Museu podem ter olhado a minha escolha com uma certa desconfiança, uma certa perplexidade, mas não criaram dificuldades.

Havia outras pessoas fazendo esse mesmo tipo de escolha?
Quando comecei, não. Mas eu tinha uma certa convicção de que era um tema importante. Eu não tinha nenhuma postura messiânica, mas tinha um interesse muito forte e lia textos que o reforçavam. Estava lendo *Os argonautas do Pacífico Ocidental* e pensava em Copacabana e nos universos de camadas médias.

Aí entra um detalhe biográfico. Quando Yvonne Maggie e eu nos casamos em 1968, meu pai nos deu um conjugado que ele tinha na rua Bolívar, em Copacabana. Foi onde nós fomos morar. Essa experiência foi definitiva. Era a duas quadras do lugar onde eu tinha morado desde 1952, e era muito diferente. Então, as pessoas estavam falando de sociedades tribais, de aldeias, e eu tinha diante de mim um fenômeno absolutamente fascinante, que eram percepções da realidade distintas, estilos de vida diferenciados, modos de ser contrastantes. Eu não podia perder aquilo. E o Leeds me ajudou muito, porque o curso de antropologia urbana que ele me deu abriu um leque para as pessoas fazerem pesquisas sobre assuntos que tivessem a ver com habitação – o gancho era habitação.

Luiz Antônio Machado da Silva foi trabalhar com favela, que era a linha do Leeds, e eu resolvi fazer um trabalho sobre o Barata Ribeiro 200, que era um prédio de conjugados notório da época. Quis fazer o trabalho de curso para o Leeds sobre o Barata Ribeiro 200 porque ainda estava preocupado em ter uma experiência fora do meu próprio prédio, um certo distanciamento, na medida do possível. Esse trabalho precipitou definitivamente a escolha do tema da minha dissertação de mestrado. Comecei a entrevistar, a ler, e tinha também algumas alunas do IFCS que coloquei como auxiliares de pesquisa para aplicar questionários em outros prédios que não aquele em que eu morava. Comecei a fazer trabalhos de curso aproveitando a pesquisa que estava fazendo. Acho que essa é uma das explicações de por que foi tudo tão rápido.

Anthony Leeds foi então fundamental, por ser um professor que dava legitimidade ao seu interesse.

Legitimou, com grande peso, e me colocou em contato com uma bibliografia relevante. Mas o meu orientador não foi o Leeds. Meu orientador foi o Shelton Davis, um jovem PhD de Harvard que estava no Brasil associado ao programa. Ele tinha feito pesquisa na Guatemala, trabalhava com antropologia do direito. Era uma pessoa muito interessante, morava em Copacabana e ficou absolutamente interessado no que eu estava fazendo. Achei que era ele que tinha que ser meu orientador. Falei com Roberto Cardoso de Oliveira, que concordou. Shelton Davis foi um interlocutor precioso.

A tese foi publicada em livro logo?

Logo, não. Defendi a dissertação em 1970, fui para os Estados Unidos, voltei em 1972, falei com o Jorge Zahar, e *A utopia urbana* foi publicada em 1973. Quando terminei o mestrado, a minha ida para os Estados Unidos já estava encaminhada, porque o Richard Adams – o outro professor da Universidade do Texas que estava no Museu e que também era uma pessoa importante na Fundação Ford – me convidou para estudar em Austin. Agora, estudar como? Havia um plano de criar o doutorado no Museu Nacional. Então, Yvonne e eu iríamos – Yvonne não defendeu mestrado na época, defendeu quando voltamos dos Estados Unidos – e, no meu caso, eu faria cursos que seriam incorporados ao meu doutorado no Museu. Era uma antecipação da bolsa-sanduíche.

Você não pensou na possibilidade de ficar lá fazendo logo o doutorado?

Pensei, mas não gostei da ideia. Eu realmente gosto do Rio de Janeiro, gosto do Brasil, gosto de ficar aqui, e tinha um problema fundamental: eu era professor do IFCS. A época era dificílima, para conseguir liberar meu passaporte foi extremamente complicado, porque eu era fichado no Dops – disseram que eu tinha denúncia de participar de atividades muito graves, como passeatas... –, e a própria universidade não me deu autorização para sair. Eduardo Prado Mendonça, que era professor de filosofia e tinha assumido a direção do IFCS, quando viu que o nosso pedido podia ser negado, engavetou-o e nos mandou ir assim mesmo. Nós fomos e continuamos recebendo normalmente, ficamos aquele ano numa espécie de limbo. Fomos protegidos pelo Eduardo Mendonça, e ficar mais era desafiar, era colocar o Eduardo numa situação difícil. E nós, ambos, queríamos continuar como professores da universidade. Havia ainda o doutorado no Museu Nacional. A experiência no Texas foi boa, mas eu tinha a convicção de que seria melhor, em termos de produção intelectual, fazer o doutorado aqui – como aliás, em geral, acho até hoje que deve ser feito.

Acontece que o doutorado no Museu Nacional acabou não saindo naquele momento, porque o Roberto Cardoso de Oliveira saiu do Museu. Houve uma série de problemas, ele foi prejudicado por questões de política interna, resolveu sair e foi para a UnB. O próprio Roberto, então, me encaminhou para a antropologia na USP, onde tive duas opções: Eunice Durham e Ruth Cardoso. Fiquei com Ruth, que foi uma interlocutora preciosa. No início, eu estava meio em dúvida quanto a estudar família e parentesco em camadas médias, mas achei que haveria um gancho melhor e mais interessante se eu utilizasse a questão das drogas, dos tóxicos. Ruth gostou, me deu toda a força, e aí fiz o doutorado na USP, que consistiu basicamente em um curso, porque os meus oito cursos no mestrado do Museu, mais os seis cursos nos Estados Unidos, eram mais do que o suficiente para conseguir todos os créditos. Defendi a tese em 1975.

Mas antes de falar da tese eu preciso falar do Texas, porque uma coisa só pode ser entendida em função da outra. Todos os seis cursos que fiz no Departamento de Antropologia da Universidade do Texas foram interessantes, mas houve um que foi absolutamente importante: Etnografia dos Hospitais Psiquiátricos e Prisões, dado pelo professor Ira Buchler, que era um sujeito semialternativo, uma pessoa excelente. Devo agradecer também ao Richard Adams, uma figura mais conservadora, por me ter indicado esse curso, porque – ele teve toda a razão – eu dificilmente faria algo parecido no Brasil. No curso do Ira Buchler nós líamos muito Goffman e Becker. Do Goffman, eu já conhecia alguma coisa, já tinha tido contato com alguns textos, embora pouco. Mas foi aí que fui apresentado ao Howard

S. Becker. É bom esclarecer que existem dois Becker, ambos, aliás, ligados à Escola de Chicago: Howard Becker, mais velho, de uma geração anterior, um autor também importante, e Howard S. Becker, hoje mais famoso, uns quinze ou vinte anos mais moço. Falava-se muito, nesse curso, sobre instituição total e desvio, e um dos livros básicos era o *Outsiders*, do Howard S. Becker, que adorei, porque já na *Utopia urbana* eu estava lidando com essa problemática. Na verdade, usei o material de Copacabana para o curso de Ira Buchler.

Além disso, fiz também no Texas um curso com o Richard Adams, outro com o Leeds – os dois estavam lá –, e fiz um curso muito interessante, também marcante, de etnomusicologia, com a Marcia Hendon. Fiz um curso sobre parentesco com o Henry Selby, que era um dos maiores especialistas na área, e outro sobre antropologia e arqueologia, com Richard Schaedel.

Quando você veio fazer o doutorado na USP, já estava portanto com as coisas muito bem mapeadas.

Já, muito bem encaminhadas. Após o primeiro semestre que passamos no Texas, no verão Yvonne e eu fomos para Cambridge, onde ficamos ligados a Harvard, ao David Maybury-Lewis e ao Roberto Cardoso, que estava lá na época. Fomos estudar os portugueses da Nova Inglaterra. Eu, particularmente, fiquei com os açorianos, que eram predominantes, e Yvonne com os cabo-verdianos. Foi uma experiência de campo muito interessante, porque era a primeira pesquisa, embora modesta, que eu fazia em outro contexto metropolitano – a área de Boston –, em outra sociedade, em outra cultura. Isso foi importantíssimo para mim. Há um capítulo do livro *Projeto e metamorfose* em que falo sobre essa pesquisa com os açorianos, inclusive sobre a questão das drogas. Essa foi uma questão que me impressionou muito: via famílias tradicionais açorianas, conservadoras, com senhoras vestidas de preto e senhores trabalhando quatorze, dezesseis horas por dia, e com os filhos, às vezes até sem falar inglês muito bem ainda, andando pela Harvard Square, indo para as escolas americanas e usando drogas, alguns deles. Fiquei fascinado em ver aquelas pessoas que faziam vida de família, frequentavam igrejas, procissões, dentro de um quadro muito tradicional, quase que rural, e ao mesmo tempo tinham essa interação com a sociedade americana que passava pela contracultura, pelo *street people*, pela maconha, pelo ácido. Conto nesse texto que havia uma menina açoriana que tinha tomado uma dose de ácido um pouco mais forte do que ela supunha, e ficou uns dois dias viajando sem que a família percebesse. As pessoas que usavam ácido percebiam, mas a família não: "Você está um pouco esquisita, Catarina..."

Isso foi mais um reforço a uma certa preocupação de perceber que, numa mesma sociedade, você tem, juntos, grupos com experiências muito divergentes, contrastantes; de perceber, sobretudo, que as pessoas carregam dentro de si próprias experiências e visões de mundo diferentes, contraditórias, não são monolíticas como personalidade social, desempenham múltiplos papéis. Isso foi importante para que, ao voltar para o Brasil, eu tomasse a decisão de fazer minha tese de doutorado sobre o uso de drogas, o que era uma coisa muito ousada, meio clandestina, dava margem a todo tipo de problema. Era tudo muito complicado. Mas eu tinha uma certa convicção de que era um tema importante e de que eu tinha a oportunidade de lidar com ele porque conhecia parte do mundo que lidava com as drogas no Rio de Janeiro.

Esse caráter clandestino da pesquisa é que explica os 23 anos que você levou para publicar *Nobres e anjos*? Ou houve outros fatores?

Acho que houve várias razões. Primeiro, a preocupação de proteger realmente as pessoas de quem eu estava falando. O que incluía, é claro, a preocupação de proteger a mim mesmo. Mudei os nomes das pessoas, mas se, naquela época de repressão, alguém quisesse se dedicar a identificá-las, não seria tão difícil, porque era uma rede situada numa fronteira de classe média intelectualizada e artística com elite. Havia ainda um problema interessante, que era um certo pudor de estar falando de pessoas que em muitos casos eram minhas amigas. Eu até poderia ter publicado a tese algum tempo antes, mas acho que foi o tempo certo, porque muitos dos meus informantes se haviam tornado pessoas estabelecidas e sólidas – alguns deles já são avós –, e a reação foi boa. Não sei se teria sido tão boa se tivesse publicado antes. As pessoas gostaram quando leram. Pelo menos ninguém me disse que não gostou. Houve até um fato interessante: uma pessoa chegou para mim e reclamou por não ter sido identificada, pois gostaria de ter sido. Enfim, foram 23 anos. Poderiam ter sido talvez 19, 20 ou 21, mas certamente era preciso um longo período de tempo em relação ao mundo objetivo, externo, e a uma elaboração minha sobre como lidar com aquilo. Eu tinha uma preocupação muito grande de não ferir qualquer suscetibilidade das pessoas, algumas, como disse, amigas e próximas. Durante algum tempo eu me "esqueci" do assunto.

Mas, na época, você ficou satisfeito com o trabalho?
Fiquei. Tive uma banca muito boa, que teve um diálogo estimulante comigo. Minha defesa foi assistida por um público razoável na época, e foi considerada um acontecimento interessante. A banca era formada pela Ruth, como orientadora, Eunice Durham, Juarez Brandão López, Peter Fry e um americano que na época era professor de Campinas, Mário Bick. Foi ótimo. E publiquei artigos a partir da tese nesses 23 anos; além disso, várias ideias reaparecem, por exemplo, em *Individualismo e cultura*, *Subjetividade e sociedade* e *Projeto e metamorfose*. Portanto, não foi um vazio. Agora, a tese em si, só em 1998.

Quando você defendeu sua tese de doutorado, em 1975, já era diretor da coleção Antropologia Social da Zahar, uma das editoras mais importantes – se não a mais importante – da área de ciências sociais no Brasil. Ainda bem novo, antes mesmo da tese de mestrado, você já estava organizando a série Sociologia da Arte. Como foi isso? A Zahar o chamou e lhe deu uma coleção?
Isso, mais uma vez, teve a ver com relações pessoais e familiares. O primeiro livro publicado pelo Jorge Zahar foi uma tradução do meu pai, o *Manual de sociologia* de Rumney e Mayer. O Jorge era muito próximo e tinha essa coisa absolutamente notável, de uma grande generosidade e sensibilidade em relação às pessoas jovens. Foi criada uma coleção feita por estudantes, os Textos Básicos de Ciências Sociais, cujos diretores eram meu irmão, Moacir Palmeira e Antônio Roberto Bertelli, um senhor mineiro de quem não tenho notícias há muito tempo. A pessoa que primeiro sugeriu que eu organizasse um volume sobre a sociologia da arte foi Moacir Palmeira, que eu conhecia e sabia que eu tinha um forte interesse no assunto desde o Colégio de Aplicação.

Mas aí aconteceu o seguinte: o volume que organizei, com textos do Fischer, do Duvignaud, do Arnold Hauser, do Georg Lukács, do Lucien Goldman e do Alain Robbe-Grillet, foi um enorme sucesso. Acho que foi, se não o de maior, um dos de maior sucesso da coleção na época, junto com *O fenômeno urbano* e *Estrutura de classe e estratificação social*. O Jorge ficou impressionadíssimo e aí, já por iniciativa própria, pediu que eu fizesse outros volumes. Fiz quatro volumes, as coletâneas *Sociologia da arte I, II, III* e *IV*. Eu era estudante quando começou essa história, estava no terceiro ano da faculdade, e durante todo o mestrado fiquei dirigindo a parte de sociologia da arte da coleção Textos Básicos em Ciências Sociais. Quando voltei dos Estados Unidos, publiquei *A utopia urbana*, que também foi um livro que teve alguma repercussão, e pouco depois o Jorge me convidou para dirigir a coleção Antropologia Social. Continuei dirigindo a coleção até hoje, primeiro com a antiga Zahar, depois com a Jorge Zahar. Publiquei clássicos e livros brasileiros, teses e dissertações produzidas no Brasil, sobretudo no Museu Nacional: *A interpretação das culturas*, do Clifford Geertz, *Oráculos, bruxaria e magia entre os Azande*, de Evans Pritchard, *Cultura e razão prática*, do Marshall Sahlins, *Elementos de organização social*, do Raymond Firth, livros fundamentais que não existiam no Brasil, mas também autores brasileiros, como *Guerra de orixá*, da Yvonne, depois o *Araweté*, do Eduardo Viveiros de Castro, *Da vida nervosa*, do Luiz Fernando Duarte, *Autoridade e afeto*, de Myriam Lins de Barros, *Garotas de programa*, de Maria Dulce Gaspar, entre outros. Do Goffman, publiquei o *Estigma*, depois uma coletânea do Becker, *Teoria da ação coletiva*, e um livro que vendeu muito, o *História social da criança e da família*, do Philippe Ariès.

A menção a Philippe Ariès, que é historiador, nos remete a outra coisa que já foi mencionada aqui, que é seu antigo interesse pela história, desde os tempos do Colégio de Aplicação. Que lugar passou a ter a história em sua vida, dedicada à antropologia?

O interesse pela história nunca desapareceu. Sempre foi uma constante, um de meus grandes amores, assim como, de certa forma, a filosofia. Embora eu não tenha trabalhado especificamente fazendo pesquisa histórica, sempre a estimulei. Isso também tem a ver com o fato de eu trabalhar com antropologia das sociedades complexas e de acreditar e dizer – há textos meus em que digo isso – que é fundamental o conhecimento da história. Existem alguns artigos meus, por exemplo "Projeto, emoção e orientação em sociedades complexas", em que falo alguma coisa da história do Ocidente. Quando vou discutir hierarquia e individualismos, vou à história também.

Portanto, a história sempre esteve presente, mesmo que discretamente. Sempre achei que era impossível, que não era bom fazer antropologia das sociedades complexas fugindo, descuidando da história. Não quer dizer que você tenha que utilizar a história sempre, mas ela tem que estar ali perto e, em determinados momentos, entrar em cena. Como contei, trabalhei uma certa época com Maurício Vinhas de Queirós, que era um pesquisador que usava história. Como professor e orientador, procurei estimular pessoas que trabalhavam com temas dentro da antropologia das sociedades complexas a buscar subsídios e a dialogar com a história. Tanto que algumas dessas pessoas às vezes são classificadas como historiadores, como é o caso do nosso entrevistador aqui, Celso Castro. Alguns formalmente foram para a história, como a Fernanda Bicalho, hoje em dia professora de história da Fluminense. Há outro movimento também. Adriana Facina, que é professora de história moderna e contemporânea da Fluminense, está fazendo doutorado em antropologia comigo. Esse diálogo sempre foi muito grande. O desenvolvimento da história das mentalidades faz com que isso seja reforçado, que haja uma aproximação maior dos antropólogos com pessoas da área de história, como por exemplo Laura de Mello e Souza, de cujo trabalho gosto muito, Luiz Felipe de Alencastro, meu amigo desde o século XIV, digo, desde 64, além de vocês, evidentemente, do CPDOC, que é uma instituição com que tenho relações há muito anos. A Casa de Rui Barbosa, também. E há uma outra área relacionada com história da cultura, história das mentalidades, que é a área do folclore. Minha ligação com o Instituto Nacional do Folclore é importante nesse diálogo entre antropologia, história, estudos de cultura popular, níveis de cultura.

Como começou esse diálogo entre antropologia e folclore?

De novo, isso passa por relações pessoais. Uma pessoa-chave nesse processo foi Lélia Coelho Frota, que é uma intelectual quase renascentista, isto é, poeta, escritora e pesquisadora, e que tinha um forte interesse em antropologia e procurou um diálogo comigo antes e logo depois que assumiu a direção do Instituto Nacional do Folclore. Através dessa iniciativa da Lélia, vários ex-alunos meus foram trabalhar no Folclore. Chegaram a formar uma equipe formidável, com Ana Heye, Luís Rodolfo da Paixão Vilhena, Myriam Lins de Barros, Elizabeth Travassos e outros ainda, que não eram meus orientandos, mas tinham sido meus alunos, como Lígia Segala, Maria Laura Viveiros Cavalcanti, Marina de Mello e Souza, Ricardo Gomes Lima. Formou-se um grupo ali, um encontro interdisciplinar. Depois eles perderam um pouco a força, não puderam manter essa equipe por razões que têm a ver com o governo Collor. Mas era um grupo que trabalhava com história, antropologia e folclore. Acho que essa é a boa ciência social, em que você utiliza várias tradições, várias linhas de pesquisa, e procura integrá-las. Não se trata de misturar coisas que não podem ser misturadas, mas de procurar a integração diante de temas que exigem o concurso de várias tradições, de várias linhas de reflexão. Na realidade, a bibliografia antropológica e a experiência do trabalho de campo são instrumentos que podem ser usados por pessoas de diferentes áreas, não é um monopólio, não é uma exclusividade da antropologia.

Você voltou aos Estados Unidos como professor do IFCS, mas depois se fixou no Museu Nacional. Como foi essa passagem?

Eu era professor do Departamento de Ciências Sociais do IFCS desde março de 1969. Quando voltei dos Estados Unidos, em 1972, continuei no IFCS, mas além disso fui convidado a dar aula no Museu Nacional. Durante algum tempo fiquei nas duas instituições. Era professor da UFRJ, no IFCS e no PPGAS, mas a minha "lotação" era no IFCS. Em 1973, o então diretor do Museu Nacional, professor Dalci de Oliveira Albuquerque, com o apoio do Roberto DaMatta, que dirigia o PPGAS, insistiu que era caso de eu me transferir para o Museu de armas e bagagens. O ambiente no IFCS era muito ruim na época, muito difícil politicamente, com a presença de polícia, truculências etc. – fui chamado a depor numa comissão de inquérito por causa de uma invasão e uma briga que houve lá dentro. À medida que dava aulas no PPGAS, eu ia me identificando mais e mais com o Museu, e menos com o IFCS. Eu tinha no IFCS colegas magníficos, professores ótimos, mas o clima era ruim. Afinal o Dalci conseguiu, com dificuldade, que eu fosse transferido para o Museu. Ainda dei aula no IFCS durante algum tempo, e em 1974 saí.

Passei então a ser professor só de pós-graduação e a fazer pesquisa. O Museu era quase um paraíso. Foi até ironicamente chamado de "Jardim dos Finzi Contini". Era um lugar tranquilo, relativamente protegido, onde você podia estudar com certa paz. Foi um período de estimulantes conversas, sobretudo com Roberto DaMatta, certamente um inovador na antropologia produzida no Brasil. Foi um privilégio que tive. O primeiro curso que dei foi sobre Antropologia Urbana, e o segundo, sobre Indivíduo e Sociedade, trabalhando com o tema do desvio. Tive um grupo ótimo de alunos, que fizeram trabalhos de curso excelentes. Organizei, então, uma coletânea chamada *Desvio e divergência*, que foi publicada pela Zahar em 1974 e hoje está em sétima ou oitava edição.

Até aquele momento você ainda não tinha tido contato pessoal com o Becker e com o Goffman?

Não, só bibliográfico. O contato pessoal se deu exatamente a partir de *Desvio e divergência*. É uma dessas histórias interessantes: um dia estou num desses coquetéis de que a gente nem sempre gosta, na Fundação Ford, e estava lá um dirigente da fundação que veio falar comigo. Chamava-se Richard Krasno, disse que tinha lido *Desvio e divergência* e tinha gostado muito. Era amigo do Becker e estava mandando o livro para ele. Achei ótimo, mas pensei: o Becker certamente não lê português. Vai receber o livro e: *so what?* Mas aí é que está. O Becker lia espanhol, leu o livro, me mandou uma carta e aí começou a nossa correspondência, em 74. Ele pediu mais coisas, mandei mais textos, ele também me mandou trabalhos e me convidou para ser *visiting scholar* no Departamento de Sociologia da Northwestern University, em Evanston, subúrbio de Chicago.

Defendi a tese de doutorado em dezembro de 75 e embarquei em janeiro de 1976. Fiquei janeiro e fevereiro na Northwestern, em pleno inverno de Chicago. Foi ótimo em termos de oportunidades, de acesso à Escola de Chicago, acesso pessoal, direto, aos personagens, às bibliotecas – na época não havia internet, hoje em dia as coisas estão um pouco mais fáceis – e ao ambiente. Aí conheci melhor a obra do Becker, do Goffman e dos professores deles, Hughes, Blumer e os antecessores. De alguns eu conhecia alguma coisa, como George Herbert Mead, William Thomas, o Park, evidentemente. Foi uma oportunidade de recomeçar o estudo da Escola de Chicago nas melhores condições possíveis. E cada vez mais convencido da importância da obra de Georg Simmel, que era, evidentemente, a referência teórica inicial que tinha marcado toda a Escola de Chicago, mesmo quando não explicitada.

Ou seja, você estreitou o contato com a tradição da Escola de Chicago pelo caminho do *Desvio e divergência*.

Sim. E aí a minha posição de antropólogo me permitiu fazer pontes entre os estudos de desvio ligados à tradição interacionista com, por exemplo, a teoria de acusações da antropologia social britânica, Evans-Pritchard e Mary Douglas basicamente. Tentei fazer uma junção dessas tradições, e isso foi uma das coisas de que o Becker gostou mais. Ele diz que a teoria de acusações que desenvolvo junto com a questão do desvio é uma contribuição importante. Devo dizer, contudo, que não me considero uma pessoa da Escola de Chicago, de jeito nenhum. Acho que a Escola de Chicago é fundamental para mim, mas também são fundamentais a tradição da escola sociológica francesa, sobretudo Marcel Mauss, a antropologia social britânica e o marxismo. Não sou marxista, mas até estranho que os antigos marxistas se tenham livrado de tantas questões do marxismo. Acho que as questões da estrutura de classes e da estratificação social são absolutamente pertinentes. Têm que ser vistas com maior flexibilidade, é preciso estabelecer pontes com outros temas no nível de universos simbólicos, de sistemas culturais, mas são questões importantes como constituição de uma base. Há certas perguntas, certos encaminhamentos do marxismo que continuam absolutamente atuais. Não dá para jogar o marxismo fora, principalmente para quem lida com a temática que eu lido. Quando discuto *white-collars* em Copacabana e, depois, quando vou discutir a aristocracia de estratos médios em *Nobres e anjos*, estou privilegiando a perspectiva weberiana, mas também estou o tempo todo ligado à problemática da estrutura de classes do Marx.

E a discussão indivíduo/individualismo, como aparece em seu trabalho?

A questão do indivíduo/individualismo tem como referência básica Simmel. Quando se fala em Escola de Chicago, para mim, o que é fundamental é a vertente interacionista, que vem de Simmel, e que afirma basicamente que a unidade da vida social é não o indivíduo, mas a *relação* entre indivíduos. Ou seja, que o fundamental é a *interação*. Existe um livro de Becker que se chama *Doing Things Together*. É importante considerar os indivíduos, sim, mas não como mônadas, não como indivíduos soltos: como indivíduos que existem na *relação*. A sociedade é um sistema de relações entre indivíduos, que são organizados das mais diferentes maneiras.

Sou uma das pessoas que de algum modo encaminharam o debate em torno da obra de Simmel e da obra de Louis Dumont. O Matta foi fundamental em relação ao conhecimento e à discussão da obra de Dumont. O que fiz de mais específico foi estabelecer uma aproximação entre Dumont e Simmel para ver o que tinham em comum e quais eram as diferenças. Minha discussão específica se beneficia desse encontro entre Simmel e Dumont. E o interessante é que Dumont ignorava a obra do Simmel; acho que só no seu último livro a mencionou. Isso é cheio de ensinamentos para nós: a intelectualidade brasileira, a inteligência brasileira, em geral teve e tem a possibilidade de ter acesso a tradições diferentes e de se beneficiar delas.

Realmente, quando você vai para o exterior, vê que nós, brasileiros, acabamos tendo contato com muitos autores e tradições que às vezes se ignoram uns aos outros.

Exato. A França, por exemplo, está descobrindo a Escola de Chicago nos últimos vinte anos. Nós aqui estamos trabalhando com isso há muito mais tempo. Além da passagem de personagens da Escola de Chicago por São Paulo, aqui no Rio, no caso do Museu, estamos trabalhando sistematicamente com autores ligados a Chicago desde o início dos anos 70.

Tenho uma posição de valorizar no Simmel o fato de, nele, o individualismo aparecer no plural – *individualismos*. Ou seja, ele valoriza a existência de diferentes tipos de ideologias individualistas, coisa que o Dumont faz, mas em outro nível, quando vai distinguir o individualismo na Alemanha, na França, mas sempre opondo o individualismo a um holismo.

É curioso você achar que o marxismo também pode entrar nessa discussão, voltada para interação e individualismo...

O marxismo entra aí, para mim, sobretudo quando estou discutindo grupos de *status* no Weber e sua relação com classe social, quando estou discutindo a importância e o peso da variável classe social na construção de universos simbólicos e visões de mundo. Fui muito influenciado – voltando à sociologia da arte – pelo Lukács e pelo Lucien Goldman. Não sou lukacsiano, nunca fui, mas indiscutivelmente a análise deles, que leva em conta o peso da consciência e da experiência de classe, é importante. Existem várias outras coisas que são fundamentais, os indivíduos não têm só experiência de classe, têm outras vivências, outras visões que não podem ser contidas e englobadas pela classe, mas nem por isso a classe deixa de ser uma variável importante, especialmente nas sociedades capitalistas moderno-contemporâneas.

Eu, pessoalmente, tenho muito gosto em lidar com outras preocupações, com outros temas. Uma vertente que é fundamental no meu trabalho é um certo tipo de fenomenologia, não a fenomenologia como um todo, mas a do *Collected papers* do Alfred Schutz, que tem a ver com um antiquíssimo interesse meu pelo existencialismo. Fui um leitor, desde o colégio – não li tudo, não tenho essa pretensão, mas li bastante –, do Sartre. Li alguma coisa do Heidegger, que quero ler mais hoje em dia. Camus também, muito. Quando me defronto com a problemática do projeto, por exemplo, que faz todo o sentido para mim quando estou discutindo o tema dos indivíduos em relação e dentro do que chamo campo de possibilidades, estou levando em conta o Schutz, e também o Bourdieu. Quer dizer, os indivíduos desenvolvem seus projetos, mas não no ar, e sim dentro de um campo de possibilidades, que é o repertório sociocultural existente, que tem a ver com várias coisas em vários níveis, com ideologias, com visões de mundo e com experiências de classe, de grupos de *status*, de grupos de *ethos*. Acho que o projeto, que é uma dimensão fortemente ancorada na ideia do indivíduo sujeito, tem que se relacionar com essas dimensões, porque, por outro lado, não quero cair na armadilha de transformar o indivíduo no sujeito que está acima das determinações e das classes; não quero que o projeto passe a ser algo que o coloque no papel de demiurgo. Não é nada disso. O projeto é alguma coisa que você pode elaborar dentro de um repertório, dentro de um campo de possibilidades – lugar de exercício de algo que, como tema, é muito caro para mim desde a minha formação inicial. É a questão filosófica da liberdade.

Você leu Ortega y Gasset também?

Li Ortega também, é um autor precioso, mas o mais fundamental para mim foi Sartre, com a ideia de liberdade, a ideia de que dentro do maior constrangimento – seja político, seja econômico ou educacional – existe uma certa margem, que pode ser maior ou menor, para o exercício da liberdade individual que faz com que as pessoas possam se distinguir umas das outras em termos de escolhas, que podem se conformar mais ou menos à ideia de um projeto. Acho que isso aparece com mais clareza na sociedade moderno-contemporânea, porque ela é diferenciada, porque ela é fragmentada, porque ela é heterogênea e, por isso mesmo, é uma sociedade que sugere mais, que encaminha mais a possibilidade desse individualismo que aparece associado a projetos. Para mim, em qualquer sociedade você pode ter projeto, mas ele é tipicamente a expressão de uma sociedade individualista, em que o indivíduo é o valor básico – mesmo que essa sociedade apresente todas as contradições de carregar internamente outros valores que não sejam necessariamente individualistas.

Acho também que essa ideia de usar a ciência social para lidar com o indivíduo, e perceber que o indivíduo não é um ente acabado, que a personalidade não é uma coisa monolítica, é algo que existe em função de várias experiências, de vários papéis, e que o indivíduo não é *um* o tempo todo, é muitos, e este "ser muitos" tem a ver com a sua trajetória e com a sua participação em diferentes mundos e diferentes experiências, e que isso nos acompanha o tempo todo, acho que isso tem a ver com um diálogo com a área "psi". Desde *Desvio e divergência* passei a interagir regularmente com psicólogos, psicanalistas e psiquiatras. Dei cursos, conferências, palestras, participei de vários eventos nessa área. Ajudei, por exemplo, a trazer o Becker e o Goffman para um congresso de psicanálise em 1978. Estabeleci uma boa parceria com meu ex-aluno Sérvulo Figueira, psicanalista e, na época, professor da PUC, publicando coletâneas e procurando outras atividades que buscassem integrar ciências sociais e os "psi". Essas relações continuam, embora, para mim, hoje sejam um pouco menos intensas. Mas há vários antropólogos dialogando e trabalhando com instituições e grupos dos mais variados tipos de orientação.

O tema deste número de *Estudos Históricos* é "sociabilidades", que é uma noção presente já dentro da obra do próprio Simmel. Esse conceito vai aparecer de diferentes formas na tradição da Escola de Chicago e em outras que você mencionou. Gostaríamos que falasse um pouco mais sobre essa noção.

Em Simmel, o conceito de sociabilidade é muito preciso: é o social puro, é aquela interação que não está ligada a outras motivações, a outros interesses, que não está determinada por razões econômicas, por razões políticas ou de qualquer outra ordem. Não há interesses, senão a interação em si mesma. É quase uma forma, um tipo ideal que ele vai construir. Você pode perguntar até que ponto isso pode existir – uma situação totalmente despida de algo que seja exterior a ela.

Vejam que Simmel, assim como Durkheim, fundadores das ciências sociais, estão preocupados em definir o que é social e o que não é social. "Social" é muitas coisas, mas para Simmel existe esse fenômeno que é a sociabilidade pura, numa relação ou em relações em que não estejam envolvidos fatores fora da relação propriamente dita. Simmel dá vários exemplos disso, mesmo no sentido quase de salão, quando fala da *coquetterie* como um tipo de sociabilidade. E isso influenciou muitos autores.

Mas, depois de Simmel, a sociabilidade ganhou várias outras conotações, vários significados e usos. A sociabilidade aparece constantemente ligada à problemática do cotidiano, da *daily life*. Quando se fala em sociologia da vida cotidiana, está-se falando do dia a dia literalmente, dos acontecimentos e das situações que não estão necessariamente ligadas às grandes questões estruturais. A antropologia tem uma contribuição muito forte nessa direção pelo fato de ter estudado, e de ter como uma de suas âncoras, família e parentesco – as relações familiares, as relações de parentesco, as regras de relação entre parentes, as regras de organização de casamento. O universo do parentesco e da família muitas vezes é identificado na antropologia como sendo a organização social propriamente dita, diferente da organização econômica e política. Obviamente, o universo e a linguagem da família e parentesco aparecem dentro de uma lógica social que tem uma ligação com a cosmologia, com a ideologia.

A antropologia, por outro lado, faz etnografia e, ao fazê-lo, vai estudar os costumes, o dia a dia, o convívio social, as refeições; numa outra dimensão, as festas, os rituais. Ao fazer isso, ela está lidando com as pessoas em interação. Isso é uma coisa que fica cada vez mais clara para mim. A etnografia está descrevendo a *interação* – segundo certas regras, segundo certos princípios – mas sempre a interação, o encontro das pessoas no seu dia a dia, no seu cotidiano. Evidentemente, você também vai lidar com dramas sociais, com crises, com rupturas, mas há um lado da etnografia que é muito colado à descrição do dia a dia, do que as pessoas fazem, de como elas se relacionam, conversam umas com as outras, de quais são as regras de precedência, de aproximação, de evitação, misturadas com seus afetos, emoções, gestos, sociabilidade em geral.

A história das mentalidades também vai lidar com a questão da sociabilidade, com interesse pelos costumes, pela vida cotidiana. E acho que isso tem a ver com algumas questões interessantíssimas da vida político-cultural. Digamos que até os anos 60 – 1968 talvez seja o marco – as grandes questões relevantes eram ligadas ao marxismo e ao estruturalismo. Mas autores como Foucault, que tem uma ligação com o marxismo, já vinham começando, do outro lado do mundo, a legitimar a questão micropolítica, da política *do* cotidiano e *no* cotidiano. Já existia, por exemplo, um trabalho do Henri Lefèbvre sobre a sociologia da vida cotidiana, mas Foucault é um autor estratégico para lidar com as questões do dia a dia, do cotidiano, e com as relações micropolíticas.

É interessante ver que isso se junta, em outro nível, com uma linhagem da Escola de Chicago que vai ter como expressão mais importante o Goffman, que lida o tempo todo com a problemática da sociabilidade e de uma microssociologia. Dentro da tradição interacionista, Goffman é quem mais desenvolve isso e elabora uma teoria, apoiado no George Herbert Mead e em alguns fenomenólogos, como Gustav Ichheiser, autor que ele cita no *Presentation of Self in Everyday Life*, um austríaco, também exilado do nazismo como o Schutz, só que ficou em Chicago. O Ichheiser tem um artigo clássico, importantíssimo, que estou relendo agora, que é "Misunderstandings in human relations". Ele ali está discutindo interação, ou seja, como, na vida cotidiana, as pessoas se relacionam e se expressam – para ele são dois fenômenos que devem ser distinguidos. Está lidando com o fenômeno da expressão e da percepção social no dia a dia: como as pessoas, interagindo umas com as outras, se classificam, se situam, que tipo de representação fazem umas das outras, como isso pode dar certo ou não, quais as consequências disso para a vida social. Acho, aliás, que o trabalho do Ichheiser é mais importante para o Goffman do que ele diz. Não que ele tenha feito isso deliberadamente, mas até certo ponto é comum adotar certas reflexões e incorporá-las.

Por outro lado, quando o Goffman desenvolve a questão da *análise de situação*, que tem a ver o tempo todo com a questão da sociabilidade, ele está retomando o William Thomas, que falava em *definição de situação* no início do século XX. Goffman pega os fenomenólogos e vem falar em *análise situacional*, que é exatamente o que ele faz: procura desenvolver uma teoria sobre como se estabelecem relações entre as pessoas em situações específicas; como os indivíduos produzem uma situação interagindo e como a situação os afeta e produz as performances individuais. Goffman faz isso desde o *Presentation of Self in Everyday Life*, passando pelo *Behavior in Public Places*, e sobretudo no *Frame Analysis*. Aí ele vai debater com o Schutz, que é o grande fenomenólogo que se torna mais famoso que o Ichheiser, mas que tem com este muita proximidade.

Logo, a sociabilidade é esse território em que você está lidando com as interações, com as redes de interações, com as situações interacionais dos mais diferentes tipos. É claro que, num outro plano, tudo é sociabilidade. Se você quiser ter um pouco de precisão, vale a pena fazer alguns esforços não muito dogmáticos e distinguir algumas áreas que são tipicamente classificáveis como áreas de reflexão sobre sociabilidade. Por exemplo, o folclore lida com a temática da sociabilidade, através de jogos, das festas, das comemorações, o que está ligado diretamente à observação de indivíduos em interação. Acredito portanto que a tradição interacionista ajuda bastante a lidar com essa questão da sociabilidade, do cotidiano, da microssociologia, do dia a dia, do convívio, dos encontros e dos desencontros, da negociação da realidade e da definição de situações.

Uma variante que começa por Chicago mas que depois se desenvolve por outro caminho é a do Parsons, que também está discutindo o social através dos papéis e das normas, da estrutura social.

Devo dizer que gosto muito de alguns textos do Parsons. Agora, houve uma grande briga, e sabemos bem por onde ela passa. Os interacionistas criticavam Parsons sobretudo pela ideia de que ele pressupõe um sistema e vê a mudança como alguma coisa episódica, excepcional, enquanto eles veem a sociedade em permanente mudança. Ela muda o tempo todo, através da interação.

Para Simmel, inclusive, a mudança é constitutiva da vida social.

Exatamente, isso tem a ver com a tradição simmeliana. A sociedade está mudando o tempo todo, desde o nível que nós poderíamos chamar do cotidiano, do micro, do encontro amoroso, do casamento, dos encontros em todos os níveis, e por isso mesmo o sistema não pode ser pressuposto. São indivíduos associados em relações de maior ou menor conflito ou harmonia que fazem a vida social.

Parsons tem textos importantes. É claro que essas coisas se radicalizam. Outra razão para brigar com o Parsons é que ele e seus seguidores – às vezes não era nem o Parsons – eram exageradamente metodológicos. A obsessão com a metodologia acabava congelando o trabalho de pesquisa, querendo estabelecer regras muito rígidas, e o pessoal da tradição interacionista valorizava muito o trabalho de campo. As monografias clássicas de Chicago são expressão disso.

Outra questão da Escola de Chicago é a discussão com o quantitativismo. Até certo ponto, o uso de métodos quantitativos era normal na Escola de

Chicago, complementando os métodos chamados qualitativos; não havia uma oposição entre um e outro. Mas, a partir do final da Segunda Guerra, vai se acentuando nos Estados Unidos um tipo de ciência social que, para ser ciência, vai assumindo cada vez mais essa dimensão quantitativista. Tanto que o Departamento de Sociologia da Universidade de Chicago vai acabar sendo dominado pelos quantitativistas, e o pessoal da tradição interacionista vai para outros lugares, como a Northwestern ou para Berkeley. Isso é outro ponto interessante. Você tem a versão parsoniana e tem também a questão do quantitativismo. Agora, existem outros autores; é preciso lembrar que colocar as coisas todas em caixas é complicado. Por exemplo, como classificar o C. Wright Mills, que era professor de Chicago? Que tinha uma formação em que Weber e Marx eram os autores-chave? Mas, ao mesmo tempo, Mills era uma pessoa que lidava com o interacionismo e com a fenomenologia. A tentação de enquadrar, de rotular e de encaixar é muito grande, mas acho que temos de ter muito mais essa ideia de trânsito, de complexidade e de combinações variadas.

Há um outro autor que mencionei aqui muito *en passant*, quando falei dos livros que publiquei na coleção Antropologia Social da Zahar, e que para mim foi muito importante para discutir sociabilidade e cotidiano: Raymond Firth. Ele tem um artigo sobre estrutura e organização social que é um clássico, mas que hoje em dia as pessoas não leem muito. Ele fala de estrutura, que são as grandes instituições duradouras, que nós chamaríamos de *longue durée*, que definem uma sociedade num período de tempo maior, mas lida também com a organização social. E organização social, para ele, o que é? É o dia a dia, o cotidiano, o espaço onde, através das interações e das relações pessoais, são tomadas decisões, são feitas escolhas que a longo prazo vão afetar a estrutura social. A importância de focalizar esse cotidiano, esse dia a dia, essa categoria que às vezes é quase residual, a sociabilidade, passa portanto por aí.

Para concluir, eu diria que a sociabilidade em Simmel tem um sentido muito preciso, mas, se você ficar preso exclusivamente à definição que o Simmel deu para sociabilidade no início do século XX, pode perder muita coisa interessante que também é chamada de sociabilidade, e que acho que está muito mais próxima de uma discussão sobre interação, cotidiano e costumes. Acho que é o estudo do cotidiano, a preocupação com a etnografia, que vai ser uma das variáveis mais importantes para o diálogo entre antropologia e história. Não se trata de ambas abrirem mão do estudo de outros processos de *longue durée*, mais amplos, de lidar com questões de mercado, de economia, de Estado, e sim de saberem que existe esse nível ou esse conjunto de níveis do dia a dia, do cotidiano, da sociabilidade, que são absolutamente fundamentais e, num certo nível, são a base da vida social. O que é a interação senão uma relação entre indivíduos que são diferentes uns dos outros? Se não existe diferença, não existe relação – isso é óbvio, mas nem sempre parece tão óbvio assim. São justamente essas diferenças entre os indivíduos, essas singularidades, que vão permitir que haja relação, porque é isso que possibilita algum tipo de troca, de reciprocidade. A interação é isso; se os indivíduos são iguais, não há sociedade. Portanto, não temos nem mônadas isoladas, pairando, nem uma sociedade homogênea em que todos os indivíduos são determinados, condicionados e produzidos por forças ou estruturas maiores. Na verdade, o dia a dia, o cotidiano, o microssocial, a interação têm esse potencial enorme que tem sido confirmado na história das ciências sociais.

Você já orientou 66 teses ou dissertações. Como vê o trabalho de orientador?
Uma das coisas de que mais me orgulho na minha carreira é da minha condição de professor, do meu trabalho de orientador. Já me disseram que esse número de orientações é um recorde nas ciências sociais brasileiras. Isso aparece na pesquisa de uma aluna da Unicamp sobre a história da antropologia no Brasil. Obviamente, tenho muita satisfação com meu trabalho pessoal, com os textos que escrevo, com as coisas que produzo, mas não estarei mentindo se disser que tenho a mesma satisfação em ajudar e participar da formação dos meus alunos, dos meus orientandos. Eu também me realizo fortemente através do trabalho deles. É claro que sei que tenho uma influência, não estou sendo modesto: "Vejam como o professor Gilberto Velho é generoso, fica dando força para os alunos em vez de estar fazendo as coisas dele..." Não é isso. Acho que a minha realização, o meu trabalho, é isso *também*. Eu me sinto muito gratificado e tenho orgulho de ver teses e dissertações magníficas, outras nem tanto, mas enfim, uma produção significativa na ciência social brasileira em que tive um papel e espero continuar tendo durante algum tempo ainda. Tenho uma grande satisfação nisso, porque o trabalho de orientador é um desafio, é um trabalho fascinante, que nem sempre dá certo. Para lembrar a tese do Ichheiser, constantemente há *misunderstandings*. Há uma negociação entre o orientador

e o aluno para chegarem a um campo comum de entendimento. Você quer dar espaço para que o aluno realize o que gostaria de fazer, mas para isso é preciso que ele descubra o que quer fazer. É um trabalho que só pode ser feito na base de diálogo, e é muito delicado, porque às vezes você pode, mesmo que sem querer, tentar impor o seu ponto de vista.

Ao mesmo tempo, é claro que tenho interesse em orientar pessoas que lidem com temas com que eu tenha afinidade. Há uma senhora que tinha feito mestrado comigo, ótimo mestrado, e que queria que eu fosse orientador dela no doutorado. Ela estava fazendo um trabalho sobre as mulheres dos sem-terra. Eu disse que não era o meu tema e a encaminhei para outro professor. Ela tinha feito um trabalho sobre as mulheres – que foi publicado pela Fundação Getulio Vargas – presas e torturadas durante o regime militar. Quer dizer, aí tinha a ver. Acho que sempre há limites. Não oriento qualquer projeto, qualquer tese. Estabeleço algumas prioridades e temas afins. Ou seja: dou aula, faço pesquisa, procuro integrar na medida do possível alguns alunos nas minhas atividades de pesquisa e os estimulo a desenvolver seus próprios projetos, no sentido amplo. Tive alguns casos de pessoas em que a relação não deu certo, e pude encaminhá-las para outros orientadores ou até para outras soluções existenciais. Mas na grande maioria dos casos houve um resultado positivo. Não vou ficar aqui citando os nomes desses orientandos: alguns são óbvios, pessoas de grande destaque, autores de sucesso, com carreiras próprias e lideranças em suas áreas. Acho que isso, de fato, é uma gratificação grande. Hoje em dia, sou o decano do Departamento de Antropologia do Museu Nacional, o que é uma situação engraçada. Não sou o mais velho, sempre gosto de chamar a atenção para isso, mas sou o mais antigo professor titular.

Ao lado desse trabalho de professor-orientador, você tem uma intensa participação na área de política científica, em vários organismos. Como começou nisso?

Primeiro participei de comitês assessores do CNPq, de comissões da Capes, participei muito da Associação Brasileira de Antropologia, fui presidente da ABA relativamente moço. Participei da Anpocs, da qual fui presidente mais tarde. Na SBPC, tive uma atividade bastante intensa numa época da minha vida. Fui também vice-presidente da SBPC. Recentemente houve essa novidade que é a abertura da Academia Brasileira de Ciências para as ciências humanas.

Entramos, ano passado, três cientistas sociais, agora entraram mais cinco, e acho que outras pessoas vão entrar progressivamente. Nós nunca lutamos por isso, os cientistas sociais nunca pressionaram a Academia, mas acho que não deixa de ser interessante em termos de criação de outros canais, de outros espaços, em termos de intercâmbio. Claro que, em algum plano, apesar de tudo, é um certo tipo de legitimação – não que nós precisássemos terrivelmente disso, mas de algum modo é um reforço.

Além disso, acho que algo que foi importante na minha carreira foi o fato de eu ter sido, durante dez anos, membro do conselho do Patrimônio Histórico e Artístico Nacional. Foi uma experiência muito importante. Tive a oportunidade de participar de momentos decisivos. Por exemplo, fui relator do primeiro tombamento de terreiro de candomblé – nunca tinha havido isso –, o Casa Branca, em Salvador. Foi difícil, complicado, mas valeu a pena. A antropologia passou a ter mais peso nas questões do patrimônio.

Não posso deixar de me referir, nesse ponto, a Gilberto Freyre. Ele foi uma pessoa interessante na minha carreira. Embora eu não fosse do seu fã-clube, ele gostou do meu trabalho, se interessou e passou a me procurar; às vezes me mencionava, me citava. Foi ele que me indicou ao Marcos Vilaça para o Conselho do Patrimônio. A partir dessas experiências positivas, fui ler mais a obra dele. Tinha lido *Casa-grande e senzala*, *Sobrados e mocambos*, e fui ler o resto. Interessou-me a questão do dia a dia, do cotidiano, porque ele não fazia isso de modo separado das preocupações com a *longue durée*. Ele tinha preocupações de *longue durée*, mas estava o tempo todo ligado à questão das práticas diárias, das interações.

A partir de 1994, você passou a ter um intercâmbio científico bastante regular com Portugal. Como aconteceu isso?

Aconteceu de uma maneira muito curiosa. Houve um congresso em Lisboa em 1994 e lá fui procurado por pessoas que tinham lido os meus livros. Eu sabia que se vendiam livros da editora Zahar em Portugal havia muito tempo, pois a Zahar foi uma editora também pioneira em termos de expansão dos livros brasileiros em Portugal, mas não tinha ideia de que os meus livros eram lidos. Fui então procurado por um pequeno grupo que estava querendo fazer antropologia urbana, pessoas extremamente simpáticas e talentosas. Eles me convidaram para dar um curso em 1996, dei um curso de um mês, dentro de uma cadeira de antropologia urbana que estava sendo criada no ISCTE – Instituto Superior de Ciências do Trabalho e da Empresa –, e estabeleci relações com alguns professores do ISCTE e com o Museu Nacional de Etnologia, cujo diretor é o Joaquim Pais de Brito. Desde então, tenho ido regularmente a Portugal e trazido pesquisadores e professores portugueses ao Brasil. É um intercâmbio muito fértil com a antropologia portuguesa. A antropologia urbana, especialmente, tem crescido, com trabalhos muito interessantes, originais, e eles dizem com muita clareza que a influência da antropologia urbana brasileira é fundamental, e que, de certa maneira, foi através dela que eles se legitimaram. Juntos fizemos, inclusive, uma coletânea de textos sobre o Rio e Lisboa que tem tido boa repercussão.

Os antropólogos portugueses estão produzindo trabalhos ótimos. Sempre tive muito interesse em Portugal, até porque tenho um avô português que chegou ao Brasil no início do século XX, e existe uma dimensão afetiva muito forte. Tenho interesse, também, pela história portuguesa, e há ainda o fato de eu achar que Portugal é relativamente desconhecido no Brasil. Sabe-se muito pouco sobre Portugal, seja sobre a história, seja sobre a sociedade portuguesa. Já em matéria de estereótipos, de preconceitos e piadas...

Notas

Apresentação (p.7-24)

1. Ver p.25-8 e 29-35 do presente volume.
2. Velho, Gilberto. "O patrão e as empregadas domésticas", *Sociologia, Problemas e Práticas*, n.69, mai-ago 2012.
3. Na redação premiada, escreveu: "Todos têm seu tipo inesquecível. Eu também: meu avô. É um velhinho de 74 anos, baixo e corado. Tem esta idade, mas é um jovem de vinte anos no coração e no espírito. Muito pobre, entrou para o Exército com quatorze anos, como soldado, e saiu com 64 anos, como general do Exército. Depois que se reformou, tem viajado por quase todo o mundo. Já esteve em muitos países da América do Sul, da América do Norte, da Europa e até na África, onde andou num camelo. Eu adoro o meu avô. É bondoso, compreensivo e paciente. E que ótimo professor! Está sempre disposto a dar aulas de qualquer matéria." *Tribuna da Imprensa*, 26 ago 1955, p.7.
4. Trechos da série de entrevistas concedidas em 2009 ao projeto Cientistas Sociais de Países de Língua Portuguesa: Histórias de vida, do Centro de Pesquisa e Documentação de História Contemporânea do Brasil da Fundação Getulio Vargas (CPDOC/FGV), que inclui também seu memorial de professor titular. A primeira dessa série de entrevistas encontra-se disponível em http://cpdoc.fgv.br/cientistassociais/gilbertovelho; as demais permanecem inéditas.
5. Trechos citados sem outra indicação de fonte provêm todos do arquivo pessoal de Gilberto Velho.
6. Abreu, Alzira. *Intelectuais e guerreiros: O Colégio de Aplicação da UFRJ (1948-1968)*. Rio de Janeiro, Ed. UFRJ, 1992, p.115.
7. Ver p.148-79 do presente volume.
8. Ver a coleção Textos Básicos de Ciências Sociais, *Sociologia da arte*, organização e introdução de Gilberto Velho. Rio de Janeiro, Zahar, vols. I a IV.
9. No sentido dado ao termo por Mariza Peirano no livro *Teoria vivida*, Rio de Janeiro, Zahar, 2006.
10. Conforme definido por Howard Becker em "A Dialogue on the Ideas of 'World' and 'Field' with Alain Pessin",republicado em *Sociological Forum*, 21, 2006, p.275-86. Também disponível em http://home.earthlink.net/~hsbecker/articles/world.html.
11. Ver p.69-79 do presente volume.
12. Por exemplo o artigo "Antropologia urbana: interdisciplinaridade e fronteiras do conhecimento", *Mana*, vol.17, n.1; 2011), as já citadas entrevistas para a *Revista Estudos Históricos* e para o projeto Cientistas Sociais de Países de Língua Portuguesa; e a "Conversa com o autor", gravada durante o 32º Encontro Anual da Anpocs, em 2008 (disponível em http://youtube/AlDrm-_DK3s).

13. Ver p.80 do presente volume.
14. Ver p.80 do presente volume.
15. Só publicadas em livro na França em 2011, e no Brasil em 2012, como *A antropologia diante dos problemas do mundo moderno*. São Paulo, Companhia das Letras, p.18.
16. Ver p.36-51 do presente volume.
17. Ver p.42 e 45 do presente volume.
18. Ver p.45 do presente volume.
19. Ver p.45 do presente volume.
20. Ver p.52-61 do presente volume.
21. Ver p.52 e 55 do presente volume.
22. Ver p.45 e 46 do presente volume.
23. Ver p.87-109 do presente volume.
24. Velho, Otávio Guilherme (org.), *O fenômeno urbano*. Rio de Janeiro, Zahar, 1967.
25. Ver p.91 do presente volume.
26. Ver p.106 do presente volume.
27. Ver p.101 do presente volume.
28. Ver p.125-38 do presente volume.
29. Ver p.137 do presente volume.
30. Ver p.62-8, 110-24 e 139-47 do presente volume.
31. Ver p.107 do presente volume.
32. Sobre a origem da Venerável Ordem dos Amigos da Capivara, ver o artigo de Howard S. Becker em Duarte, Luiz Fernando Dias et al., "Obituaries: Gilberto Velho and Santuza Naves", *Vibrant: Virtual Brazilian Anthropology*, vol.9, n.1, 2012, p.8-23.
33. Ver por exemplo Duarte, Luiz Fernando, "Gilberto Velho (1945-2012): um virtuoso no burburinho das cidades", *Revista Brasileira de Ciências Sociais*, vol.27, n.79, jun 2012; Guerreiro, Maria das Dores. "Em memória de Gilberto Velho", *Sociologia, Problemas e Práticas*, n.69, 2012; Kuschnir, Karina, "Pela liberdade intelectual: uma homenagem a Gilberto Velho (1945-2012)", *Dados*, vol.55, n.2, 2012; Laraia, Roque e outros, Homenagens na 28ª Reunião Brasileira de Antropologia, disponível em http://youtube/HFxyBd5YgAo; Lins de Barros, Myriam, "Lembrando Gilberto", texto apresentado em homenagem no Museu Nacional, 12 jun 2012; Peirano, Mariza, "Gilberto Velho", texto apresentado na homenagem "Gilberto Velho: Um Cientista Singular", na Academia Brasileira de Ciências, 28 ago 2012, disponível em http://www.marizapeirano.com.br/diversos/gilberto_velho.htm; Vianna, Hermano, "Agradecimento", *O Globo*, Segundo Caderno, 20 abr 2012; Zahar, Ana Cristina, "Ao professor, com carinho", homenagem da editora Zahar, disponível em http://www.zahar.com.br/gilbertovelho/.
34. Como organizadora desse arquivo, Karina Kuschnir recebeu de Gilberto, com quem trabalhou por 21 anos, a tarefa de acolher e organizar esse material após sua morte.

1. Introdução à 1ª edição de *A utopia urbana* (p.25-8)

1. Ver a coleção Textos Básicos de Ciências Sociais, *Sociologia da arte*, organização e introdução de Gilberto Velho. Rio de Janeiro, Zahar, vols. I a IV. Ver também Velho, Gilberto, "Para que sociologia da arte no Brasil?", *Cadernos Brasileiros*, Ano IX, n.40, mar-abr 1967.
2. Ver Lukács, Georg, *Histoire et conscience de classe*. Paris, Minuit, 1960; *Ensaios sobre literatura*. Rio de Janeiro, Civilização Brasileira, 1965; *La théorie du roman*. Paris, Éditions Gonthier, 1963 [Ed. bras.: *A teoria do romance*. São Paulo, Duas Cidades/Ed.34, 2000]; *Significado presente do realismo crítico*. Lisboa, Cadernos de Hoje; e *Estética*. Barcelona/Cidade do México, Ediciones Grijalbo. Ver Goldmann, Lucien, *Le Dieu caché*. Paris, Gallimard, 1955; *Pour une sociologie du roman*. Paris, Gallimard, 1964; *Recherches dialectiques*. Paris, Gallimard, 1959; "Um estudo sociológico do teatro de Genet", in *Sociologia da arte IV*, org. e introd. Gilberto Velho. Rio de Janeiro, Zahar, 1969.
3. Velho, Gilberto e Yvonne Maggie, "O Barata Ribeiro 200", datilografado, 1969. Trabalho realizado no mestrado de antropologia social do Museu Nacional, na cadeira de Antropologia Urbana, ministrada pelo professor Anthony Leeds.

2. Conclusões de *A utopia urbana* (p.29-35)

1. Mills, C. Wright, A nova classe média. Rio de Janeiro, Zahar, 1969.
2. Lawe, Paul-Henri Chombart de, "Hypothèses sur la genèse et le rôle des aspirations et des besoins dans les sociétés du XXème siècle", *América Latina*, Ano 12, n.1. Rio de Janeiro, jan-mar 1969, p.6-8.
3. Constante do livro *A utopia urbana*, mas não incluído na presente seleção.

3. O estudo do comportamento desviante (p.36-51)

1. Ver especialmente: Foucault, Michel, *Histoire de la folie*. Paris, Plon, 1961 [Ed. bras.: *História da loucura*. São Paulo, Perspectiva, 2004]; *Doença mental e psicologia*. Rio de Janeiro, Tempo Brasileiro, 1968; *Naissance de la clinique*. Paris, PUF, 1972 [Ed. bras.: *O nascimento da clínica*. Rio de Janeiro, Forense, 2008]. Laing, Ronald, *The Politics of Experience*. Nova York, Ballantine Books, 1970 [Ed. bras.: *A política da experiência e a ave-do-paraíso*. Petrópolis, Vozes, 1974]; *The Divided Self*. Londres, Pelican Books, 1971 [Ed. bras.: *O eu dividido*. Petrópolis, Vozes, 5ª ed. 1987]; Foucault, Michel e A. Esterson, *Sanity, Madness and the Family*. Londres, Pelican Books, 1971. Cooper, David, *Psiquiatria e antipsiquiatria*. São Paulo, Perspectiva, 1973; *The Death of the Family*. Nova York, Pantheon Books, 1970; Cooper, David e Ronald Laing, *Reason and Violence*. Londres, Tavistock, 1964. Szasz, Thomas S., *The Myth of Mental Illness*. Nova York, Hoeber Harper Book, 1961.

2. Merton, Robert K., *Sociologia: Teoria e estrutura*. São Paulo, Mestre Jou, 1970, p.191-2.
3. Ibid., p.204-5. O grifo é de Gilberto Velho.
4. Ibid., p.205-6. O grifo é de Gilberto Velho.
5. Ver ibid.; Merton, Robert King e Robert Nisbet, *Contemporary Social Problems*. Nova York, Harcourt Brace Jovanovich, 1971; Clinard, Marshall B., *Anomia y conducta desviada*, Buenos Aires, Paidós, 1967.
6. Merton, Robert K., *On Theoretical Sociology: Five Essays, Old and New*. Nova York, Free Press, 1967.
7. Idem.
8. Durkheim, Emile. *Education and Sociology*. Nova York, Free Press, 1956, p.4.
9. Radcliffe-Brown, A.R., *Structure and Function in Primitive Society*. Nova York, The Free Press, 1965, especialmente Introdução e "On Social Structure". [Ed. bras.: *Estrutura e função na sociedade primitiva*. Petrópolis, Vozes, 1973.]
10. Mead, Margaret, *Sexo e temperamento*. São Paulo, Perspectiva, 1969.
11. Ibid., p.280. O grifo é de Gilberto Velho.
12. Lévi-Strauss, Claude, *Les structures elémentaires de la parenté*. Paris, Mouton, 1967. [Ed. bras.: *As estruturas elementares do parentesco*. Petrópolis, Vozes, 1982.]
13. Geertz, Clifford, *The Interpretation of Cultures*. Nova York, Basic Books, 1973. [Ed. bras.: *A interpretação das culturas*. Rio de Janeiro, Zahar, 1978.]
14. Idem.
15. Ver, no caso brasileiro, Velho, Gilberto, "Estigma e comportamento desviante em Copacabana", *América Latina*, 1971. [Publicado também como o capítulo 4 de *Desvio e divergência*. Rio de Janeiro, Zahar, 1974.]
16. Becker, Howard S., *Outsiders: Studies in the Sociology of Deviance*. Nova York, The Free Press, p.8-9. [Ed. bras.: *Outsiders: Estudos da sociologia do desvio*. Rio de Janeiro, Zahar, 2008.]
17. Becker, Howard S., op.cit.; Erikson, Kai T., *Wayward Puritans*. Nova York, John Wiley & Sons, 1966; Kitsuse, John, "Societal Reactions to Deviant Behaviour: Problems of Theory and Method", in Becker, Howard S., *The Other Side*. Nova York, The Free Press, 1967.
18. Erikson, Kai T., op.cit., p.9.
19. Ver especialmente Laing, Ronald & A. Esterson, op.cit., e Cooper, David, *Psiquiatria e antipsiquiatria*, op.cit., e *The Death of the Family*, op.cit.
20. Ver trabalhos de Carlos Castañeda, Raymond Firth e Claude Lévi-Strauss.
21. Ver *Anthropological blues*, inédito de Roberto Augusto DaMatta. [Publicado posteriormente em livro como "O ofício de etnólogo ou Como ter *anthropological blues*", in Nunes, Edson (org.), *A aventura sociológica*. Rio de Janeiro, Zahar, 1978, p.23-35.]
22. O conceito de "carisma" foi sistematicamente formulado por Max Weber. "Drama social" foi bastante desenvolvido por Victor Turner; ver, por exemplo, *The Drums of Affliction*, Oxford University Press, 1968. Ver a tese de mestrado *Guerra de orixás, um estudo de ritual e conflito*, de Yvonne Maggie Alves Velho, apresentada ao Programa de Pós-Graduação em Antropologia Social da UFRJ [Publicada posteriormente em livro homônimo. Rio de Janeiro, Zahar, 1975], e os trabalhos sobre

catolicismo popular e messianismo, ainda inéditos, de Alba Zaluar Guimarães. [Publicado posteriormente como *Os homens de Deus.* Rio de Janeiro, Zahar, 1983.]

23. Cooper, David, *Psiquiatria e antipsiquiatria*, op.cit., p.17.

4. Acusações (p.52-61)

1. Gostaria de agradecer a Howard S. Becker, não apenas por discutir esse artigo comigo, mas também por me ajudar a traduzi-lo e a torná-lo mais claro para leitores não brasileiros. [Nota à edição em inglês.]
2. Becker, Howard S., *Outsiders.* Nova York, Free Press, 1963 [Ed. bras.: *Outsiders: Estudos de sociologia do desvio.* Rio de Janeiro, Zahar, 2008], e Douglas, Mary (org.), *Witchcraft, Confessions and Accusations.* Londres, Tavistock, 1970.
3. Discuto mais este problema em "O estudo do comportamento desviante", publicado em *Desvio e divergência.* Rio de Janeiro, Zahar, 1974. [Ver p.36-51 do presente livro]
4. Sobre isto, ver o artigo de Roberto DaMatta "Constraint and license: a preliminary study of two Brazilian national rituals", in Moore, Sally Falk e Barbara Meyerhoff (orgs.), *Secular Ritual.* Amsterdam, Van Gorcum, 1977, p.244-64.
5. Para uma exaustiva discussão sobre o conceito de poder social, ver o livro de Richard N. Adams, *Crucifixion by Power.* Austin, University of Texas, 1970, especialmente o primeiro capítulo.
6. Acho ainda extremamente frutífera para meus propósitos a distinção que Firth faz entre estrutura e organização social em *Elements of Social Organization.* Londres, Watts, 1951. [Ed. bras.: *Elementos da organização social.* Rio de Janeiro, Zahar, 1974.]
7. Sobre a ambiguidade de papéis num contexto urbano brasileiro, ver "Estigma e comportamento desviante em Copacabana", *América Latina*, ano 14, n.1/2. Rio de Janeiro, jan-jun 1971. [Publicado posteriormente como o capítulo 4 de *Desvio e divergência.* Rio de Janeiro, Zahar, 1974.]
8. Ver Douglas, Mary, op.cit.
9. Sobre o problema da identidade, fundamental para esta discussão, ver o trabalho de Roberto Cardoso de Oliveira, "Um conceito antropológico de identidade", in *Identidade, etnia e estrutura social.* São Paulo, Livraria Pioneira Editora, 1976, p.33-52.
10. Ver o trabalho de Pierre Bourdieu, "Condição de classe e posição de classe", in *A economia das trocas simbólicas*, org. Sérgio Miceli. São Paulo, Perspectiva, 1974.
11. Ver Victor Turner, *The Ritual Process: Structure and Anti-Structure.* Chicago, Aldine, 1969. [Ed. bras.: *O processo ritual: Estrutura e antiestrutura.* Petrópolis, Vozes, 1974.]
12. Ver Alfred Schutz, *Collected Papers: The Problem of Social Reality.* Haia, Martinus Nijohoff, 1970-71.

5. Memória, identidade e projeto (p.62-8)

1. Publicado originalmente em *Revista Tempo Brasileiro* n.95, out/dez 1988, p.119-26.
2. Ver Dumont, Louis, *Homo hierarchicus: Essai sur le système des castes.* Paris, Gallimard, 1966 [Ed. bras.: *Homo hierarchicus.* São Paulo, Edusp, 1997], e *Homo aequalis:*

Genèse et épanouissement de l'idéologie économique. Paris, Gallimard, 1977 [Ed. bras.: *Homo aequalis*. Bauru, Edusc, 2000]; Simmel, Georg, *On Individuality and Social Forms*, org. Donald Levine, Chicago, University of Chicago Press, 1971, e *The Sociology of Georg Simmel*, org. Kurt H. Wolff. Nova York, The Free Press, 1964.

3. Simmel, Georg, *On Individuality and Social Forms*, op.cit., e Musil, Robert, *L'Homme sans qualités*. Paris, Seuil, 1956. [Ed. bras.: *O homem sem qualidades*. Rio de Janeiro, Nova Fronteira, 1989.]
4. Schutz, Alfred, *Fenomenologia e relações sociais*. Rio de Janeiro, Zahar, 1979.
5. Ver, por exemplo, Lasch, Christopher, *The Culture of Narcisism*. Nova York, Norton, 1978, e Sennett, Richard, *The Fall of Public Man*. Nova York, Vintage Books, 1978. [Ed. bras.: *O declínio do homem público*. São Paulo, Companhia das Letras, 1988.]
6. Simmel, Georg, *On Individuality and Social Forms*, op.cit.
7. Ver Velho, Gilberto, *Individualismo e cultura: Notas para uma antropologia da sociedade contemporânea*. Rio de Janeiro, Zahar, 1981, e *Subjetividade e sociedade: Uma experiência de geração*. Rio de Janeiro, Zahar, 1986.
8. Wagner, Helmut R., *Alfred Schutz: An Intellectual Biography*. Chicago, The University of Chicago Press, 1983.
9. O trabalho clássico sobre memória, sem dúvida, é o de Halbwachs, Maurice, *Les cadres sociaux de la mémoire*. Haia, Mouton, 1976 [1925].
10. Velho, Gilberto, *Subjetividade e sociedade*, op.cit.
11. Velho, Gilberto, "Destino e projeto: uma visão antropológica", in Prado, Eduardo (org.), *Destino*. São Paulo, Terceira Margem, 1988, p.78-81.

6. Observando o familiar (p.69-79)

1. Agradeço os comentários e sugestões de Roberto DaMatta e Eduardo Viveiros de Castro, com quem tive oportunidade de discutir este trabalho. (Este capítulo foi anteriormente publicado em *A aventura sociológica*, Rio de Janeiro, Zahar, 1978, e é aqui reproduzido com autorização dos organizadores.)
2. Ver por exemplo o trabalho de Howard S. Becker, "De que lado estamos", in *Uma teoria da ação coletiva*. Rio de Janeiro, Zahar, 1977.
3. Em "O ofício do etnólogo ou Como ter 'anthropological blues'", in *Publicações do Programa de Pós-Graduação em Antropologia Social do Museu Nacional*, 1974. [Publicado posteriormente em livro como "O ofício de etnólogo ou Como ter *anthropological blues*", in Nunes, Edson (org.), *A aventura sociológica*. Rio de Janeiro, Zahar, 1978, p.23-35.]
4. Em "The nobility", in *On Individuality and Social Forms*. Chicago, The University of Chicago Press, 1971, p.119-213.
5. Com L.A. Machado da Silva, "A organização social do meio urbano", inédito. [Publicado posteriormente como Velho, Gilberto e Luiz Antônio Machado da Silva, "Organização social do meio urbano", *Anuário Antropológico*. Rio de Janeiro, Tempo Brasileiro, n.76, 1977, p.71-82.]

6. Comunicação pessoal.
7. Ver o trabalho clássico de Louis Dumont, *Homo hierarchicus*. Paris, Gallimard, 1966, onde o autor mostra que mesmo na Índia, modelo de sociedade hierárquica, há margem para a saída ou estranhamento da hierarquia. [Ed. bras.: *Homo hierarchicus*. São Paulo, Edusp, 1997.]
8. Dumont, Louis, op.cit.
9. Refiro-me a esta questão em "Relações entre a antropologia e a psiquiatria", *Revista da Associação de Psiquiatria e Psicologia da Infância e da Adolescência*, vol.2, n.1. Rio de Janeiro, 1976. Publicado também como o capítulo VI de *Individualismo e cultura*. Rio de Janeiro, Zahar, 1981.
10. Geertz, Clifford, *A interpretação das culturas*. Rio de Janeiro, Zahar, 1978.
11. Ver Velho, Gilberto, *A utopia urbana: Um estudo de antropologia social*. Rio de Janeiro, Zahar, 1973.
12. Ver *Nobres & anjos: Um estudo de tóxicos* e *hierarquia*. São Paulo, 1975. Tese de doutoramento apresentada à Faculdade de Filosofia, Letras e Ciências da USP. [Publicado posteriormente em livro homônimo. Rio de Janeiro, FGV, 1995.]

7. O antropólogo pesquisando em sua cidade (p.80-6)

1. Ver, de Luiz de Castro Faria, "Estados do campo intelectual e trajetórias profissionais – A exemplaridade de Curt Nimuendaju". Comunicação apresentada no simpósio A Pesquisa Etnológica no Brasil, Rio de Janeiro, Museu Nacional/Academia de Ciências, jun 1978.
2. Ver o meu artigo "Observando o familiar", in Nunes, Edson (org.), *A aventura sociológica*. Rio de Janeiro, Zahar, 1978. [Ver p.69-79 do presente livro.]
3. Ver "A organização social do meio urbano", de Gilberto Velho e Luís Antônio Machado da Silva, *Anuário Antropológico*. Rio de Janeiro, Tempo Brasileiro, n.76, 1977, p.71-82.
4. Esta colocação é fundamental, por exemplo, na obra de Louis Dumont. Ver *Homo hierarchicus*. Paris, Gallimard, 1966. [Ed. bras.: *Homo hierarchicus*. São Paulo, Edusp, 1997.]
5. Ver Roberto DaMatta, *Relativizando: Uma introdução à antropologia social*. Petrópolis, Vozes, a sair [1981].
6. Ver o meu artigo "O estudo do comportamento desviante: a contribuição da antropologia social", in *Desvio e divergência: Uma crítica da patologia social*. Rio de Janeiro, Zahar, 1974. [Ver p.36-51 do presente livro.]

8. Projeto, emoção e orientação em sociedades complexas (p.87-109)

1. Uma primeira versão deste capítulo foi apresentada num seminário no Setor de Antropologia da Unicamp. As observações e sugestões ajudaram-me a esclarecer

pontos mais confusos e nebulosos. Agradeço a todos os presentes, especialmente aos professores Peter Fry, Mariza Correia e Mário Bick. Ovídio de Abreu Filho, Myriam Moraes Lins de Barros e Eduardo Batalha Viveiros de Castro também contribuíram com comentários e críticas. Finalmente meus agradecimentos ao professor Howard S. Becker por seu estímulo e observações.

2. Ver, por exemplo: Malinowski, Bronislaw, *Argonauts of the Western Pacific*. Nova York, E.P. Dutton, 1961 [Ed. bras.: *Argonautas do Pacífico Ocidental*. São Paulo, Abril Cultural, 1976.]; Leach, E.R., *Political Systems of Highland Burma*. Boston, Beacon Press, 1967 [Ed. bras.: *Sistemas políticos da Alta Birmânia*. São Paulo, Edusp, 1995]; Evans-Pritchard, E.E., *The Nuer*. Oxford, Clarendon Press, 1968 [Ed. bras.: *Os Nuer*. São Paulo, Perspectiva, 2007]; Adams, Richard Newbold, *Crucifixion by Power*. Austin, University of Texas Press, 1970 etc.
3. Por exemplo: Boas, Franz, *Race, Language and Culture*. Nova York, The Free Press, 1966; Lévi-Strauss, Claude, *Anthropologie structurale*. Paris, Plon, 1958 [Ed. bras.: *Antropologia estrutural*. São Paulo, Cosac Naify, 2008], e *La pensée sauvage*. Paris, Plon, 1962 [Ed. bras.: *O pensamento selvagem*. Campinas, Papirus, 5ª ed. 2005]; Bateson, Gregory, *Naven: A Survey of the Problems Suggested by a Composite Picture of the Culture of a New Guinea Tribe Drawn from Three Points of View*. Stanford, Stanford University Press, 2ª ed. 1958. [Ed. bras.: *Naven*. São Paulo, Edusp, 2008.]
4. Velho, Gilberto, *Nobres & anjos: Um estudo de tóxicos e hierarquia*. São Paulo, 1975. Tese de doutoramento apresentada à Faculdade de Filosofia, Letras e Ciências Humanas da USP. [Publicado posteriormente em livro homônimo. Rio de Janeiro, FGV, 1995.]
5. Hobsbawm, E.J., *The Age of Revolution: Europe 1789-1848*. Londres, Weidenfeld and Nicolson, 1975. [Ed. bras.: *A era das revoluções*. Rio de Janeiro, Paz e Terra, 2009.]
6. Ver também Sahlins, Marshall, *Cultura e razão prática*. Rio de Janeiro, Zahar, 1979.
7. Velho, Gilberto, "Observando o familiar", in Nunes, Edson (org.), *A aventura sociológica*. Rio de Janeiro, Zahar, 1978, p.36-46; cap. IX de *Individualismo e cultura*. Rio de Janeiro, Zahar, 1981. [Ver p.69-79 do presente livro.]
8. Bernstein, Basil, "Theoretical studies towards a sociology of language", in *Class, Codes and Control*. Londres, Routledge & Kegan Paul, vol.1, 1971.
9. Ibid., p.28-9.
10. Bourdieu, Pierre, "Condição de classe e posição de classe", in *A economia das trocas simbólicas*. São Paulo, Perspectiva, 1974, p.3-25.
11. Bott, Elizabeth, *Family and Social Network*. Londres, Tavistock, 1971. [Ed. bras.: *Família e rede social*. Rio de Janeiro, Francisco Alves, 1976.]
12. Becker, Howard S. e Anselm Strauss, "Careers, personality and adult socialization", in *Sociological Work: Method and Substance*. Chicago, Aldine, 1970, p.245-60.
13. Bourdieu, Pierre e Jean-Claude Passeron, *Les héritiers*. Paris, Minuit, 1964.
14. Schneider, Dorith, "Alunos excepcionais: Um estudo de caso de desvio", in Velho, Gilberto (org.), *Desvio e divergência*. Rio de Janeiro, Zahar, 1974, p.52-81.
15. Ver Velho, Gilberto, "Accusations, family mobility and deviant behavior", *Social Problems* 23 (3). Nova York, fev 1976, p.268-75. [Ver p.52-61 do presente livro.]

16. Dumont, Louis, *Homo aequalis*. Paris, Gallimard, 1977. [Ed. bras.: *Homo aequalis*. Bauru, Edusc, 2000.]
17. *Hérésies et sociétés dans l'Europe pré-industrielle 11e-18e siècles*. Comunicações e debates do Colóquio de Royaumont apresentadas por Le Goff. Paris, Mouton, 1968.
18. Davis, R.H.C., *A History of Medieval Europe*. Nova York, David Meckay, 1968.
19. Turner, Victor, *Dramas, Fields, and Metaphors*. Ithaca, Cornell University Press, 1974. [Ed. bras.: *Dramas, campos e metáforas*. Niterói, EdUFF, 2008.]
20. Le Goff, Jacques, *Os intelectuais na Idade Média*. Lisboa, Editorial Estúdios Cor, 1973.
21. Viveiros de Castro, E.B. e Ricardo B. de Araújo, "Romeu e Julieta e a origem do Estado", in Velho, Gilberto (org.), *Arte e sociedade*. Rio de Janeiro, Zahar, 1977, p.130-69.
22. Mauss, Marcel, *Sociologie et anthropologie*. Paris, PUF, 1968. [Ed. bras.: *Sociologia e antropologia*. São Paulo, Cosac Naify, 2005.]
23. Dumont, Louis, *Homo hierarchicus: An Essay on the Caste System*. Chicago, The University of Chicago Press, 1970, especialmente cap.IX. [Ed. bras.: *Homo hierarchicus*. São Paulo, Edusp, 1997.]
24. Kuhn, Philip A., "Origins of the Taiping vision: cross-cultural dimensions of a Chinese rebellion", *Comparative Studies in Society and History* 19 (3). Londres, jul 1977, p.350-66.
25. Ver, entre outros, Vinhas de Queirós, Maurício, *Messianismo e conflito racial*. Rio de Janeiro, Civilização Brasileira, 1966.
26. Simmel, Georg, "A metrópole e a vida mental", in Velho, Otávio Guilherme (org.), *O fenômeno urbano*. Rio de Janeiro, Zahar, 1967, p.13-28, e Becker, Howard S., "Mundos artísticos e tipos sociais", in Velho, Gilberto (org.), *Arte e sociedade*. Rio de Janeiro, Zahar, 1977, p.9-26.
27. Becker, Howard S., *Outsiders: Studies in the Sociology of Deviance*. Nova York, The Free Press, 1966 [Ed. bras.: *Outsiders: Estudos de sociologia do desvio*. Rio de Janeiro, Zahar, 2008], e Velho, Gilberto, "Estigma e comportamento desviante em Copacabana", *América Latina* 14 (1, 2). Rio de Janeiro, jan-jun 1971, p.3-9.
28. Ver, entre outros, Van Gennep, Arnold, *Les rites de passage*. Paris, Mouton, 1969 [Ed. bras.: *Ritos de passagem*. Petrópolis, Vozes, 2011]; Turner, Victor, *The Ritual Process: Structure and Anti-structure*. Chicago, Aldine, 1969 [Ed. bras.: *O processo ritual: Estrutura e antiestrutura*. Petrópolis, Vozes, 1974]; e DaMatta, Roberto, "O Carnaval como um rito de passagem", in *Ensaios de antropologia estrutural*. Petrópolis, Vozes, 1973, p.121-68, e "Carnavais, paradas e procissões: Reflexões sobre o mundo dos ritos", *Religião e Sociedade* 1 (1). São Paulo, mai 1977, p.3-30.
29. Schutz, Alfred, *Collected Papers*. Haia, Martinus Nijhoff, 3 vols., 1970-71.
30. Bernstein, Basil, op.cit.
31. Ver Bateson, Gregory, op.cit., e Geertz, Clifford, *A interpretação das culturas*. Rio de Janeiro, Zahar, 1978.
32. Ver, por exemplo, Goffman, Erving, "Sintomas mentais e ordem pública", in Figueira, Sérvulo A. (org.), *Sociedade e doença mental*. Rio de Janeiro, Campus, 1978, p.9-18.
33. Schutz, Alfred, op.cit., p.77.

34. Turner, Victor, *The Ritual Process*, op.cit.
35. Fry, Peter Henry e Gary Nigel Howe, "Duas respostas à aflição: Umbanda e pentecostalismo", *Debate e Crítica* 6. São Paulo, 1973, p.75-94.
36. Ver, por exemplo, Turner, Victor, *Dramas, Fields, and Metaphors*, op.cit.
37. Gluckman, Max, "Les rites de passage", in *Essays on the Ritual of Social Relations*. Manchester, Manchester University Press, 1962, p.26.
38. Ibid., p.43.
39. Simmel, Georg, op.cit.
40. Gluckman, Max, op.cit.
41. Goffman, Erving, *Manicômios, prisões e conventos*. São Paulo, Perspectiva, 1974, e *Interaction Ritual: Essays on Face-to-face Behavior*. Nova York, Anchor Books, 1967. [Ed. bras.: *Ritual de interação*. Petrópolis, Vozes, 2011.]
42. Gluckman, Max, op.cit., p.43.
43. Park, Robert Erza, "A cidade: Sugestões para a investigação do comportamento humano no meio urbano", in Velho, Otávio Guilherme (org.), *O fenômeno urbano*. Rio de Janeiro, Zahar, 1967, p.29-72.
44. Simmel, Georg, op.cit.
45. Figueira, Sérvulo Augusto, *Individualismo e psicanálise*. Rio de Janeiro, PUC, 1978. Dissertação apresentada ao Departamento de Psicologia da Pontifícia Universidade Católica do Rio de Janeiro.
46. Ver Ariès, Philippe, *História social da criança e da família*. Rio de Janeiro, Zahar, 1978.

9. Unidade e fragmentação em sociedades complexas (p.110-24)

1. Conferência proferida por ocasião do concurso para professor titular do Museu Nacional/UFRJ, em 10 de setembro de 1992. Publicada originalmente em Velho, Gilberto e Otávio Velho, *Duas conferências*. Rio de Janeiro, Câmara de Estudos Avançados/FCC/UFRJ, 1992.
2. Sobre umbanda, transe e possessão existe uma bibliografia brasileira conhecida e de boa qualidade. Para a presente discussão ver: Maggie, Yvonne, *Guerra de orixá: Um estudo de ritual e conflito*. Rio de Janeiro, Zahar, 1975; Lapassare, George e Marco Aurélio Luz, *O segredo da macumba*. Rio de Janeiro, Paz e Terra, 1972; Birman, Patrícia, *Feitiço, carrego e olho-grande, os males do Brasil são: Estudo de um centro umbandista numa favela do Rio de Janeiro*. Rio de Janeiro, PPGAS/MN/UFRJ, 1980, dissertação de mestrado; e Gonçalves, Márcia C., *O caso da pombagira*. Rio de Janeiro, PPGAS/Museu Nacional/UFRJ, 1983, dissertação de mestrado; entre outros. Para uma bibliografia mais geral ver também Crapanzano, Vincent, *The Hamadsha: A Study in Moroccan Ethnopsychiatry*. Berkeley, University of California Press, 1973; e Beattie, John e John Middleton (orgs.), *Spirit Mediumship and Society in Africa*. Londres, Routledge & Kegan Paul, 1969.
3. Ver Velho, Gilberto, *Individualismo e cultura: Notas para uma antropologia da sociedade contemporânea*, cap.I. Rio de Janeiro, Zahar, 1981. [Ver p.87-109 do presente volume.]

4. Ver Simmel, Georg, "The Metropolis and Mental Life", in *On Individuality and Social Forms.* Org. Donald Levine, Chicago, University of Chicago Press, 1971, p.324-39; Park, Robert, "The City: Suggestions for the investigation of human behavior in the urban environment", *American Journal of Sociology* XX, 1916, p.577-612 [Ed. bras.: "A cidade: sugestões para a investigação do comportamento humano no meio urbano", in Velho, Otávio G. (org.), *O fenômeno urbano.* Rio de Janeiro, Zahar, 1967, p.29-72]; e Velho, Gilberto e Luis Antônio Machado da Silva, "Organização social do meio urbano", *Anuário Antropológico/76*, 1977, p.71-82.
5. Ver Geertz, Clifford, *The Interpretation of Cultures.* Nova York, Basic Books, 1973. [Ed. bras.: *A interpretação das culturas.* Rio de Janeiro, Zahar, 1978.]
6. DaMatta, Roberto, *Carnavais, malandros e heróis.* Rio de Janeiro, Zahar, 1979.
7. Schutz, Alfred, *Fenomenologia e relações sociais.* Rio de Janeiro, Zahar, 1979.
8. Geertz, Clifford, op.cit.
9. Ver Simmel, Georg, op.cit.
10. Idem.
11. Ver, por exemplo, Beattie, John e John Middleton, op.cit.
12. Park, Robert, op.cit.
13. Firth, Raymond, *Elements of Social Organization.* Londres, Watts, 1951. [Ed. bras.: *Elementos da organização social.* Rio de Janeiro, Zahar, 1974.]
14. Bakhtin, Mikhail M., *The Dialogic Imagination: Four Essays by M.M.Bakhtin.* Austin, University of Texas Press, 1981.
15. Burke, Peter, *Cultura popular na idade moderna.* São Paulo, Companhia das Letras, 1989.
16. Mello e Souza, Laura, *O diabo e a Terra de Santa Cruz.* São Paulo, Companhia das Letras, 1986; Mott, Luiz, "Acotundá: Raízes setecentistas do sincretismo religioso afro-brasileiro", *Revista do Museu Paulista*, n.31, 1986, p.124-47; Reis, João José, "Magia Jege na Bahia: A invasão do Calundu do pasto de Cachoeira, 1785", *Revista Brasileira de História*, vol.8, n.16. São Paulo, 1988, p.57-82; e Bastide, Roger, *As religiões africanas no Brasil.* São Paulo, Pioneira, 3ª ed. 1989.
17. Mott, Luiz, op.cit.
18. Meyer, Marlise, *Maria Padilha e toda a sua quadrilha: De amante de um rei de Espanha a pombagira de umbanda.* São Paulo, Duas Cidades, 1993.
19. Ver, por exemplo, Maggie, Yvonne, *Medo do feitiço: Relações entre magia e poder no Brasil.* Rio de Janeiro, Arquivo Nacional, 1993.
20. Gonçalves, Márcia C., op.cit.
21. Ver Velho, Gilberto, *A utopia urbana: Um estudo de antropologia social.* Rio de Janeiro, Zahar, 1973.
22. Gluckman, Max, *Essays on the Ritual of Social Relations*, Daryll Forde et al. Manchester, Manchester University Press, 1962.
23. Schutz, Alfred, op.cit.
24. Berger, Peter e Luckmann, Thomas, *A construção social da realidade: Tratado de sociologia do conhecimento.* Petrópolis, Vozes, 1973.
25. Schutz, Alfred, op.cit., p.249.

10. Trajetória individual e campo de possibilidades (p.125-38)

1. *A utopia urbana: Um estudo de antropologia social.* Rio de Janeiro, Zahar, 1973.
2. Maranhão, Túlio Persio, *The Pragmatics of Speach Act, Conflict, Consensus and Understanding.* Harvard University, 1981, tese de PhD em antropologia; de Bella Bianco, ver especialmente o seu vídeo *Saudade.*
3. Ver Rozsac, Theodor, *A contracultura.* Petrópolis, Vozes, 1972.
4. Fenômeno comum a outros tipos de imigrantes. Ver, por exemplo, o trabalho clássico de Thomas, William I. e Florian Znaniecki, *The Polish Peasant in Europe and America.* Nova York, Octagon Books, 1974.
5. Ver Becker, Howard S., "Becoming a marihuana user", in *Outsiders: Studies in the Sociology of Deviance.* Nova York, The Free Press, 1963, p.41-58. [Ed. bras.: *Outsiders: Ensaios de sociologia do desvio.* Rio de Janeiro, Zahar, 2008.]
6. Ver, por exemplo, Giddens, Anthony, *The Consequences of Modernity.* Stanford, Stanford University Press, 1990, para uma discussão rica desta temática. [Ed. bras.: *As consequências da modernidade.* São Paulo, Unesp, 1991.]
7. Ver Simmel, Georg, *On Individuality and Social Forms.* Org. Donald Levine, Chicago, University of Chicago Press, 1971.
8. Ver a obra de Louis Dumont, especialmente o clássico *Homo hierarchicus: Essai sur le système des castes.* Paris, Gallimard, 1966. [Ed. bras.: *Homo hierarchicus.* São Paulo, Edusp, 1997.]
9. Ver especialmente Velho, Gilberto, *Individualismo e cultura: Notas para uma antropologia da sociedade contemporânea.* Rio de Janeiro, Zahar, 1981.
10. Ver de Schutz, Alfred, "The problem of social reality", in *Collected Papers.* Haia, Martius Nijhoff, vol.1, 1970-71; e *Fenomenologia e relações sociais.* Rio de Janeiro, Zahar, 1979.
11. Simmel, Georg, op.cit.
12. Ver Velho, Gilberto, "Acusations, family mobility, and deviant behaviour", *Social Problems,* vol.23, n.3, fev 1976, p.268-75. [Ver p.52-61 do presente livro.]
13. Ver Goffman, Erving, *The Presentation of Self in Everyday Life.* Nova York, Doubleday Anchor Books, 1959. [Ed. bras.: *A representação do eu na vida cotidiana.* Petrópolis, Vozes, 2006.]
14. Ver Capítulo I de *Projeto e metamorfose.* Rio de Janeiro, Zahar, 1994. [Ver p.110-24 do presente livro.]

11. Biografia, trajetória e mediação (p.139-47)

1. Ver Weber, Max, *A ética protestante e o espírito do capitalismo.* São Paulo, Pioneira, 1967 [1904/1905]; Simmel, Georg, *On Individuality and Social Forms.* Org. Donald Levine. Chicago, University of Chicago Press, 1971; e Polanyi, Karl, *A grande transformação.* Rio de Janeiro, Campus, 1980.
2. Schutz, Alfred, *Fenomenologia e relações sociais.* Rio de Janeiro, Zahar, 1979.

3. Simmel, Georg, op.cit.
4. Hauser, Arnold, *The Social History of Art*. Nova York, Vintage Books, 1951. [Ed. bras.: *História social da arte e da literatura*. São Paulo, Martins Fontes, 1995.]
5. Ver Lukács, Georg, *La théorie du roman*. Paris, Éditions Gonthier, 1962 [Ed. bras.: *A teoria do romance*. São Paulo, Duas Cidades/Ed.34, 2000]; *O significado presente do realismo crítico*. Lisboa, Cadernos de Hoje, 1964; *Ensaios sobre literatura*. Rio de Janeiro, Civilização Brasileira, 1965.
6. Simmel, Georg, op.cit.
7. Mead, George Herbert, *Mind, Self and Society*. Chicago, Chicago University Press, 1934.
8. Ver capítulos 12 e 13 de *Mediação, cultura e política*. Rio de Janeiro, Aeroplano, 2001.
9. Travassos, Sônia, *Capoeira: Difusão e metamorfose culturais entre Brasil e EUA*. Rio de Janeiro, PPGAS/Museu Nacional/UFRJ, 2000. Tese de doutorado.
10. Ver capítulo 14 de *Mediação, cultura e política*, op.cit.
11. Ver Maggie, Yvonne, *Guerra de orixá: Um estudo de ritual e conflito*. Rio de Janeiro, Zahar, 1975; Cavalcanti, Maria Laura V.C., *Carnaval carioca: Dos bastidores ao desfile*. Rio de Janeiro, UFRJ/Minc/Funarte, 1994; Birman, Patricia, *Fazendo estilo, criando gênero*. Rio de Janeiro, Relume Dumará, 1995.
12. Ver capítulo 2 de *Mediação, cultura e política*, op.cit.
13. Vianna, Hermano, *O mistério do samba*. Rio de Janeiro, Zahar/UFRJ, 1995.
14. Ver capítulo 5 de *Mediação, cultura e política*, op.cit.
15. Ver capítulo 3 de *Mediação, cultura e política*, op.cit.
16. Vilhena, Luís Rodolfo, *Projeto e missão: O movimento folclórico brasileiro, 1947-1961*. Rio de Janeiro, Funarte/FGV, 1997, e Travassos, Elizabeth, *Modernismo e música brasileira*. Rio de Janeiro, Zahar, 2000.
17. Ver Velho, Gilberto, *Projeto e metamorfose: Antropologia das sociedades complexas*. Rio de Janeiro, Zahar, 1994, e Kuschnir, Karina, *O cotidiano da política*. Rio de Janeiro, Zahar, 2000, assim como capítulo 7 de *Mediação, cultura e política*, op.cit.
18. Ver capítulo 11 de *Mediação, cultura e política*, op.cit.
19. Kuschnir, Karina, *Política e mediação cultural: Um estudo na Câmara Municipal do Rio de Janeiro*. Rio de Janeiro, PPGAS/Museu Nacional/UFRJ, 1993, dissertação de mestrado [publicado posteriormente em livro como *Eleições e representação no Rio de Janeiro*. Rio de Janeiro, Relume Dumará/NuAP, 2000], e *O cotidiano da política*, op.cit.
20. Ver capítulo 8 de *Mediação, cultura e política*, op.cit.
21. Velho, Gilberto e Karina Kuschnir, "Mediação e metamorfose", *Mana: Estudos de Antropologia Social* vol.2, n.1, 1996, p.97-107, e Kuschnir, Karina, *O cotidiano da política*, op.cit.
22. Dumont, Louis, *Homo hierarchicus: Essai sur le système des castes*. Paris, Gallimard, 1966. [Ed. bras.: *Homo hierarchicus*. São Paulo, Edusp, 1997.]
23. Velho, Gilberto, *Individualismo e cultura: Notas para uma antropologia da sociedade contemporânea*. Rio de Janeiro, Zahar, 1981, e *Projeto e metamorfose*, op.cit.

Créditos dos textos

Introdução à 1ª edição e Conclusões de *A utopia urbana* (1970) – *A utopia urbana: Um estudo de antropologia social*, de Gilberto Velho (2ª reimp. da 5ª ed. 2011), foi publicado pela primeira vez em 1973 pela editora Zahar – o primeiro livro da Coleção Antropologia Social, dirigida por ele. Os capítulos do livro vêm da dissertação de mestrado de Gilberto Velho, defendida em 1970, no Programa de Pós-Graduação em Antropologia Social do Museu Nacional da Universidade Federal do Rio de Janeiro (UFRJ), sob orientação do professor Shelton Davis.

"O estudo do comportamento desviante: a contribuição da antropologia social" (1973) – Capítulo 1 do livro *Desvio e divergência: Uma crítica da patologia social*, publicado pela primeira vez pela editora Zahar em 1974 (4ª reimp. da 2ª ed. 2012). Síntese com o objetivo de abrir as discussões dos demais capítulos do livro, em sua maioria escritos por alunos de um curso ministrado por Gilberto Velho no segundo semestre de 1972, no Programa de Pós-Graduação em Antropologia Social do Museu Nacional da Universidade Federal do Rio de Janeiro (UFRJ).

"Acusações: projeto familiar e comportamento desviante" (1974-1976) – Uma primeira versão deste texto foi publicada em 1974 pelo Museu Nacional da Universidade Federal do Rio de Janeiro (UFRJ) em separata com o subtítulo "Comunicação n.2". Em 1976, foi publicada em inglês uma versão (revista e aumentada) na revista *Social Problems*, vol.23, n.3. Em 1978, a versão de 1974 sai novamente em português no Boletim do Museu Nacional, Nova Série-Antropologia, n.28. Para este livro, utilizamos como base a versão em português, mas incorporamos notas, edições e acréscimos da versão em inglês que dão ênfase e tornam mais claros os argumentos do autor.

"Memória, identidade e projeto" (1978) – Capítulo 9 do livro *Projeto e metamorfose: Antropologia das sociedades complexas*, publicado em 1994 pela editora Zahar (2ª reimp. 2003). Escrito originalmente para integrar a revista *Tempo Brasileiro*, n.95, out-dez 1978.

"Observando o familiar" (1978) – Capítulo 9 do livro *Individualismo e cultura: Notas para uma antropologia da sociedade contemporânea*, publicado em 1981 pela editora Zahar (7ª reimp. da 2ª ed. 2012). Escrito originalmente para integrar a coletânea *A aventura sociológica*, organizada por Edson Nunes (Rio de Janeiro, Zahar, 1978).

"O antropólogo pesquisando em sua cidade: sobre conhecimento e heresia" (1980) – Capítulo 1 do livro *O desafio da cidade: Novas perspectivas da antropologia brasileira*, organizado por Gilberto Velho e publicado em 1980 pela editora Campus na coleção Contribuições em Desenvolvimento Urbano, coordenada por Josef Barat.

"Projeto, emoção e orientação em sociedades complexas" (1981) – Capítulo 1 do livro *Individualismo e cultura: Notas para uma antropologia da sociedade contemporânea*, publicado em 1981 pela editora Zahar (7ª reimp. da 2ª ed. 2012). Uma primeira versão desse texto foi apresentada em um seminário no Programa de Pós-Graduação em Antropologia Social da Universidade Estadual de Campinas (Unicamp), em 1978.

"Unidade e fragmentação em sociedades complexas" (1992) – Capítulo 1 do livro *Projeto e metamorfose: Antropologia das sociedades complexas*, publicado em 1994 pela editora Zahar (2ª reimp. 2003). Escrito originalmente para ser a conferência do concurso de Gilberto Velho para professor titular do Departamento de Antropologia do Museu Nacional da Universidade Federal do Rio de Janeiro (UFRJ), em setembro de 1992.

"Trajetória individual e campo de possibilidades" (1994) – Capítulo 2 do livro *Projeto e metamorfose: Antropologia das sociedades complexas*, publicado em 1994 pela editora Zahar (2ª reimp. 2003). Escrito a partir do material de pesquisa levantado junto aos imigrantes de língua portuguesa em Cambridge, na área metropolitana de Boston (Massachusetts), durante a estadia de Gilberto Velho nos Estados Unidos em 1971. Essa experiência de pesquisa leva-o mais tarde a desenvolver sua tese de doutorado sobre usuários de drogas, defendida em 1975 na USP.

"Biografia, trajetória e mediação" (2001) – Capítulo 1 do livro *Mediação, cultura e política*, organizado por Gilberto Velho e Karina Kuschnir e publicado pela editora Aeroplano em 2001. Escrito como uma síntese das discussões durante o seminário *Mediação e cidadania na sociedade brasileira*, realizado nos dias 23 e 24 de maio de 2000, no Programa de Pós-Graduação em Antropologia Social do Museu Nacional da Universidade Federal do Rio de Janeiro (UFRJ), com a participação de orientandos e ex-alunos de Gilberto Velho, na época muitos deles já estabelecidos como professores em outras instituições.

Entrevista com Gilberto Velho (2001) – Entrevista concedida em 3 de julho de 2001 a Celso Castro, Lucia Lippi de Oliveira e Marieta de Moraes Ferreira para publicação na revista *Estudos Históricos*, n.28, daquele mesmo ano.

Livros publicados de Gilberto Velho

Sociologia da arte. Rio de Janeiro, Zahar, Coleção Textos Básicos de Ciências Sociais, 4 vols, 1966-1968. Organização.

A utopia urbana: Um estudo de antropologia social. Rio de Janeiro, Zahar, 1973. Autoria.

Desvio e divergência: Uma crítica da patologia social. Rio de Janeiro, Zahar, 1974. Organização.

Arte e sociedade: Ensaios de sociologia da arte. Rio de Janeiro, Zahar, 1977. Organização.

O desafio da cidade: Novas perspectivas da antropologia brasileira. Rio de Janeiro, Campus, 1980. Organização.

Individualismo e cultura: Notas para uma antropologia da sociedade contemporânea. Rio de Janeiro, Zahar, 1981. Autoria.

Família, psicologia e sociedade. Rio de Janeiro, Campus, 1981. Organização, com Sérvulo A. Figueira.

Avaliação & perspectivas – Ciências humanas e sociais. Brasília, CNPq, vol.7, 1982. Organização.

Subjetividade e sociedade: Uma experiência de geração. Rio de Janeiro, Zahar, 1986. Autoria.

Duas conferências. Rio de Janeiro, Câmara de Estudos Avançados/FCC/UFRJ, 1992. Autoria, com Otávio Velho.

Projeto e metamorfose: Antropologia das sociedades complexas. Rio de Janeiro, Zahar, 1994. Autoria.

Cidadania e violência. Rio de Janeiro, FGV/UFRJ, 1996. Organização, com Marcos Alvito.

Nobres & anjos: Um estudo de tóxicos e hierarquia. Rio de Janeiro, FGV, 1998. Autoria.

Antropologia urbana: Cultura e sociedade no Brasil e em Portugal. Rio de Janeiro, Zahar, 1999. Organização.

Mediação, cultura e política. Rio de Janeiro, Aeroplano, 2001. Organização, com Karina Kuschnir.

Mudança, crise e violência: Política e cultura no Brasil contemporâneo. Rio de Janeiro, Civilização Brasileira, 2002. Autoria.

Pesquisas urbanas: Desafios do trabalho antropológico. Rio de Janeiro, Zahar, 2003. Organização, com Karina Kuschnir.

Ciência e estudos de violência. Rio de Janeiro, Academia Brasileira de Ciências, 2005. Organização.

Artifícios & artefactos: Entre o literário e o antropológico. Rio de Janeiro, 7Letras, 2006. Organização, com Gilda Santos.

Rio de Janeiro: cultura, política e conflito. Rio de Janeiro, Zahar, 2007. Organização.

Gerações, família, sexualidade. Rio de Janeiro, 7Letras, 2009. Organização, com Luiz Fernando Dias Duarte.

Juventude contemporânea: culturas, gostos e carreiras. Rio de Janeiro, 7Letras, 2010. Organização, com Luiz Fernando Dias Duarte.

Sobre os organizadores

Hermano Vianna, doutor em antropologia social pelo Museu Nacional da Universidade Federal do Rio de Janeiro (UFRJ), é autor dos livros *O mistério do samba* (Zahar, 2ª ed., 2012) e *O mundo funk carioca* (Zahar, 1ª reimp. 1997) e de programas para televisão como "Brasil Legal", "Esquenta!" e "Central da Periferia". Criou o site colaborativo Overmundo, voltado para a cultura brasileira, e assina coluna semanal no Segundo Caderno do jornal *O Globo*.

Karina Kuschnir, doutora em antropologia social pelo Museu Nacional/UFRJ, é professora do Instituto de Filosofia e Ciências Sociais/UFRJ, onde também coordena o Laboratório de Antropologia Urbana (LAU). É autora, entre outros livros, de *Antropologia da política* (Zahar, 2007) e *O cotidiano da política* (Zahar, 2000), e organizadora, com Gilberto Velho, de *Pesquisas urbanas* (Zahar, 2003) e *Mediação, cultura e política* (Aeroplano, 2001). Dirige, para a editora Zahar, a coleção Antropologia Social, fundada por Gilberto Velho.

Celso Castro, doutor em antropologia social pelo Museu Nacional/UFRJ, é professor titular da Fundação Getulio Vargas (FGV) e atual diretor do Centro de Pesquisa e Documentação de História Contemporânea do Brasil (CPDOC/FGV). É autor de vários livros, destacando-se: *O espírito militar* (Zahar, 3ª ed. rev., 2021), *Os militares e a República* (Zahar, 1995), *A Invenção do Exército Brasileiro* (Zahar, 2002), *Antropologia dos Militares* (FGV, 2009), *Exército e Nação* (FGV, 2012) e *A Família Militar no Brasil* (FGV, 2018). Dirige, para a editora Zahar, a coleção Nova Biblioteca de Ciências Sociais.

ESTA OBRA FOI COMPOSTA POR MARI TABOADA EM META PRO
E MINION PRO E IMPRESSA EM PROCESSO SOB DEMANDA PELA UM LIVRO
SOBRE PAPEL OFFWHITE PARA A EDITORA SCHWARCZ A PARTIR DE 2025

FSC
www.fsc.org
MISTO
Apoiando o manejo florestal responsável
FSC® C128038

A marca FSC® é a garantia de que a madeira utilizada na fabricação do papel deste livro provém de florestas que foram gerenciadas de maneira ambientalmente correta, socialmente justa e economicamente viável, além de outras fontes de origem controlada.